3 AULA INTERNACIONAL PLUS

Jaime Corpas
Agustín Garmendia
Carmen Soriano

COORDINACIÓN PEDAGÓGICA
Neus Sans

Conoce Aula internacional Plus

AULA INTERNACIONAL nació con la ilusión de ofrecer una herramienta moderna, eficaz y comprensible con la que llevar a las aulas de español los enfoques comunicativos más avanzados. La respuesta no pudo ser más favorable: cientos de centros de enseñanza de lenguas y miles de docentes han confiado en el manual a lo largo de estos años, y muchos cientos de miles de estudiantes han aprendido español con él.

AULA INTERNACIONAL PLUS es una cuidadosa actualización de esa propuesta y mantiene intactos los mismos objetivos: poner a los alumnos y las alumnas en el centro del proceso de aprendizaje, primar el uso significativo de la lengua, ofrecer una visión moderna y no estereotipada de España y de los países de habla hispana, facilitar la labor docente, etc. Pero, además, esta edición recoge las aportaciones de más de mil usuarios del manual, actualiza temas, enfoques y textos, renueva su lenguaje gráfico, ofrece una mayor flexibilidad e integra aún más las tecnologías de la información.

El manual que tienes en tus manos está hecho para ti y por ti. Gracias por confiar en **AULA INTERNACIONAL PLUS**.

ASÍ SON LAS UNIDADES DE **AULA INTERNACIONAL PLUS**

EMPEZAR

En esta primera doble página de la unidad, se explica qué tarea vamos a realizar al final de la unidad y qué recursos comunicativos, gramaticales y léxicos vamos a incorporar. Entramos así en la temática de la unidad mediante una actividad que nos ayuda a activar nuestros conocimientos previos y nos permite tomar contacto con el léxico que vamos a necesitar.

3 MAÑANA

EN ESTA UNIDAD VAMOS A
HACER UN CARTEL CON LAS ADVERTENCIAS QUE HACE LA CIENCIA FICCIÓN SOBRE EL FUTURO

AUDIOS, VÍDEOS, DOCUMENTOS ALTERNATIVOS, ETC., DISPONIBLES EN campus difusión

RECURSOS COMUNICATIVOS
- hablar de acciones y situaciones futuras
- expresar condiciones
- formular hipótesis sobre el futuro

RECURSOS GRAMATICALES
- **si** + presente de indicativo, futuro
- el futuro simple
- **seguramente** / **seguro que** / **probablemente** + futuro
- marcadores temporales

RECURSOS LÉXICOS
- retos del futuro
- **cada vez más / menos**
- tecnología y ciencia

38 treinta y ocho

Empezar

1. LAS CIUDADES DEL FUTURO

A. ALT En un reportaje sobre las ciudades del futuro, una revista ha publicado las imágenes de la izquierda. ¿Con qué imagen relacionas cada una de estas ideas?

1. Viviremos en rascacielos y entre ellos habrá muchas zonas verdes y huertos solares.
2. Habrá autopistas debajo del mar.
3. Algunas ciudades flotarán en el mar.
4. Aparcaremos los coches en párkings automáticos, situados fuera de las ciudades. En las ciudades casi no habrá coches.
5. El cielo estará lleno de drones, que usaremos para transportar todo tipo de cosas (comida, paquetes, equipaje…).
6. Los edificios tendrán muchos árboles y plantas.

B. ¿Cuál de las afirmaciones anteriores crees que es más probable? Y tú ¿cómo te imaginas la ciudad del futuro?

- *Yo creo que en las ciudades del futuro no habrá más zonas verdes.*
- *Yo estoy segura de que sí.*
- *Yo también creo que sí. Y, además, probablemente también habrá huertos para cultivar frutas y verduras…*

treinta y nueve 39

COMPRENDER

En esta doble página encontramos textos y documentos muy variados (páginas web, correos electrónicos, artículos periodísticos, folletos, test, anuncios, etc.) con los que vamos a trabajar. Estos textos contextualizan los contenidos lingüísticos y comunicativos básicos de la unidad. Con ellos, vamos a desarrollar fundamentalmente actividades de comprensión.

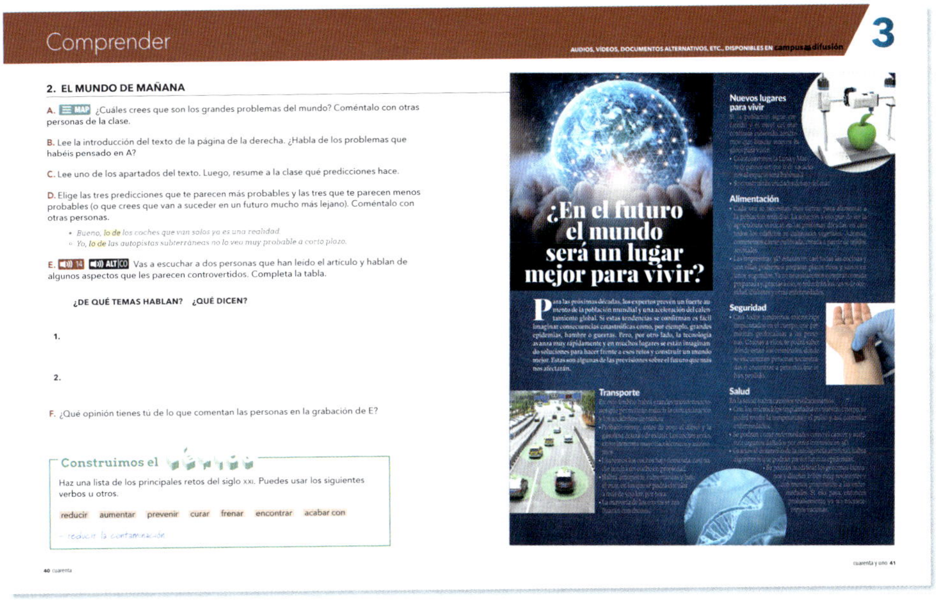

EXPLORAR Y REFLEXIONAR

En estas cuatro páginas realizamos un trabajo activo de observación de la lengua –a partir de textos o de pequeños corpus– y practicamos de forma guiada. De este modo, descubrimos el funcionamiento de la lengua en sus diferentes aspectos (morfológico, léxico, sintáctico, funcional, textual, etc.) y reforzamos nuestro conocimiento explícito de la gramática.

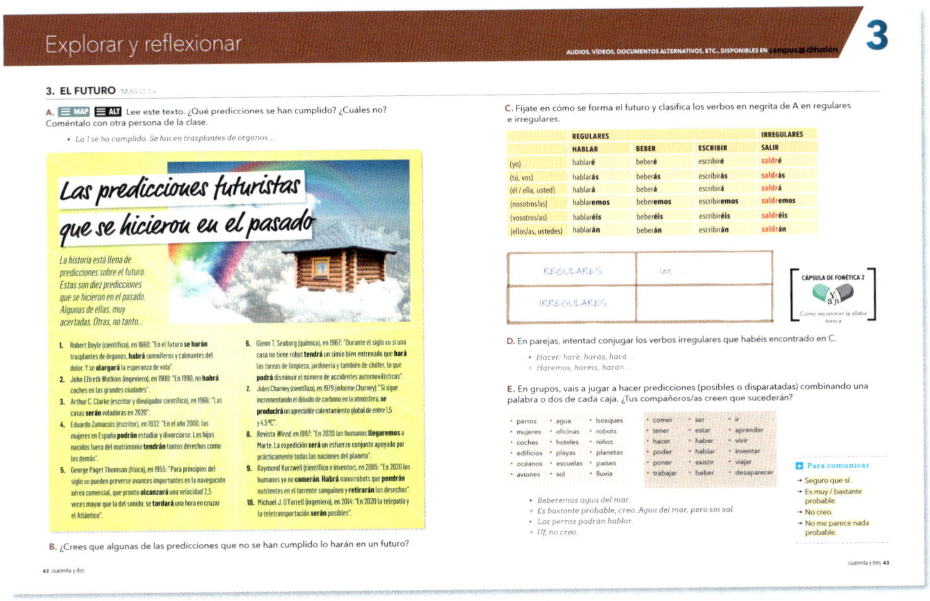

Conoce Aula internacional Plus

LÉXICO

Aquí encontramos el léxico básico de la unidad organizado de manera muy visual y descubrimos colocaciones léxicas que nos ayudan a aprender cómo se combinan las palabras en español.

GRAMÁTICA Y COMUNICACIÓN

En esta página disponemos de esquemas gramaticales y funcionales que nos permitirán entender cómo funciona la lengua española y cómo se usa en la comunicación.

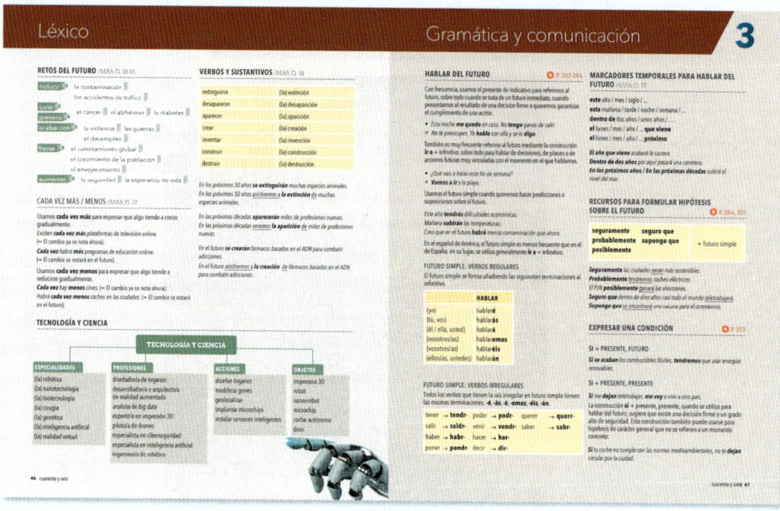

PRACTICAR Y COMUNICAR

Las tres páginas de esta sección están dedicadas a la práctica lingüística y comunicativa, e incluyen propuestas de trabajo muy variadas. Aquí experimentamos el funcionamiento de la lengua a través de microtareas comunicativas en las que activamos los contenidos de la unidad. Muchas de las actividades están basadas en nuestro propio bagaje como personas, como aprendientes y como grupo; así, usamos nuestras experiencias y nuestra percepción del entorno para llevar a cabo interacciones comunicativas reales y llenas de significado.

Al final de esta sección, el manual propone una o varias tareas que implican diversas destrezas y que se concretan en un producto final –escrito u oral– que nos permite conocer nuestro progreso y comprobar qué somos capaces de hacer en español.

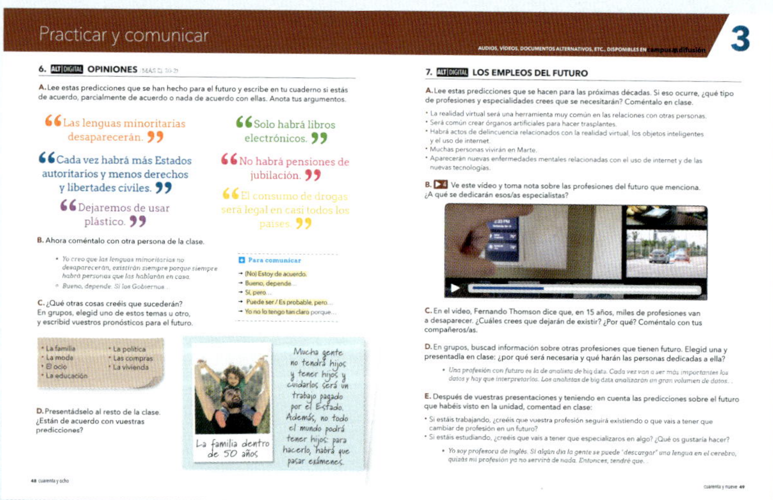

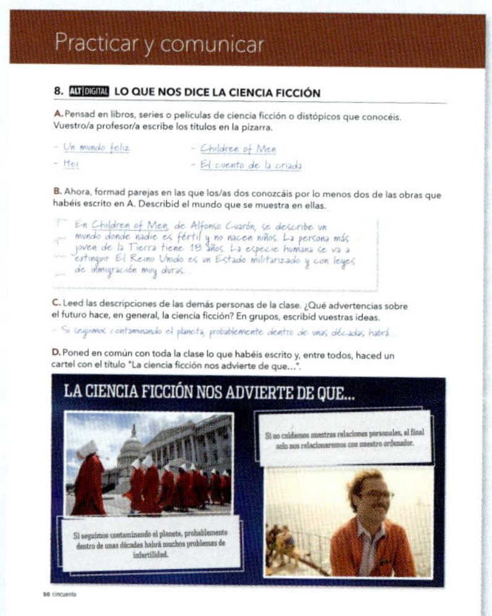

VÍDEO

Todas las unidades se cierran con un vídeo de diferente tipo: reportajes, entrevistas, cortos de ficción, etc. Estos documentos audiovisuales, disponibles en **campusdifusión**, nos acercan a la realidad sociocultural de los países de habla hispana.

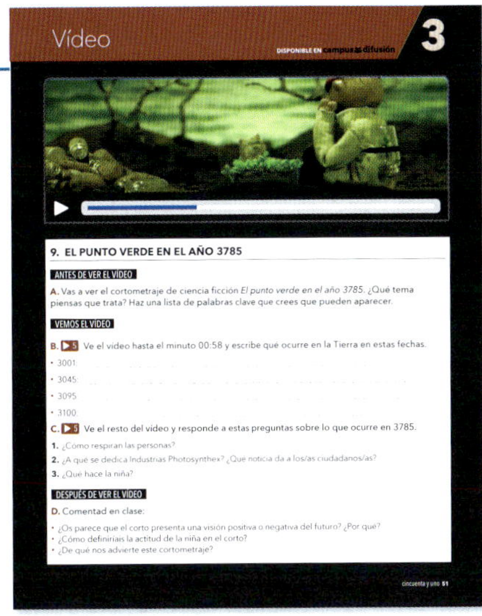
Vídeo 3

9. EL PUNTO VERDE EN EL AÑO 3785

ANTES DE VER EL VÍDEO

A. Vas a ver el cortometraje de ciencia ficción *El punto verde en el año 3785*. ¿Qué tema piensas que trata? Haz una lista de palabras clave que crees que pueden aparecer.

VEMOS EL VÍDEO

B. Ve el vídeo hasta el minuto 00:58 y escribe qué ocurre en la Tierra en estas fechas.

- 3001
- 3045
- 3095
- 3100

C. Ve el resto del vídeo y responde a estas preguntas sobre lo que ocurre en 3785.

1. ¿Cómo respiran las personas?
2. ¿A qué se dedica Industrias Photosynthex? ¿Qué noticia da a los/as ciudadanos/as?
3. ¿Qué hace la niña?

DESPUÉS DE VER EL VÍDEO

D. Comentad en clase:

- ¿Os parece que el corto presenta una visión positiva o negativa del futuro? ¿Por qué?
- ¿Cómo definiríais la actitud de la niña en el corto?
- ¿De qué nos advierte este cortometraje?

LAS UNIDADES SE COMPLETAN, AL FINAL DEL LIBRO, CON LAS SIGUIENTES SECCIONES

MÁS EJERCICIOS

Aquí encontramos siete páginas por unidad con actividades de práctica formal que ayudan a fijar los aspectos lingüísticos estudiados. Si bien los ejercicios están diseñados para el trabajo autónomo, también se pueden usar en clase.

MAÑANA 3

20. Imagina cómo será el mundo dentro de 50 años. Escribe frases relacionadas con los siguientes aspectos.

1. Los coches 2. La familia 3. Las casas 4. El transporte 5. El ocio 6. El trabajo 7. La alimentación 8. Las relaciones sociales 9. La educación

21. Elige una región de tu país o de otro que te interese. Piensa en un problema que tiene (relacionado con el medioambiente, la salud, el trabajo, el transporte...) y crea una infografía con datos o predicciones sobre el futuro. Para hacerla, puedes usar una herramienta digital como Canva o Genially.

MÁS GRAMÁTICA

Como complemento a las páginas de **Gramática y comunicación** de las unidades, en esta sección encontramos explicaciones más extensas y modelos de conjugación para todos los tiempos verbales estudiados en este nivel.

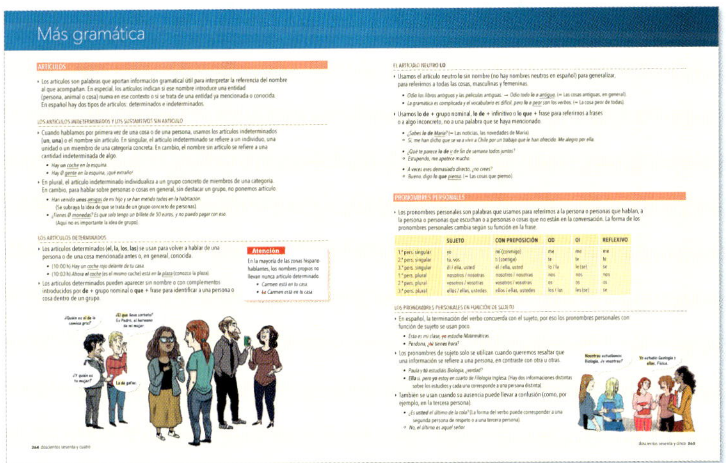
Más gramática

Conoce Aula internacional Plus

PARA ENTENDER EL MANUAL

Este icono indica en qué actividades se debe escuchar un audio, disponible en **campus difusión**.

ALT | CO

Este icono indica que, en **campus difusión**, hay un texto oral diferente, en una variedad del español distinta a la que se ofrece en el libro (indicada con las iniciales del país).

En algunos casos, podemos encontrar, a lo largo de la unidad, documentos audiovisuales que ilustran fenómenos léxicos, gramaticales, culturales, etc.

/MÁS EJ. 9, 10

Esta referencia indica qué ejercicios de la sección **Más ejercicios** están relacionados con una actividad o la complementan.

P. 153

Esta referencia indica qué apartado de la sección **Más gramática** debemos consultar para saber más sobre el tema gramatical tratado.

Construimos el léxico

Este apartado nos permite trabajar con el vocabulario más importante y útil (para nuestras necesidades) de una manera personal y significativa.

CÁPSULA DE FONÉTICA **CÁPSULA DE ORTOGRAFÍA**

Las cápsulas de fonética y de ortografía, disponibles en **campus difusión**, proponen animaciones en vídeo con explicaciones muy visuales para ayudarnos a mejorar nuestra pronunciación y nuestra ortografía en español.

Para comunicar

En estos cuadros encontramos recursos lingüísticos que nos ayudan a expresarnos y a producir textos más ricos.

Para comparar

Estos cuadros nos ofrecen notas sobre cuestiones diversas (lingüísticas, socioculturales, etc.) y nos proponen un trabajo de observación y de comparación con nuestra propia lengua o cultura.

MAP

Los textos marcados con este icono cuentan con una versión mapeada en **campus difusión**. Estos documentos nos permiten observar el uso de las colocaciones léxicas y de las preposiciones en español, y facilitan su aprendizaje.

ALT

Además de los textos que proporciona el libro, las actividades marcadas con este icono cuentan con un texto alternativo en **campus difusión**. Así, podemos trabajar los contenidos de la unidad con textos y temas diferentes.

ALT | DIGITAL

Este icono identifica las actividades que podemos realizar usando herramientas digitales (*apps*, webs, etc.). En **campus difusión** disponemos de una ficha de trabajo con las pautas que se deben seguir.

Para evaluar

Estos cuadros proponen preguntas que nos permiten evaluar nuestras producciones y nos ayudan a mejorarlas.

Aula internacional Plus y Campus Difusión

Todos los recursos digitales de **AULA INTERNACIONAL PLUS**, para vivir una experiencia aún más interactiva, se encuentran disponibles en:

campus difusión

- ✓ Audios y vídeos
- ✓ Cápsulas de fonética y de ortografía
- ✓ Textos mapeados
- ✓ Alternativas digitales
- ✓ Textos y audios alternativos
- ✓ Libro digital interactivo en dos formatos (flipbook y HTML)
- ✓ Transcripciones de los audios
- ✓ Fichas proyectables
- ✓ Fichas de trabajo complementario
- ✓ Edición anotada para docentes
- ✓ Exámenes y evaluaciones
- ✓ Itinerarios para programar los cursos
- ✓ Glosarios

campus.difusion.com

Recursos para estudiantes y docentes
campus difusión

PÁG. 10

1/ PROHIBIDO PROHIBIR

ESCRIBIR UN ARTÍCULO SOBRE COSTUMBRES Y CÓDIGOS SOCIALES EN NUESTRO PAÍS

RECURSOS COMUNICATIVOS
expresar prohibición • expresar obligatoriedad • expresar impersonalidad • hablar de hábitos • opinar y aconsejar

RECURSOS GRAMATICALES
lo normal / **lo habitual** / **lo raro es** + infinitivo • **soler** + infinitivo • cuantificadores: **todo el mundo** / **nadie**... • **está prohibido** / **permitido**... • **se prohíbe/n** / **se permite/n**...

RECURSOS LÉXICOS
costumbres sociales • léxico del ámbito laboral • el verbo **dejar** • expresiones con **ser** y **estar** para hablar de normas y hábitos

ORTOGRAFÍA
mayúsculas y minúsculas

PÁG. 24

2/ VOLVER A EMPEZAR

ESCRIBIR UNA CARTA DE PRESENTACIÓN PARA UN TRABAJO

RECURSOS COMUNICATIVOS
hablar de hábitos en el presente • relatar experiencias pasadas • hablar del inicio y de la duración de una acción • localizar una acción en el tiempo

RECURSOS GRAMATICALES
perífrasis: **empezar a** / **acabar de** / **terminar de** / **volver a** / **dejar de** + infinitivo, **llevar** / **seguir** + gerundio • **desde** / **desde que** / **desde hace**

RECURSOS LÉXICOS
trabajo • hechos de la vida de una persona

FONÉTICA
interrogativas disyuntivas

PÁG. 38

3/ MAÑANA

HACER UN CARTEL CON LAS ADVERTENCIAS QUE HACE LA CIENCIA FICCIÓN SOBRE EL FUTURO

RECURSOS COMUNICATIVOS
hablar de acciones y situaciones futuras • expresar condiciones • formular hipótesis sobre el futuro

RECURSOS GRAMATICALES
si + presente de indicativo, futuro • el futuro simple • **seguramente** / **seguro que** / **probablemente** + futuro • marcadores temporales

RECURSOS LÉXICOS
retos del futuro • **cada vez más** / **menos** • tecnología y ciencia

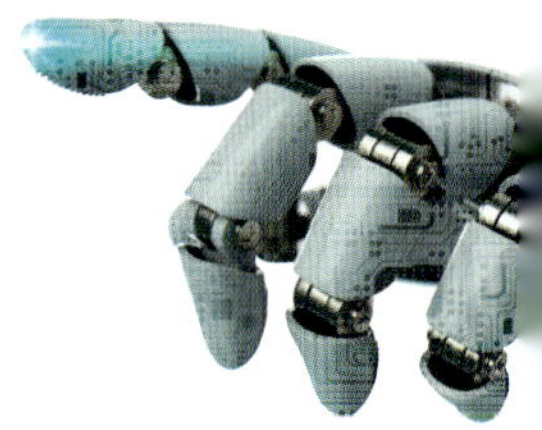

FONÉTICA
cómo reconocer la sílaba tónica

PÁG. 94

7/ MENSAJES

CREAR Y TRANSMITIR DIFERENTES TIPOS DE MENSAJES

RECURSOS COMUNICATIVOS
desenvolvernos por teléfono y en videollamadas • tomar y dejar recados por teléfono • transmitir mensajes • transmitir órdenes, peticiones y consejos

RECURSOS GRAMATICALES
estilo indirecto: **me ha dicho que**... / **me ha pedido que**... / **me ha preguntado si**... / **me ha preguntado cuándo** / **dónde** / **por qué**...

RECURSOS LÉXICOS
verbos que resumen la intención de un mensaje (**preguntar**, **recomendar**, etc.) • tipos de mensajes (carta, mensaje, correo electrónico, etc.) • los verbos **pedir** y **preguntar**

ORTOGRAFÍA
los dos puntos

PÁG. 108

8/ EL TURISTA ACCIDENTAL

CONTAR ANÉCDOTAS REALES O INVENTADAS

RECURSOS COMUNICATIVOS
recursos para contar anécdotas • recursos para mostrar interés al escuchar un relato • hablar de causas y consecuencias

RECURSOS GRAMATICALES
algunos conectores para hablar de causas y consecuencias: **como**, **porque**, **así que**, **o sea que** • el pretérito pluscuamperfecto de indicativo • combinar los tiempos del pasado en un relato (pretérito perfecto, indefinido, imperfecto y pluscuamperfecto)

RECURSOS LÉXICOS
viajes y turismo • anécdotas

FONÉTICA
la entonación de partículas narrativas

PÁG. 122

9/ TENEMOS QUE HABLAR

REPRESENTAR UNA DISCUSIÓN

RECURSOS COMUNICATIVOS
expresar intereses y sentimientos • hablar de relaciones • mostrar desacuerdo en diversos registros • suavizar una expresión de desacuerdo • contraargumentar

RECURSOS GRAMATICALES
me fascina / **me encanta** / **odio** / **no aguanto**... **que** + subjuntivo • **me fascina/n** / **me encanta/n** / **odio** / **no aguanto**... + sustantivo / infinitivo

RECURSOS LÉXICOS
verbos para expresar intereses, sentimientos y sensaciones • manías • recursos para mostrar desacuerdo

FONÉTICA
la entonación de las preguntas eco

Laura Restrepo
Delirio

NO JUEGUES CON SU FUTURO
LOS JUGUETES SEXISTAS LIMITAN SU LIBERTAD

1 PROHIBIDO PROHIBIR

AUDIOS, VÍDEOS, DOCUMENTOS ALTERNATIVOS, ETC., DISPONIBLES EN **campus difusión**

EN ESTA UNIDAD VAMOS A

ESCRIBIR UN ARTÍCULO SOBRE COSTUMBRES Y CÓDIGOS SOCIALES EN NUESTRO PAÍS

RECURSOS COMUNICATIVOS

- expresar prohibición
- expresar obligatoriedad
- expresar impersonalidad
- hablar de hábitos
- opinar y aconsejar

RECURSOS GRAMATICALES

- **lo normal / lo habitual / lo raro es** + infinitivo
- **soler** + infinitivo
- cuantificadores: **todo el mundo / nadie**...
- **está prohibido / permitido**...
- **se prohíbe/n / se permite/n**...

RECURSOS LÉXICOS

- costumbres sociales
- léxico del ámbito laboral
- el verbo **dejar**
- expresiones con **ser** y **estar** para hablar de normas y hábitos

Empezar

1. SEÑALES

A. ¿Sabes qué significan las señales de las imágenes?

◯ No pasar.
◯ No se admiten perros.
◯ Está prohibido beber alcohol.
◯ No está permitido circular en motocicleta o monopatín.
◯ Prohibido el uso de drones.
◯ Prohibido hacer fuego.
◯ No se puede nadar.
◯ No dar de comer a las palomas.
◯ Prohibido entrar con comida o bebida.

B. ¿En qué lugares se pueden encontrar cada una de las señales? ¿Las has visto en tu país?

C. ¿Qué otras señales de prohibición conoces? ¿Has visto alguna curiosa?

- *En los museos hay señales de prohibido hacer fotos, de no tocar...*

2. ¿QUÉ SABES DE LAS COSTUMBRES ARGENTINAS? /MÁS EJ. 1

A. MAP ALT Haz el siguiente test: ¿qué crees que es más adecuado en las diferentes situaciones? Puedes marcar más de una opción. Luego, compara tus respuestas con las de otra persona de la clase.

Cómo relacionarse en Buenos Aires y no morir en el intento

¿Vas a ir a Argentina por placer, por estudios...? Con este test, **evitarás algunos choques culturales.**

1. **Una pareja amiga te invita a cenar. Al terminar la cena, uno de tus anfitriones comienza a recoger la mesa.**
- Sigues conversando en la mesa con su pareja.
- Agradeces, saludas y te vas.
- Te levantas y ayudas a recoger.

2. **Unos amigos te invitan a una fiesta. La fiesta es a las 23 h.**
- Llegas un poco antes, pero esperas a las 23 h para tocar el timbre.
- Llegas entre 23:30 h y 0:00 h.
- Llegas y tocas el timbre a las 22:45 h.

3. **Entras a un negocio y el vendedor se acerca y te dice: "¡Hola! ¿En qué te puedo ayudar?". Respondes:**
- ¿Puedes enseñarme esa gorra azul de la vidriera?
- Disculpe, pero yo a usted no lo conozco.
- ¿Podría usted mostrarme la gorra azul de la vidriera, por favor?

4. **Terminas de comer en un restaurante y te traen la cuenta.**
- Dejas un 10% de propina para el mozo.
- Dejas un 25% de propina para el mozo.
- No dejas propina: el servicio está incluido en la cuenta.

5. **Estás de visita en casa de los padres de un amigo argentino y te ofrecen quedarte a comer.**
- Agradeces la invitación, pero la rechazas poniendo una excusa.
- No aceptas, excepto si insisten mucho.
- Aceptas rápidamente y demuestras entusiasmo por probar la comida, que seguro que está buenísima.

6. **Estás con amigos o conocidos y te ofrecen un mate.**
- Aceptas y limpias el pico de la bombilla antes de tomarlo.
- Tomas un poco rápidamente y lo devuelves a quien te lo dio.
- Lo tomas despacito y lo sostienes en la mano un buen rato antes de pasárselo a otra persona.

7. **Te encuentras por la calle con alguien a quien no ves frecuentemente y después de charlar un rato te dice: "Tenemos que juntarnos un día de estos a tomar un café". Respondes:**
- ¿Te viene bien mañana a las 18 h en el Café La Paz?
- ¡Dale, nos mensajeamos y lo arreglamos!
- ¡Claro! ¿Cuándo?

8. **Te presentan a alguien y esta persona se inclina para darte un beso.**
- Das un paso atrás y extiendes el brazo para darle la mano.
- Le das un sonoro beso en la mejilla.
- Acercas la cara a la de la otra persona y das un beso al aire.

B. MAP ALT Lee la continuación del test y compara tus respuestas de A con la información que da. ¿Hay algo que te sorprende? ¿Cómo se hace en tu país? Coméntalo con otras personas.

- *Me sorprende lo de llegar tarde.*

Aquí tienes las respuestas y algunos consejos

1. En casa de amigos, especialmente entre jóvenes y gente de mediana edad, lo normal es colaborar, ya sea ayudando a servir, abriendo una botella, cortando el pan o, sobre todo, recogiendo la mesa y acompañando a quien lava los platos.

2. En Buenos Aires y otras ciudades no es normal llegar a una fiesta antes de la hora prevista... ¡y tampoco a la hora prevista! En general, se llega entre media y una hora más tarde. Si la invitación es a cenar, se suele llegar entre 15 y 30 minutos más tarde. Pero atención: si la cita es en un lugar público, no es conveniente llegar tarde y dejar a la otra persona esperando. Y si es un encuentro de trabajo, hay que ser puntual".

3. En las grandes ciudades, las personas que trabajan en tiendas y restaurantes tutean frecuentemente a sus clientes (excepto cuando son muy mayores). Si lo hacen, es conveniente usar ese mismo tratamiento. Utilizar "usted" no siempre es cortés, ya que en muchos casos simplemente marca distancia. Pero eso es diferente en el campo y en las pequeñas ciudades, donde el trato es más formal. Además, recuerda que en América no existe la forma "vosotros". Por eso, si estás con alguien y se dirigen a los dos usando "ustedes", no necesariamente te están tratando con formalidad.

4. Aunque en los bares y restaurantes se cobra el servicio de mesa, la norma es dejar propina, pero depende de tu satisfacción con el servicio y la comida. Lo normal suele ser alrededor del 10 %. En cambio, no se deja propina en los taxis.

5. Una regla no escrita dice que se debe rechazar tímidamente la invitación y únicamente aceptarla si la otra persona insiste. Pero entre amigos y familiares es normal aceptarla rápidamente y con entusiasmo. En esos contextos, rechazar la invitación puede ser descortés. Los buenos invitados suelen elogiar la comida y a la persona que la ha preparado.

6. El mate es más que una bebida, es un rito social. Para tomarlo de manera tradicional hay que compartirlo, no retenerlo demasiado tiempo (puede ser irritante para el grupo: debe circular) y no limpiar la bombilla antes de tomarlo, ya que puede resultar ofensivo para los demás.

7. "Tenemos que juntarnos a tomar un café" no es en realidad una propuesta. Es solo una forma amable de despedirse. Y respondemos de un modo igual de espontáneo e indefinido.

8. En Argentina, en situaciones informales, es habitual saludarse —tanto hombres como mujeres— con un beso incluso con personas que acabas de conocer. Pero es un beso al aire, sin hacer contacto con los labios. ¡Atención! Es UN SOLO beso.

Construimos el LÉXICO

¿Qué actitudes o comportamientos te parecen de buena o mala educación? Piensa en ejemplos y escríbelos en una tabla como esta.

Buena educación	Mala educación
saludar y despedirse al entrar o salir de un establecimiento	llegar más de cinco minutos tarde a una cita

3. ALT|DIGITAL PROHIBIDO ACAMPAR /MÁS EJ. 2-5

A. Lee estas normas de una playa en España. ¿Te parecen normas básicas y lógicas o alguna te parece excesiva o ilógica? ¿Has visto alguna vez otras normas o prohibiciones en una playa? Coméntalo con otras personas de la clase.

- *A mí la primera norma me parece excesiva. Puedes ir a pasear con el perro por la mañana, cuando no hay gente, y no pasa nada, ¿no?*
- *Pues a mí me parece lógica. Los perros...*

B. Fíjate en las estructuras para expresar obligatoriedad o prohibición que aparecen en las frases de A. ¿Con qué palabras se combinan? Clasifícalas en la tabla.

CON SUSTANTIVO (SINGULAR O PLURAL)	CON INFINITIVO
No se admiten	

C. Busca un cartel con normas o prohibiciones de algún lugar de tu ciudad (la universidad, un hospital, una biblioteca...) y trata de traducirlas al español. Puedes buscarlo por internet.

4. EN EL COLEGIO /MÁS EJ. 6-7

A. 01 ALT|MX Rubén tiene 14 años y acaba de cambiar de colegio. Escucha la conversación y marca las cosas que están prohibidas, las que están permitidas y las que son obligatorias en su nuevo colegio.

	Está prohibido	Está permitido	Es obligatorio
1. Llegar tarde a clase			
2. Quedarse a comer en el colegio			
3. Mascar chicle en clase			
4. Tener el móvil conectado en clase			
5. Utilizar la calculadora en la clase de Matemáticas			
6. Consultar el diccionario en la clase de Inglés			
7. Tutear al profesor			
8. Llevar uniforme			

B. 01 ALT|MX Completa estas frases que dice Rubén con las siguientes expresiones. Luego escucha de nuevo la conversación y comprueba.

nos obligan a — nos obligan a — nos dejan — nos dejan — nos deja

1. No .... utilizar la calculadora…
2. Edu .... usar el diccionario hasta en los exámenes…
3. .... quedarnos a comer en la escuela.
4. .... tener el móvil apagado.
5. Y tampoco .... comer chicle.

C. ¿Qué cosas te obligaban a hacer en el colegio? ¿Qué te dejaban hacer? Comentadlo en grupos.

- *A nosotros en el instituto nos dejaban llegar cinco minutos tarde por la mañana.*

Para comunicar

→ A mí / nosotros (no) me / nos dejaban…
→ A mí / nosotros (no) me / nos obligaban a…
→ (No) Podía / Podíamos…

5. EL MUNDO DEL TRABAJO /MÁS EJ. 14-15

A. MAP Lee estas frases que hacen referencia a cuestiones relacionadas con el mundo del trabajo en España. ¿En tu país es igual o diferente? Después, coméntalo con otras personas de la clase.

1. **Todo el mundo** tiene derecho a 15 días de permiso cuando se casa.
2. **Todas las madres**, cuando dan a luz, tienen derecho a 16 semanas de baja por maternidad. La baja por paternidad también es de 16 semanas.
3. **En la mayoría de las empresas** el personal recibe su salario en 14 pagas.
4. Normalmente, **toda la plantilla** tiene derecho a cuatro semanas de vacaciones al año.
5. **En muy pocos lugares** se cobra el salario semanalmente.
6. **En ninguna oficina o despacho** se suele trabajar los domingos.
7. **Casi ninguna empresa** tiene guardería para sus empleados/as.
8. **En la mayoría de las empresas** la jornada completa es de 40 horas semanales, que suelen estar distribuidas en 8 horas diarias.
9. **Algunas empresas** pagan un seguro médico privado a su personal.
10. **En casi todas las empresas grandes** suele haber un comité de empresa formado por representantes de los/as trabajadores/as.

B. Intenta ordenar estas expresiones de más (8) a menos (1).

- [ ] La mayoría de las empresas
- [ ] Casi ninguna empresa
- [ ] Muchas empresas
- [ ] Pocas empresas
- [ ] Casi todas las empresas
- [ ] Ninguna empresa
- [ ] Todas las empresas
- [ ] Algunas empresas

C. Subraya en las frases del apartado A las formas del verbo **soler**. ¿Entiendes qué significa? ¿Qué tipo de palabra aparece detrás de ese verbo?

D. Ahora escribe seis frases sobre el mundo del trabajo en tu país. Utiliza las expresiones marcadas en el apartado A.

6. LO NORMAL ES... /MÁS EJ. 11

A. Max va a ir a comer por primera vez a casa de la familia de su pareja. ¿En tu cultura son importantes estas cuestiones en una situación similar?

- Llevar un regalo
- Cómo vestir
- Cómo saludar
- Tratar de tú / usted
- De qué hablar y no hablar
- Normas y costumbres en la mesa

B. 02 Escucha la conversación entre Max y Alicia, una amiga española a la que pide consejo. Indica si estas frases se corresponden con lo que le dice Alicia sobre cómo comportarse en España en una comida familiar.

	Sí	No
1. Es de mala educación no llevar nada.		
2. Lo normal es arreglarse.		
3. Se suele saludar afectuosamente a la familia.		
4. Es aconsejable usar la forma usted.		
5. Es habitual hablar del salario y del nivel adquisitivo.		
6. No está mal visto preguntar la edad.		
7. Es muy recomendable elogiar la comida.		

CÁPSULA DE ORTOGRAFÍA 1

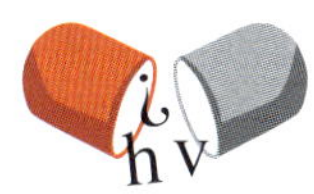

Mayúsculas y minúsculas

C. Imagina que Max está en tu país y te llama a ti para hacerte las mismas preguntas que a Alicia. ¿Qué le respondes? Vuelve a escuchar el audio o trabaja con la transcripción y escribe las respuestas en tu cuaderno.

- ¿Tengo que llevar algo?
- Es recomendable llevar...

Para comunicar

→ (No) Es normal / raro...
→ Lo (más) habitual / más frecuente / mejor... es
→ (No) Se suele/n + infinitivo
→ Es aconsejable / recomendable / mejor...
→ Es de mala educación / una falta de respeto...
→ Está bien / mal visto

Léxico

CUANTIFICADORES /MÁS EJ. 10

Todo el mundo
(Casi) todo/a/os/as (+ **el** / **la** / **los** / **las** + sustantivo)
La mayoría (**de** + **el** / **la** / **los** / **las** +sustantivo)
Mucho/a/os/as (+ sustantivo)
La mitad (**de** + **el** / **la** / **los** / **las**+ sustantivo)
Algún(o)/a/os/as (+ sustantivo)
Poco/a/os/as (+ sustantivo)
(Casi) nadie
Ningún(o)/a (+ sustantivo)

*En mi clase **todo el mundo** estudia mucho.*
***Todas** las empresas cierran los domingos.*
*En España **la mayoría de** la gente vive en las ciudades.*
*En **muchos** colegios españoles hay servicio de comedor.*
***La mitad del** alumnado de esta escuela es griego.*
***Algunas** tiendas cierran a las 22 h.*
***Poca** gente viaja al extranjero.*
*En mi casa **casi nadie** se acuesta antes de las 23 h.*
***Ninguna** universidad abre los fines de semana.*

LÉXICO DEL ÁMBITO LABORAL /MÁS EJ. 16

EL TRABAJO

DINERO
cobrar el salario
pagar el sueldo

PERSONAS
el personal
la plantilla
el / la trabajador/a
el / la empleado/a
el / la jefe/a

LA JORNADA
la jornada completa
la media jornada
la pausa
el descanso
la hora de entrada / salida

DERECHOS
días: de permiso / de vacaciones / libres
la baja por: maternidad / paternidad / enfermedad

COSTUMBRES SOCIALES

dar(le) (a alguien): las gracias / los buenos días / un beso / un abrazo / la mano

invitar (a alguien) a: una fiesta / casa / comer / un café

enviar(le) (a alguien): un mensaje / una invitación / una felicitación / una nota de agradecimiento

aceptar / rechazar: un regalo / una invitación

hacer / recibir: un regalo / un elogio / un cumplido

SER Y ESTAR: NORMAS Y HÁBITOS /MÁS EJ. 13

Utilizamos **ser** con adjetivos y expresiones que describen características generales.

ser:
obligatorio/a/os/as
(muy) normal / habitual / frecuente / raro
de (muy) buena / mala educación
una falta / señal de respeto (hacia alguien)
(muy) aconsejable / recomendable

Estar se utiliza con adjetivos y expresiones que describen cualidades situadas en el tiempo. También con adjetivos que derivan de verbos y que expresan el resultado de una acción o proceso anterior.

estar:
prohibido/a/os/as
permitido/a/os/as
(muy) bien / mal visto
aceptado/a/os/as

*Han prohibido pescar en la playa. → **Está prohibido** pescar en la playa*

*Por fin, han permitido entrar con perros en el restaurante. → **Está permitido** entrar con perros en el restaurante.*

Gramática y comunicación 1

EXPRESAR PROHIBICIÓN /MÁS EJ. 8-9

Generalmente se usan las siguientes construcciones.

SE + 3.ª PERSONA (SINGULAR O PLURAL)

CON ARTÍCULO + SUSTANTIVO SINGULAR O INFINITIVO		CON SUSTANTIVO PLURAL
Se prohíbe	**No se puede***	**Se prohíben**
No se permite		**No se admiten**

Se prohíbe *la entrada al recinto a partir de las 21 h.*
No se permite *hacer fotos durante la actuación.*
Por esta calle ***no se puede*** *circular a más de 50 km por hora.*
Se prohíben *las bebidas alcohólicas en recintos deportivos.*
No se admiten *devoluciones sin el tique de compra.*

* Si después de **poder** + infinitivo hay un sustantivo en plural, es frecuente el uso de la 3.ª persona del plural: *No se* ***pueden usar*** *las instalaciones durante el fin de semana.* Si el sustantivo plural está antes del verbo, el uso del plural es obligatorio: *Las instalaciones no se* ***pueden usar*** *durante el fin de semana.*

ESTÁ/N + PROHIBIDO/A/OS/AS / PERMITIDO/A/OS/AS

CON SUSTANTIVO SINGULAR O PLURAL	CON INFINITIVO
Está prohibido/a/os/as	**Está prohibido**
No está/n permitido/a/os/as	**No está permitido**

En esta zona ***están prohibidos*** *los drones.*
No están permitidas *las reuniones de más de diez personas.*
En este restaurante ***está prohibido*** *fumar.*
No está permitido *usar el teléfono móvil en clase.*

En lengua escrita, cuando las prohibiciones tienen un carácter general, es habitual la estructura **no** + infinitivo.

No *pisar el césped.*   ***No*** *aparcar.*

EXPRESAR OBLIGATORIEDAD

Es obligatorio + infinitivo
Es / Son obligatorio/a/os/as + **el** / **la** / **los** / **las** + sustantivo
Obligar a + infinitivo

En mi trabajo ***es obligatorio*** *usar guantes.*
Es obligatoria *la aceptación de las condiciones.*
En la residencia ***me obligaban a*** *levantarme a las 6 de la mañana todos los días de la semana.*

EXPRESAR IMPERSONALIDAD /MÁS EJ. 12 P. 294

Existen varios recursos para no especificar quién realiza una acción. Uno de ellos es la estructura **se** + verbo en 3.ª persona (singular / plural).
En España ***se cena*** *bastante tarde.*

! Cuando el verbo es pronominal, no se puede usar **se** + verbo en 3.ª persona del singular para expresar impersonalidad. En esos casos, aparece un sujeto colectivo o difuso.

En mi país ***la gente se acuesta*** *muy temprano.*
En mi país ***nos acostamos*** *muy temprano.*
~~*En mi país* ***se acuesta*** *muy temprano.*~~

También se puede usar la 3.ª persona del plural.
En Italia ***comen*** *pasta todos los días. (= En Italia* ***se come*** *pasta todos los días).*
~~*En Italia* ***se comen*** *pasta todos los días.*~~

También podemos usar la 2.ª p. del singular, sobre todo en la lengua oral.

En mi país, si ***sacas*** *buenas notas, te dan una beca.*

HABLAR DE HÁBITOS

(No) Es normal / habitual / frecuente / raro... + infinitivo
Lo normal / (más) habitual es + infinitivo

En España ***lo normal es*** *cenar después de las 21 h.*
En mi país ***no es muy habitual*** *tomar café después de las comidas.*

! **Lo** no se utiliza nunca para referirse a una persona, animal o cosa concreta. Solo se usa para hablar de una idea general, abstracta (equivale a "la cosa", "la idea"):

En las fiestas de cumpleaños, ***lo*** *habitual es llevar un regalo.*
~~*En las fiestas de cumpleaños* ***el*** *más habitual es llevar un regalo.*~~

Para hablar de hábitos usamos también el verbo **soler** + infinitivo.

En España la gente ***suele*** *acostarse tarde.*

! El presente de **soler** se conjuga como **poder**: **suelo**, **sueles**, **solés**, **suele**, **solemos**, **soléis**, **suelen**.

OPINAR Y ACONSEJAR

Para opinar, valorar o aconsejar, podemos usar esta estructura:
Es bueno / mejor / aconsejable / recomendable... + infinitivo

Para mí, ***es mejor*** *llegar antes de tiempo que llegar tarde.*
En mi país ***es aconsejable*** *dejar un 10 % de propina.*

7. ALT|DIGITAL ME CHOCÓ MUCHO /MÁS EJ. 17-18

A. 03-08 En un programa de radio han entrevistado a seis personas españolas que viven en el extranjero. Escucha y toma notas: ¿a qué aspectos culturales se refiere cada persona?

comida | gestos | servicios | horarios | el mundo laboral | saludos y despedidas | otros

B. 03-08 Escucha de nuevo los testimonios de A y anota en tu cuaderno qué costumbres les sorprendieron más a esas personas.

C. ¿Conoces costumbres parecidas a las de B? ¿De qué lugares son propias? ¿Conoces alguna otra costumbre del mundo que te parece curiosa? Explícasela a tus compañeros/as.

- *Pues en algunos lugares de China consideran que dejar propina es maleducado. Y en Singapur creo que es ilegal, te pueden multar...*

8. NO PODÍAMOS SALIR

Piensa en algún período de tu vida en el que, por alguna razón, había ciertas prohibiciones o restricciones. Puede ser cuando estabas en un determinado lugar, durante una situación de emergencia o un confinamiento... Después, comenta con otras personas qué cosas se podían hacer y cuáles estaban prohibidas.

- *En 2020, durante el confinamiento por la Covid-19, solo te dejaban salir de casa para ir al supermercado o hacer deporte.*

Para comunicar

→ Estaba prohibido...
→ No estaba permitido...
→ No se podía / podíamos...
→ No me / nos dejaban...

9. ALT | DIGITAL CÓMO HEMOS CAMBIADO /MÁS EJ. 20

A. En grupos, investigad sobre la evolución social de vuestro país y cómo han ido cambiando las prohibiciones y obligaciones en diferentes ámbitos. Haced una lista y tomad notas de la información más relevante. Podéis organizar la información por temas.

Fumar:
Antes, se podía fumar en todas partes. Desde 2004 está totalmente prohibido fumar en lugares públicos.
Algunos restaurantes tenían zonas de fumadores y de no fumadores.

B. Poned en común con los demás grupos la lista que habéis elaborado en A. Entre toda la clase, vais a hacer una línea temporal de prohibiciones y obligaciones en vuestro país. Después, podéis comentar estas cuestiones.

- ¿En qué aspectos han cambiado más cosas?
- ¿Cuál es la época en la que se han producido más cambios?
- ¿Sabéis si esas prohibiciones han evolucionado de manera semejante en los países vecinos?

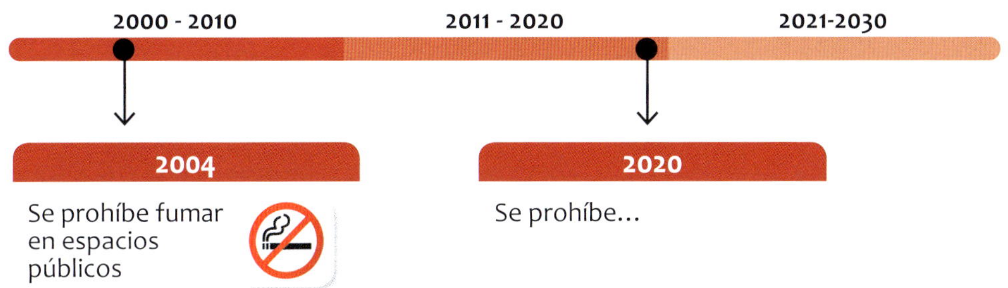

10. COSTUMBRES /MÁS EJ. 19

A. Entre toda la clase vais a escribir una guía con costumbres que deben conocer las personas que viajan al país en el que os encontráis. En grupos, elegid uno de estos ámbitos (u otro relevante para vuestra cultura) y haced una lista de cosas que consideráis habituales en relación con él.

- Comida
- Ocio
- Trabajo
- Pareja y amigos
- Horarios
- Vacaciones
- Invitaciones y visitas
- Fiestas populares

Mucha gente suele tomar un aperitivo después del trabajo.
Es muy normal comer pasta todos los días.
No es normal tomar café por la noche.
Muchísima gente toma helados todo el año.
Es normal comer carne cuatro o cinco veces por semana.

B. Pasad vuestra lista a otras personas de la clase y comentad brevemente por escrito las listas de los otros grupos.

C. Leed los comentarios a vuestra lista y seleccionad las cinco costumbres sobre las que hay más unanimidad.

- *Varias personas comentan que es normal comer pasta "casi" todos los días.*
- *Sí, en eso coincide mucha gente.*
- *¿Qué más podemos poner?*
- *"Tomar café por la noche". Casi nadie piensa que es frecuente, pero algunas personas dicen que...*

Para comunicar

→ (Casi) Toda la clase / Nadie
→ La mayoría...
→ Algunas / Varias personas...

D. Redactad vuestra parte de la guía. Pensad qué recomendaciones podéis dar en cada punto.

E. Poned en común los textos que habéis escrito. ¿Qué te parecen los consejos de los otros grupos? ¿Crees que hay información que debe relativizarse? Comentadlo y, entre todos/as, tratad de mejorar y enriquecer la guía.

11. SI TE VAS A... COLOMBIA

ANTES DE VER EL VÍDEO

A. En grupos, escribid todo lo que sabéis sobre Colombia. Después, ponedlo en común con el resto de la clase.

VEMOS EL VÍDEO

B. ▶ 1 Ve el vídeo hasta el minuto 02:56 y escribe cuatro características de los colombianos y las colombianas a partir de las cosas que cuentan las dos personas del vídeo.

C. ▶ 1 Termina de ver el vídeo y toma notas sobre lo que dicen sobre estas cosas.

la gastronomía | la música | las fiestas y costumbres | el mundo del trabajo

D. ▶ 1 Ve de nuevo el vídeo completo e indica si estas afirmaciones se corresponden con la información que da.

1. Los colombianos y las colombianas son personas perezosas.
2. La gente de Colombia es muy hospitalaria.
3. El baile es importante para socializar con otras personas.
4. En Colombia se consume bastante carne.

DESPUÉS DE VER EL VÍDEO

E. ¿Cuál crees que es el propósito del vídeo? Comparte tus impresiones con el resto de la clase.

F. En grupos, comparad lo que habéis escrito en A con lo que sabéis ahora sobre Colombia. ¿Cambiaríais alguna cosa? ¿Por qué?

2 VOLVER A EMPEZAR

María

Mis frases del día

Comentarios >

Bjhsu: ¡Toda la razón! Yo quiero empezar a ser más positivo, ver siempre el lado bueno de las cosas y quejarme menos por todo.

Pedro: Es fácil decirlo, pero ¿cómo se hace? Por ejemplo, yo quiero dejar de fumar. ¿Cómo tengo que cambiar mi actitud para conseguirlo?

Mis frases del día

Comentarios >

Selene: Ya... Yo quiero volver a hacer deporte como antes, pero ahora con los niños pequeños no es fácil. ¡Pero voy a conseguirlo!

AUDIOS, VÍDEOS, DOCUMENTOS ALTERNATIVOS, ETC., DISPONIBLES EN campus difusión

EN ESTA UNIDAD VAMOS A

ESCRIBIR UNA CARTA DE PRESENTACIÓN PARA UN TRABAJO

RECURSOS COMUNICATIVOS

- hablar de hábitos en el presente
- relatar experiencias pasadas
- hablar del inicio y de la duración de una acción
- localizar una acción en el tiempo

RECURSOS GRAMATICALES

- perífrasis: **empezar a** / **acabar de** / **terminar de** / **volver a** / **dejar de** + infinitivo, **llevar** / **seguir** + gerundio
- **desde** / **desde que** / **desde hace**

RECURSOS LÉXICOS

- trabajo
- hechos de la vida de una persona

Buscar

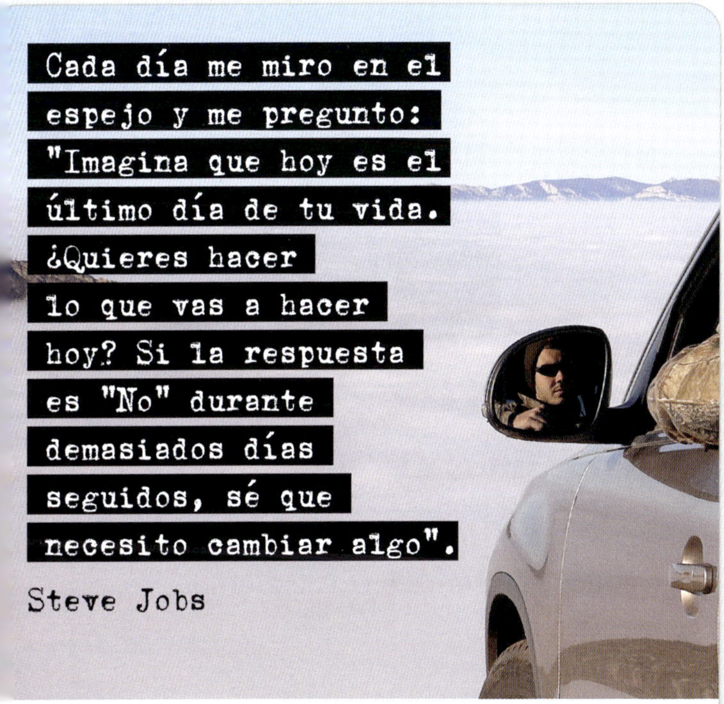

Mis frases del día

Comentarios >

Julia: Mi respuesta es siempre "No". Me gustaría cambiar de trabajo, pero no sé qué hacer... Tengo que empezar a buscar otra cosa ya.

Hugo: Pues mi respuesta también es "No", pero ahora tengo que ser paciente, estudiar mucho y terminar la carrera.

Beirut: Pues yo tengo que desintoxicarme de las redes sociales. Desde hoy, voy a dejar de mirar el móvil a partir de las nueve de la noche.

Empezar

1. PUES YO QUIERO...

A. Lee las citas. ¿Qué tema tienen en común? ¿Estás de acuerdo con lo que dicen? Comentadlo en clase.

- *Yo estoy bastante de acuerdo con la de Andy Warhol, pero...*

B. Lee los comentarios. ¿Cuáles de las intenciones de estas personas te parecen más difíciles de realizar?

- *A mí me parece muy difícil dejar de fumar.*
- *Sí, a mí también. Mi padre lo ha intentado muchas veces y nunca lo ha conseguido.*

C. Y tú, ¿quieres cambiar algo en tu vida?

- *A mí me gustaría empezar a comer más sano.*

Para comunicar

→ Dejar de...
→ Empezar a... → estudiar / trabajar...
→ Volver a...

Comprender

2. ÉPOCAS DE CAMBIOS

A. ¿Qué crees que puede cambiar en la vida de alguien cuando...

- se jubila?
- tiene su primer/a hijo/a?
- se va a vivir a otro país?

B. 09-11 Vas a escuchar un pódcast en el que tres personas que han pasado por las situaciones de A cuentan su experiencia. Indica a quién (M, A o F) corresponde cada frase.

1. Ha dejado de fumar. ....
2. Ha vuelto a estudiar. ....
3. Está viviendo en una casa. ....
4. Lleva años sin dormir mucho. ....
5. Ha cambiado de trabajo. ....
6. Ha empezado a comer más sano. ....
7. Ha hecho nuevos amigos. ....
8. Ha empezado a aprender inglés. ....
9. Pasa más tiempo con sus hijos. ....
10. Ahora viaja más. ....
11. Ha empezado a hacer deporte. ....
12. Todavía sale una vez a la semana. ....

C. 09-11 Vuelve a escuchar y anota en tu cuaderno qué le ha costado más a cada persona y qué aspectos positivos tiene su nueva vida.

Construimos el LÉXICO

A. Continúa las series en tu cuaderno.

- un trabajo — estable, ...
- un trabajo a tiempo — completo, ...
- trabajar de — camarero/a, ...
- trabajar con — niños, ...
- trabajar en — un banco, ...

B. Con las combinaciones de A, habla de tu trabajo o del de personas de tu entorno.

3. DE VUELTA A CASA /MÁS EJ. 1

A. MAP ALT Lee los mensajes que se han escrito Álvaro y Maribel. En parejas, responded a estas preguntas.

- ¿De qué se conocen?
- ¿Qué le pide Álvaro a Maribel?
- ¿Qué trabajos ha hecho Álvaro durante los últimos 10 años? ¿Le han gustado?
- ¿Qué competencias crees que tiene Álvaro (qué sabe hacer, qué le gusta) y cómo crees que es?
- ¿Qué trabajos crees que puede hacer ahora?

12:37
Hola, Álvaro, ¿qué tal? ¡Hace un montón de tiempo que no sé nada de ti! ¿Sigues viviendo en el extranjero? Yo sigo aquí, en Madrid. Hace unos años me reciclé y ahora soy orientadora laboral. La verdad es que me gusta mucho, estoy contenta. Oye, si vienes a Madrid quedamos un día, ¿eh?

16:40
Maribel, ¡qué ilusión recibir tu mensaje! ¡Han pasado ya 10 años desde que terminamos la universidad! ¡Y eres orientadora laboral, no me lo puedo creer! Precisamente yo estoy en un momento de cambio. Llevo muchos años viviendo en el extranjero y he tenido muchos trabajos distintos, pero ninguno durante mucho tiempo. Ahora acabo de volver a España y me gustaría encontrar un trabajo más estable.

16:46
Pero mira, te cuento un poco lo que he estado haciendo estos últimos años. Después de terminar Traducción e Interpretación, estuve trabajando un tiempo en una agencia de traducción y no me gustó nada. Así que lo dejé. Primero, estuve trabajando un año de camarero en un barco de cruceros holandés. Después, en el 2011, me fui a Sídney y allí estuve trabajando primero de camarero, luego de cuidador de perros, después de socorrista y, al final, me fui al campo a trabajar en una granja. Y estuvo bien, aunque no me apetece volver a hacer nada de todo esto, la verdad. En 2014, decidí irme a Marruecos. Allí aprendí árabe y trabajé de guía turístico para europeos. Luego, en 2017, me trasladé a Alemania y seguí trabajando de guía turístico durante unos años. Ser guía me gusta, pero hace unos meses, empecé a colaborar en una ONG con refugiados y la verdad es que me encanta, sobre todo lo de hacer de intérprete y mediar entre las personas. Y me he dado cuenta de que ya no quiero trabajar con turistas... Mi novia ha encontrado un trabajo en España y me he venido con ella a Madrid. Me gustaría encontrar un trabajo a tiempo parcial, primero, y quizás volver a estudiar algo, para poder seguir trabajando con refugiados o en algo similar. Oye, ¿te importa si quedamos un día y hablamos? Quizás puedes ayudarme porque estoy un poco perdido.

19:14

Escribe tu mensaje...

B. 12 ALT|UR Escucha ahora el mensaje que le ha enviado Maribel a Álvaro y anota qué sugerencias le hace.

C. Piensa en cosas que has hecho en el ámbito del trabajo y de los estudios. Luego, imagina que te vas a un país extranjero y buscas empleo. ¿Qué puedes hacer con tu experiencia?

- *Yo soy abogada, pero puedo hacer de camarera porque hace dos años trabajé en una cafetería.*

4. PROMOCIÓN DEL 2010 /MÁS EJ. 2-7

A. MAP Todas estas personas están en una fiesta de exalumnos de la universidad. Lee las conversaciones y, luego, contesta las preguntas.

1. ¿Quién trabajaba y ya no trabaja? ....
2. ¿Quién vivía en una ciudad y ya no? ....
3. ¿Quién se ha casado varias veces? ....
4. ¿Quién quiere cambiar de trabajo? ....
5. ¿Quién está estudiando? ....
6. ¿Quién vive fuera de España desde hace más de diez años? ....
7. ¿Quién ha tenido un hijo hace poco? ....
8. ¿Quién trabaja en el extranjero, pero va a volver a su país? ....

B. Fíjate en las expresiones subrayadas en A. Todas son perífrasis. Completa la tabla.

VERBO PRINCIPAL	PREPOSICIÓN (A / DE / Ø)	INFINITIVO O GERUNDIO
empezar	a	infinitivo
acabar		
volver		
dejar		
seguir		
terminar		
llevar		
estar		

C. Vuelve a leer las conversaciones de A. ¿Entiendes qué significan las expresiones subrayadas? Escribe cómo expresarías lo mismo en tu lengua o en alguna otra lengua que conoces bien.

EN ESPAÑOL	EN MI LENGUA	EN INGLÉS
he empezado a trabajar	comecei a trabalhar	I've started working

CÁPSULA DE FONÉTICA 1

Interrogativas disyuntivas

D. 13 Ahora vais a escuchar las conversaciones de A. Luego, en parejas o grupos de tres, vais a representarlas.

E. Escribe cosas sobre ti.

1. Una cosa que has dejado de hacer en los últimos meses. ....
2. Una cosa que has empezado a hacer hace poco. ....
3. Una cosa que has vuelto a hacer en el último año. ....
4. Una cosa que hacías el año pasado y sigues haciendo este año. ....
5. Una cosa que llevas mucho tiempo haciendo. ....
6. Una cosa que has terminado de hacer hace poco. ....

F. Comenta con tus compañeros/as lo que has escrito en E. ¿Tenéis cosas en común?

- *Yo llevo mucho tiempo saliendo con mi novia, he dejado de trabajar, he empezado a estudiar español...*

5. EXPERIENCIA EN DIRECCIÓN DE EQUIPOS /MÁS EJ. 8-15

A. MAP Una multinacional está buscando a un/a director/a financiero/a. Observa el anuncio y la información sobre dos candidatos que ya trabajan en la empresa. Decide con otra persona de la clase cuál es más adecuado/a para el puesto.

BROMOX S.L.

Grupo multinacional líder en el sector químico busca:

DIRECTOR/A FINANCIERO/A

PARA SU SEDE EN EL CAIRO (EGIPTO)

Requisitos:

- Estudios superiores, con preferencia por carreras como Económicas, Administración de Empresas y similares
- Dominio del inglés y conocimientos de árabe
- Experiencia mínima de dos años en dirección de equipos
- Experiencia internacional
- Flexibilidad horaria
- Disponibilidad para viajar

Nombre: Petra Lorente

- **Hace** 6 años **que** trabaja en la empresa.
- Acabó la carrera de Económicas **hace** 8 **años**.
- **Hace** poco ha acabado un máster de gestión empresarial.
- Habla inglés muy bien.
- **Desde que** está al mando de su departamento, ha conseguido duplicar los beneficios.
- Tuvo una hija **hace** dos años.
- Estudia árabe **desde hace** tres años.
- Vive en Madrid **desde** 2014.

Nombre: Pedro Domínguez

- **Hace** 2 años **que** trabaja en la empresa.
- Acabó la carrera de Administración de Empresas **hace** 12 **años**.
- **Desde que** dirige su departamento, la coordinación del equipo ha mejorado.
- Habla muy bien inglés y estudia francés **desde hace** 4 años.
- Se casó **hace** un año. **Hace** tres meses nació su primer hijo.
- Ha estado a cargo de las exportaciones al Norte de África **desde que** entró en la empresa.
- Vivió en Alejandría **de** 2013 **a** 2016. **Desde** 2017 vive en Barcelona.

B. Mira estos esquemas y completa las frases con información sobre Marco, otro candidato al puesto de A. Para hacerlo, fíjate en cómo funcionan las estructuras en negrita en los ejemplos de A.

1. 

- Vivió en Londres **de** .... **a** ....

2. 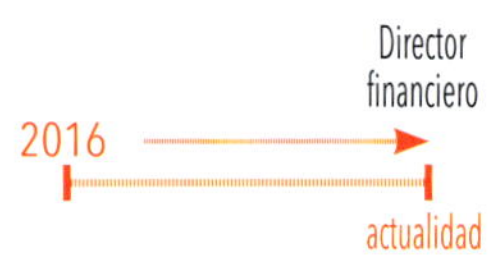

- Es director financiero de una empresa de transporte **desde** ....
- Es director financiero de una empresa de transporte **desde hace** .... años.
- **Hace** .... años **que** es director financiero de una empresa de transporte.
- **Desde que** es director financiero de esa empresa, ha recibido varios premios por su trabajo.

3. 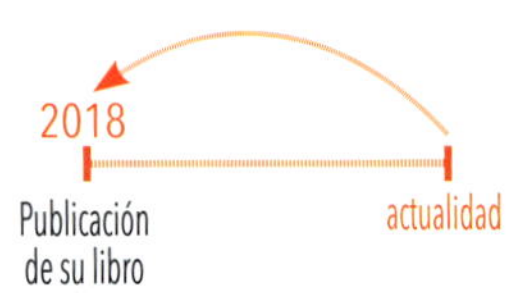

- **Hace** .... **años** publicó un libro sobre dirección financiera.

6. UNA CARTA DE PRESENTACIÓN /MÁS EJ. 16-17

A. MAP Lee la carta que ha enviado Lucía Jiménez para solicitar el puesto del anuncio de la actividad 5. ¿Cuáles crees que son sus puntos fuertes y sus puntos débiles como candidata?

Lucía Jiménez

lucia.jimenez1987@gmail.com

Apreciados señores:

Les escribo a fin de presentar mi candidatura al puesto de directora financiera de su filial en El Cairo.

Como pueden ver en mi currículum, he trabajado durante 8 años en la industria farmacéutica. En 2011 me licencié en Ingeniería Química. Inmediatamente después, hice unas prácticas en París, en Lux, un laboratorio de producción de cosméticos. Al acabar las prácticas, conseguí un puesto en el Departamento de Investigación de Rowfarma, un prestigioso laboratorio farmacéutico en Londres, donde trabajé durante cinco años. En 2017 hice un MBA en gestión y administración de empresas. Al terminar el máster, encontré trabajo en Rimene, otro laboratorio farmacéutico, esta vez en el Departamento Financiero. Hace unos meses, debido a razones familiares, volví a Málaga, donde resido actualmente.

Creo que mi formación y mi experiencia hacen de mí una candidata idónea para el puesto que ustedes ofrecen. Tengo, además, un nivel casi nativo de inglés, nociones de francés y de alemán, y soy una persona responsable, trabajadora y con voluntad de progresar.

Quedo, sin más, a la espera de sus noticias y me despido atentamente.

Lucía Jiménez

- *En el anuncio piden una experiencia mínima de dos años en dirección de equipos, y ella no ha dirigido ningún equipo. Eso es un punto débil, ¿no?*

B. ¿Qué información da en cada párrafo? Coméntalo con otra persona de la clase.

- *Primero saluda y luego dice por qué escribe...*

C. ¿La carta de Lucía es formal o informal? ¿En qué lo notas?

D. Subraya en la carta:

- Las fórmulas para saludar y despedirse.
- Las palabras en las que vemos que escribe dirigiéndose a sus lectores en la forma **ustedes**.

E. Busca en la carta de A palabras o expresiones que quieren decir lo mismo que las siguientes.

- Cuando acabé: ....
- A causa de: ....
- Vivo: ....
- Perfecta: ....
- Conocimientos básicos: ....
- Espero su respuesta: ....

Léxico

TRAYECTORIA PERSONAL /MÁS EJ. 18

conocer a alguien
enamorarse
casarse
tener un/a hijo/a
separarse
divorciarse

mudarse de casa
tener un accidente
tener una enfermedad

estudiar
trabajar
independizarse
ir a vivir a otro país
quedarse en el paro
jubilarse

CAMBIOS

cambiar de: trabajo, ciudad, vida, actitud
un cambio: radical
un cambio de: vida, aires
hacer: un cambio
necesitar: un cambio

TRABAJO /MÁS EJ. 19-20

TRABAJO Y EXPERIENCIA LABORAL

PERSONAS

candidato/a
director/a
jefe/a
trabajador/a
empleado/a
compañero/a de trabajo

CONTRATOS Y TIPOS DE TRABAJO

contrato indefinido / temporal
trabajo a tiempo parcial / completo
trabajo bien / mal remunerado
trabajo precario

CARGOS

estar al mando de un departamento / equipo…
dirigir / coordinar un departamento / equipo…
ser jefe/a / director/a de una empresa / un departamento…

EMPRESAS

una empresa química / de transporte…
la sede de una empresa
la filial de una empresa
montar una empresa
dirigir una empresa

FORMACIÓN Y EXPERIENCIA

tener un grado de Económicas / Química…
hacer un máster / doctorado…
hacer unas prácticas
tener experiencia de dos / tres años…
tener experiencia en dirección de equipos / el sector automovilístico…

BUSCAR Y ENCONTRAR TRABAJO

solicitar un puesto
escribir una carta de presentación
hacer una entrevista de trabajo

DEJAR Y DEJAR DE

dejar: un trabajo, una ciudad
dejar de: trabajar, estudiar, fumar

ACABAR Y ACABAR DE /MÁS EJ. 21

Acabo *la carrera este año.* (= Termino la carrera).
Acabo de *empezar la carrera.* (= He empezado hace muy poco la carrera).

SALUDOS Y DESPEDIDAS EN UNA CARTA FORMAL

SALUDOS

Apreciados/as señores/as:
Estimados/as señores/as:
Distinguidos/as señores/as:
Apreciado/a señor/a:
Estimado/a señor/a:
Distinguido/a señor/a:

DESPEDIDAS

Atentamente,
Cordialmente,
Saludos cordiales,

Gramática y comunicación

2

PERÍFRASIS

P. 290-294

Una perífrasis es una combinación de dos verbos, uno en forma personal y el otro en forma no personal (infinitivo, gerundio o participio), a veces unidos por una preposición.

LLEVAR + GERUNDIO

Esta perífrasis sirve para expresar la duración actual de una acción que empezó en el pasado y que no ha terminado aún.

Lleva *más de siete años* ***saliendo*** *con Marta.*
(= Hace más de siete años que sale con Marta).

EMPEZAR A + INFINITIVO

Expresa el inicio de una acción.

- *¿Cuándo* ***empezaste a trabajar*** *aquí?*
- *En mayo de 2000.*

SEGUIR + GERUNDIO

Expresa la continuidad de una acción, sin indicar su comienzo.

Seguimos yendo *al cine una vez a la semana.* (= Empezamos a ir en un momento indeterminado del pasado y la costumbre sigue en el presente).

VOLVER A + INFINITIVO

Expresa la repetición de una acción anterior.

- *¿**Has vuelto a tener** problemas con el coche?*
- *Por suerte, no. Ahora funciona perfectamente.*

DEJAR DE + INFINITIVO

Expresa la interrupción de una acción que no había finalizado.

Dejé de estudiar *a los dieciséis años.*

ACABAR DE + INFINITIVO

Sirve para referirse a una acción que ha sucedido muy recientemente.

Acabo de conseguir *el trabajo de mi vida.*

! Esta perífrasis solo tiene este sentido si se utiliza en presente o en imperfecto de indicativo.

Acabo de encontrar *el trabajo de mi vida.*
Acababa de encontrar *el trabajo de mi vida cuando te conocí.*
Ayer ~~acabé de encontrar~~ el trabajo de mi vida.

TERMINAR DE + INFINITIVO

Expresa el final de una acción.

He terminado de leer *el libro que me regalaste.*

ESTAR + GERUNDIO

Usamos **estar** + gerundio para presentar una acción en progreso.
Cuando el verbo **estar** está en pretérito perfecto o en pretérito indefinido, destacamos que la acción duró cierto tiempo antes de terminar o interrumpirse.

Esta mañana ***he estado paseando****. Por la tarde he ido a trabajar.*
He estado *todo el fin de semana* ***durmiendo****, pero mañana lunes tengo que levantarme temprano.*

En cambio, cuando el verbo **estar** está en presente o en imperfecto, solo mostramos el progreso de la acción, pero no su principio ni su final.

Últimamente ***estoy estudiando*** *mucho porque tengo un examen.*
Ayer ***estaba durmiendo*** *cuando me despertó el teléfono.*

HABLAR DE LA DURACIÓN

P. 275

HACE + CANTIDAD DE TIEMPO + QUE + VERBO

- ***Hace*** *más de tres años* ***que*** *vivo en Colombia. ¿Y tú?*
- *Yo,* ***hace*** *ocho años.*

DESDE HACE + CANTIDAD DE TIEMPO

No veo a Carlos ***desde hace*** *un año.*

MARCAR EL INICIO DE UNA ACCIÓN

P. 275

DESDE + FECHA

- *¿**Desde cuándo** estudias español?*
- ***Desde*** *enero.*

DESDE QUE + VERBO

Está en Bogotá ***desde que*** *empezó el curso.*
Desde que *ha aprobado el examen, está más tranquila.*

LOCALIZAR UNA ACCIÓN EN EL TIEMPO

P. 275

PRETÉRITO PERFECTO / INDEFINIDO + HACE + CANTIDAD DE TIEMPO

- ***Ha conseguido*** *el trabajo* ***hace*** *muy poco tiempo, ¿no?*
- *Sí,* ***hace*** *solo un par de meses, creo.*

Practicar y comunicar

7. ¿QUÉ TE PUEDE CAMBIAR MÁS LA VIDA?

A. En parejas, elegid uno de estos acontecimientos y preparad argumentos para convencer a la clase de que es algo que puede cambiar mucho la vida de las personas.

- casarse
- enamorarse
- acabar los estudios
- cumplir 18 años
- estudiar en el extranjero
- hacer un viaje
- cambiar de trabajo
- divorciarse
- mudarse de casa
- quedarse en el paro
- tener un accidente
- tener una enfermedad

B. Presentad al resto de la clase lo que habéis escrito.

- *Nosotras pensamos que cumplir 18 años te cambia la vida en muchos aspectos. Muchas personas a esa edad empiezan a conducir, dejan de vivir con sus padres...*

C. ¿Quién ha expuesto argumentos más convincentes?

8. ALT|DIGITAL LAS PERSONAS DE MI CLASE

A. En grupos, vais a elaborar un cuestionario con diez preguntas para saber más de las personas de la clase.

¿Quién...
1. ha dejado de comer carne?
2. sigue viviendo con sus padres?
3. lleva más de un año saliendo con alguien?
4. acaba de mudarse?

Para comunicar

→ Dejar de...
→ Empezar a...
→ Volver a...
→ Acabar de...
→ Terminar de...

→ estudiar / trabajar...

→ Seguir...
→ Llevar (un tiempo)

→ estudiando / trabajando...

B. Cada grupo hace sus preguntas al resto y anota los nombres de las personas que responden afirmativamente.

- *¿Alguien ha dejado de comer carne?*
- *Sí, yo. No como carne desde hace un año.*

C. Presentad a la clase los datos que tenéis. Podéis representarlos de forma gráfica.

- *Tres personas de la clase han dejado de comer carne...*

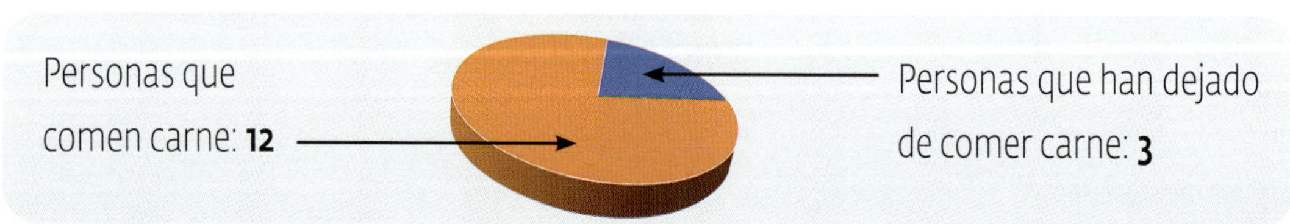

9. ALT|DIGITAL LA VIDA DE MAIA /MÁS EJ. 22

A. Haz una lista de los acontecimientos más importantes de tu vida relacionados con estos ámbitos u otros.

- Trabajo
- Familia / Pareja
- Lugar de residencia
- Ocio / Aficiones
- Hábitos de alimentación / Salud

B. En parejas, cada uno/a le hace un resumen de esos acontecimientos a la otra persona, que tiene que tomar notas y puede hacer preguntas.

- *Hace unos años, dejé de trabajar en mi empresa de toda la vida.*
- *¿Ah, sí? ¿Cuándo exactamente?*
- *Hace tres años.*
- *¿Cuánto tiempo llevabas trabajando en esa empresa?*
- *Pues casi 15 años.*

Para comunicar

→ ¿Cuánto (tiempo) hace / hacía que...?
→ ¿(Durante) ¿Cuánto tiempo...?
→ ¿Hace / Hacía cuánto (tiempo) que...?
→ ¿Desde cuándo...?
→ ¿De cuándo a cuándo...?

C. Haz una infografía o póster con la información que tienes sobre tu compañero/a.

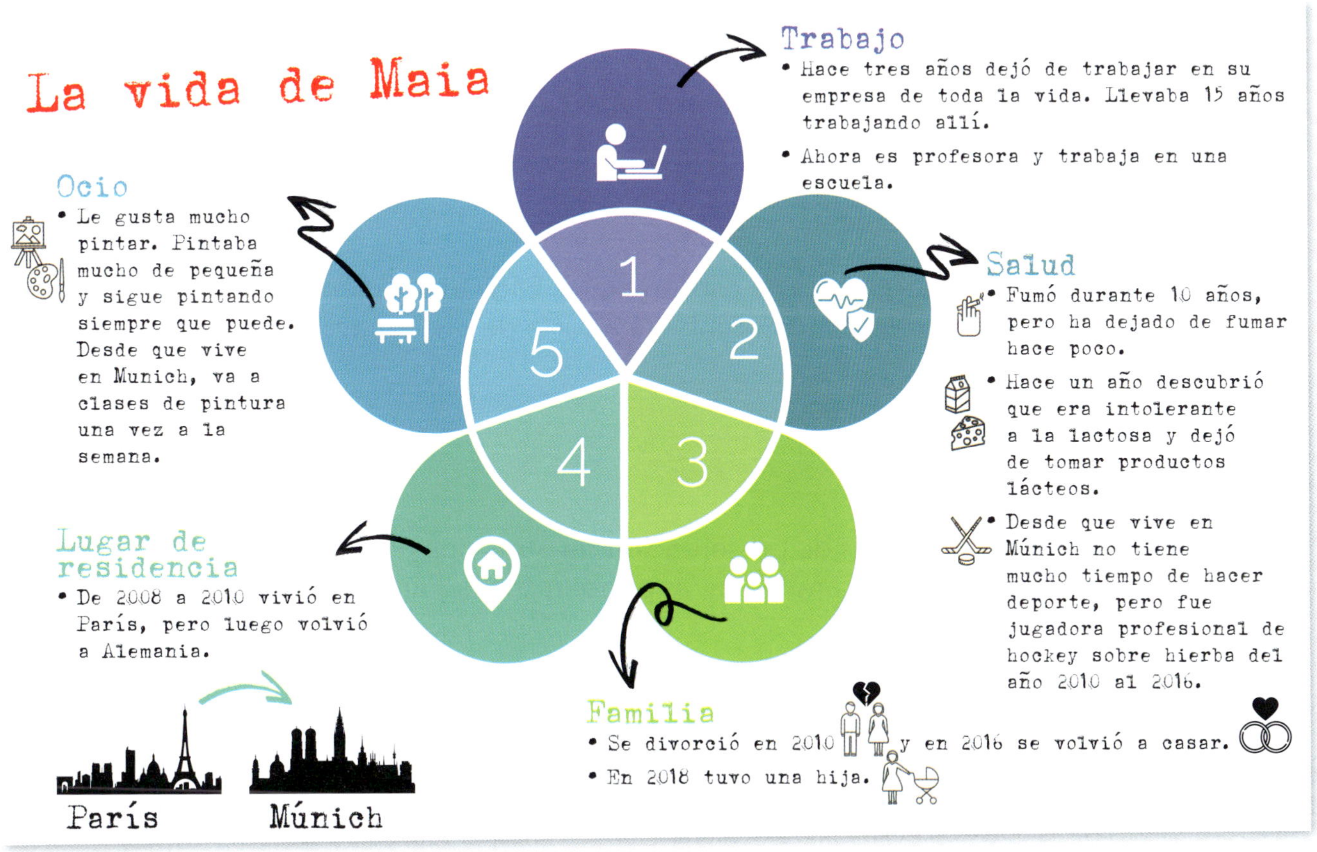

D. Presenta al resto de la clase tu infografía o póster. ¿Qué experiencias compartís?

Practicar y comunicar

10. UNA TRANSFORMACIÓN

A. ¿Has oído hablar del minimalismo? ¿Sabes qué es? Coméntalo con otras personas de la clase.

B. ▶ 2 Ve el vídeo y anota qué dice Adriana sobre el minimalismo y en qué la ha cambiado a ella. Estas preguntas pueden ayudarte.

- ¿Qué cambios se han producido en su vida este último año?
- ¿Cómo era su vida antes y cómo es ahora?
- ¿Para qué cree ella que sirve el minimalismo?

C. ▶ 2 Comentad en grupos el vídeo. ¿Os atrae la idea que presenta?

D. Grábate hablando de un momento o de una experiencia transformadora (propia o de otra persona) y comparte tu vídeo con la clase. El resto va a escribir comentarios.

11. ALT|DIGITAL CORRESPONSAL EN ARGENTINA

A. Entre todos/as vais a escribir una lista de trabajos interesantes que os gustaría hacer.

- Corresponsal de una televisión en Argentina
- DJ en una discoteca de Ibiza

B. Imagina que quieres conseguir uno de esos trabajos. Elige uno y piensa en las características de la persona ideal para hacerlo. Luego escribe una carta de presentación para ese puesto.

- Estudios
- Idioma
- Experiencia laboral
- Aficiones

C. En parejas, vais a leer las cartas de presentación de otras dos personas de la clase. ¿Están bien escritas? ¿Creéis que los/as candidatos/as pueden conseguir el puesto de trabajo? Contádselo al resto de la clase.

Para evaluar

→ ¿Da la información pertinente para ser contratado/a?
→ ¿La carta está bien estructurada?
→ ¿Usa fórmulas de saludo y de despedida adecuadas?
→ ¿Usa un léxico adecuado?

Estimados señores:

Les escribo para manifestar mi interés en el puesto de corresponsal en Buenos Aires.

12. UNA TRAYECTORIA PROFESIONAL

VEMOS EL VÍDEO

A. ▶ 3 Ve el vídeo hasta el minuto 01:09 y completa con los datos de la persona que habla.

1. Nombre: ....
2. Edad: ....
3. Origen: ....
4. Ciudad de residencia: ....
5. Estudios: ....
6. Antiguo trabajo: ....

B. ▶ 3 Ve el vídeo hasta el minuto 01:54. ¿Por qué decidió cambiar de trabajo y de estilo de vida? ¿A qué tipo de negocio se dedicó?

C. ▶ 3 Ve el vídeo hasta el minuto 02:57. ¿Cómo es su vida ahora? ¿Qué cosas ha vuelto a hacer?

D. ▶ 3 Ve el resto del vídeo. ¿Por qué cree Serafín que es más feliz que antes? ¿Qué ha cambiado totalmente en su vida?

DESPUÉS DE VER EL VÍDEO

E. ¿Estás de acuerdo con lo que dice Serafín sobre el estrés? ¿Crees que tu ritmo de vida es estresante o que tienes una vida más bien relajada? Coméntalo con otras personas de la clase.

3 MAÑANA

CIUDADES DEL FUTURO

Según los expertos, el 66 % de la población mundial vivirá en ciudades antes de 2050. Pero ¿cómo serán las ciudades del futuro?

AUDIOS, VÍDEOS, DOCUMENTOS ALTERNATIVOS, ETC., DISPONIBLES EN campus difusión

EN ESTA UNIDAD VAMOS A

HACER UN CARTEL CON LAS ADVERTENCIAS QUE HACE LA CIENCIA FICCIÓN SOBRE EL FUTURO

RECURSOS COMUNICATIVOS

- hablar de acciones y situaciones futuras
- expresar condiciones
- formular hipótesis sobre el futuro

RECURSOS GRAMATICALES

- **si** + presente de indicativo, futuro
- el futuro simple
- **seguramente / seguro que / probablemente** + futuro
- marcadores temporales

RECURSOS LÉXICOS

- retos del futuro
- **cada vez más / menos**
- tecnología y ciencia

Empezar

1. LAS CIUDADES DEL FUTURO

A. ALT En un reportaje sobre las ciudades del futuro, una revista ha publicado las imágenes de la izquierda. ¿Con qué imagen relacionas cada una de estas ideas?

1. Viviremos en rascacielos y entre ellos habrá muchas zonas verdes y huertos solares.
2. Habrá autopistas debajo del mar.
3. Algunas ciudades flotarán en el mar.
4. Aparcaremos los coches en párkings automáticos, situados fuera de las ciudades. En las ciudades casi no habrá coches.
5. El cielo estará lleno de drones, que usaremos para transportar todo tipo de cosas (comida, paquetes, equipaje...).
6. Los edificios tendrán muchos árboles y plantas.

B. ¿Cuál de las afirmaciones anteriores crees que es más probable? Y tú ¿cómo te imaginas la ciudad del futuro?

- *Yo creo que en las ciudades del futuro no habrá más zonas verdes.*
- *Yo estoy segura de que sí.*
- *Yo también creo que sí. Y, además, probablemente también habrá huertos para cultivar frutas y verduras...*

2. EL MUNDO DE MAÑANA

A. MAP ¿Cuáles crees que son los grandes problemas del mundo? Coméntalo con otras personas de la clase.

B. Lee la introducción del texto de la página de la derecha. ¿Habla de los problemas que habéis pensado en A?

C. Lee uno de los apartados del texto. Luego, resume a la clase qué predicciones hace.

D. Elige las tres predicciones que te parecen más probables y las tres que te parecen menos probables (o que crees que van a suceder en un futuro mucho más lejano). Coméntalo con otras personas.

- *Bueno, lo de los coches que van solos ya es una realidad.*
- *Yo, lo de las autopistas subterráneas no lo veo muy probable a corto plazo.*

E. 14 ALT|CO Vas a escuchar a dos personas que han leído el artículo y hablan de algunos aspectos que les parecen controvertidos. Completa la tabla.

	¿DE QUÉ TEMAS HABLAN?	¿QUÉ DICEN?
1.		
2.		

F. ¿Qué opinión tienes tú de lo que comentan las personas en la grabación de E?

Construimos el LÉXICO

Haz una lista de los principales retos del siglo XXI. Puedes usar los siguientes verbos u otros.

reducir · aumentar · prevenir · curar · frenar · encontrar · acabar con

- reducir la contaminación

¿En el futuro el mundo será un lugar mejor para vivir?

Para las próximas décadas, los expertos prevén un fuerte aumento de la población mundial y una aceleración del calentamiento global. Si estas tendencias se confirman es fácil imaginar consecuencias catastróficas como, por ejemplo, grandes epidemias, hambre o guerras. Pero, por otro lado, la tecnología avanza muy rápidamente y en muchos lugares se están imaginando soluciones para hacer frente a esos retos y construir un mundo mejor. Estas son algunas de las previsiones sobre el futuro que más nos afectarán.

Transporte

En este ámbito habrá grandes transformaciones que permitirán reducir la contaminación y los accidentes de tráfico:

- Probablemente, antes de 2050 el diésel y la gasolina dejarán de existir. Los coches serán, en su inmensa mayoría, eléctricos y autónomos.
- Usaremos los coches bajo demanda, casi nadie tendrá un coche en propiedad.
- Habrá autopistas subterráneas y bajo el mar, en las que se podrá circular a más de 500 km por hora.
- La mayoría de los envíos se realizarán con drones.

Nuevos lugares para vivir

Si la población sigue creciendo y el nivel del mar continúa subiendo, tendremos que buscar nuevos lugares para vivir:

- Colonizaremos la Luna y Marte (y parece ser que ir de vacaciones al espacio será habitual).
- Se construirán ciudades debajo del mar.

Alimentación

- Cada vez se necesitan más tierras para alimentar a la población mundial. La solución a eso pue de ser la agricultura vertical: en las próximas décadas, en casi todos los edificios se cultivarán vegetales. Además, comeremos carne cultivada, creada a partir de tejidos animales.
- Las impresoras 3D estarán en casi todas las cocinas y con ellas podremos preparar platos ricos y sanos en unos segundos. Ya no necesitaremos comprar comida preparada y, gracias a eso, se reducirán los casos de obesidad, diabetes y otras enfermedades.

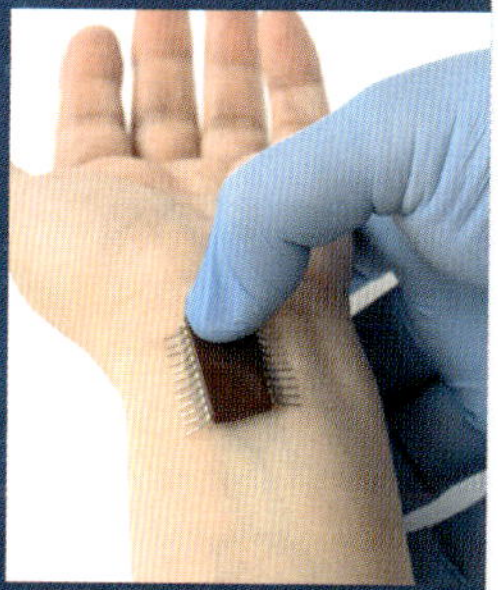

Seguridad

- Casi todos tendremos microchips implantados en el cuerpo, que permitirán geolocalizar a las personas. Gracias a ellos, se podrá saber dónde están los criminales, dónde se encuentran personas secuestradas o encontrar a personas que se han perdido.

Salud

En la salud habrá cambios revolucionarios:

- Con los microchips implantados en nuestro cuerpo, se podrá medir la temperatura y el pulso y, así, controlar enfermedades.
- Se podrán curar enfermedades como el cáncer y sustituir órganos dañados por otros impresos en 3D.
- Gracias al desarrollo de la inteligencia artificial, habrá algoritmos que podrán prever futuras epidemias.
- Se podrán modificar los genomas humanos y diseñar bebés muy resistentes y con menos propensión a las enfermedades. Si eso pasa, entonces probablemente ya no necesitaremos vacunas.

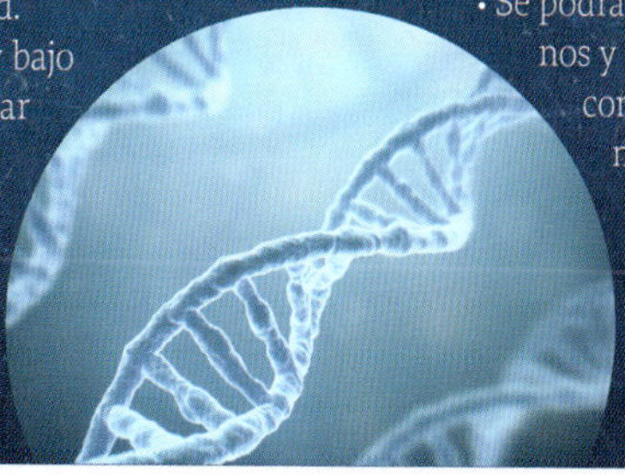

3. EL FUTURO /MÁS EJ. 1-4

A. MAP ALT Lee este texto. ¿Qué predicciones se han cumplido? ¿Cuáles no? Coméntalo con otra persona de la clase.

- *La 1 se ha cumplido. Se hacen trasplantes de órganos...*

Las predicciones futuristas que se hicieron en el pasado

La historia está llena de predicciones sobre el futuro. Estas son diez predicciones que se hicieron en el pasado. Algunas de ellas, muy acertadas. Otras, no tanto...

1. Robert Boyle (científico), en 1660: "En el futuro **se harán** trasplantes de órganos, **habrá** somníferos y calmantes del dolor. Y se **alargará** la esperanza de vida".
2. John Elfreth Watkins (ingeniero), en 1900: "En 1990, no **habrá** coches en las grandes ciudades".
3. Arthur C. Clarke (escritor y divulgador científico), en 1966: "Las casas **serán** voladoras en 2020".
4. Eduardo Zamacois (escritor), en 1932: "En el año 2000, las mujeres en España **podrán** estudiar y divorciarse. Los hijos nacidos fuera del matrimonio **tendrán** tantos derechos como los demás".
5. George Paget Thomson (físico), en 1955: "Para principios del siglo XXI pueden preverse avances importantes en la navegación aérea comercial, que pronto **alcanzará** una velocidad 2,5 veces mayor que la del sonido: se **tardará** una hora en cruzar el Atlántico".
6. Glenn T. Seaborg (químico), en 1967: "Durante el siglo XXI si una casa no tiene robot **tendrá** un simio bien entrenado que **hará** las tareas de limpieza, jardinería y también de chófer, lo que **podrá** disminuir el número de accidentes automovilísticos".
7. Jules Charney (científico), en 1979 (informe Charney): "Si sigue incrementando el dióxido de carbono en la atmósfera, **se producirá** un apreciable calentamiento global de entre 1,5 y 4,5 ºC".
8. Revista *Wired*, en 1997: "En 2020 los humanos **llegaremos** a Marte. La expedición **será** un esfuerzo conjunto apoyado por prácticamente todas las naciones del planeta".
9. Raymond Kurzweil (científico e inventor), en 2005: "En 2020 los humanos ya no **comerán**. **Habrá** nanorrobots que **pondrán** nutrientes en el torrente sanguíneo y **retirarán** los desechos".
10. Michael J. O'Farrell (ingeniero), en 2014: "En 2020 la telepatía y la teletransportación **serán** posibles".

B. ¿Crees que algunas de las predicciones que no se han cumplido lo harán en un futuro?

C. Fíjate en cómo se forma el futuro y clasifica los verbos en negrita de A en regulares e irregulares.

	REGULARES			IRREGULARES
	HABLAR	**BEBER**	**ESCRIBIR**	**SALIR**
(yo)	hablar**é**	beber**é**	escribir**é**	**saldré**
(tú, vos)	hablar**ás**	beber**ás**	escribir**ás**	**saldrás**
(él / ella, usted)	hablar**á**	beber**á**	escribir**á**	**saldrá**
(nosotros/as)	hablar**emos**	beber**emos**	escribir**emos**	**saldremos**
(vosotros/as)	hablar**éis**	beber**éis**	escribir**éis**	**saldréis**
(ellos/as, ustedes)	hablar**án**	beber**án**	escribir**án**	**saldrán**

REGULARES	ser, ...
IRREGULARES	

CÁPSULA DE FONÉTICA 2

Cómo reconocer la sílaba tónica

D. En parejas, intentad conjugar los verbos irregulares que habéis encontrado en C.

- *Hacer: haré, harás, hará...*
- *Haremos, haréis, harán...*

E. En grupos, vais a jugar a hacer predicciones (posibles o disparatadas) combinando una palabra o dos de cada caja. ¿Tus compañeros/as creen que sucederán?

- perros
- mujeres
- coches
- edificios
- océanos
- aviones
- agua
- oficinas
- hoteles
- playas
- escuelas
- sol
- bosques
- robots
- niños
- planetas
- países
- lluvia

- comer
- tener
- hacer
- poder
- poner
- trabajar
- ser
- estar
- haber
- hablar
- existir
- beber
- ir
- aprender
- vivir
- inventar
- viajar
- desaparecer

- *Beberemos agua del mar.*
- *Es bastante probable, creo. Agua del mar, pero sin sal.*
- *Los perros podrán hablar.*
- *Uf, no creo.*

Para comunicar

→ Seguro que sí.

→ Es muy / bastante probable.

→ No creo.

→ No me parece nada probable.

Explorar y reflexionar

4. MANERAS DE VER EL FUTURO /MÁS EJ. 5-10

A. Ana ve el futuro con optimismo; en cambio, Lupe tiene una visión catastrófica del futuro. ¿Quién ha dicho cada frase?

1. **Si** en el futuro casi todos los objetos <u>están</u> conectados a internet, **estaremos** continuamente vigilados y no **tendremos** privacidad.
2. **Si** en el futuro casi todos los objetos <u>están</u> conectados a internet, nuestra vida **será** más fácil y **ahorraremos** tiempo.

B. Para expresar una condición sobre el futuro podemos usar esta estructura. Completa los espacios con los tiempos verbales.

Si + ... , ...

C. En parejas, escribid en vuestro cuaderno la continuación de estas frases según el punto de vista de Ana y Lupe.

1. **Ana:** "Si cada vez hay más robots que hacen los trabajos que hacemos hoy las personas, ...
2. **Lupe:** "Si cada vez hay más robots que hacen los trabajos que hacemos hoy las personas, ...
3. **Ana:** "Si en el futuro se pueden elegir y modificar los genes de los bebés, ...
4. **Lupe:** "Si en el futuro se pueden elegir y modificar los genes de los bebés, ...
5. **Ana:** "Si se acaban los combustibles fósiles, ...
6. **Lupe:** "Si se acaban los combustibles fósiles, ...

D. Aquí tienes algunas predicciones. ¿Cómo te afectarán a ti o a tu entorno las siguientes cuestiones? Haz hipótesis y coméntalas con un/a compañero/a.

- La mayoría de la gente teletrabajará.

- El nivel del mar subirá más de tres metros.

- Se prohibirá la entrada de coches en muchas ciudades.

- La carne y el pescado serán artículos de lujo.

- Aproximadamente un 30 % de la población tendrá más de 70 años.

- *Pues yo, si tengo que teletrabajar, me iré a vivir a un sitio en el campo.*
- *Pues yo no sé qué haré si tengo que teletrabajar, porque...*

5. SEGURAMENTE /MÁS EJ. 11-14

A. Mira esta infografía sobre el futuro de internet y coméntala con otras personas de la clase: di si te sorprende algún pronóstico y por qué.

- *¿Tú crees que dentro de 10 años ya no usaremos móviles?*
- *No sé, a mí me parece muy pronto...*

EL FUTURO DE INTERNET: PREDICCIONES

Inspirado en "El futuro de internet", de Trustly

2030
No se pagará con el móvil ni con tarjetas, solo con atributos biométricos (la huella dactilar, la voz o el reconocimiento facial) o con microchips implantados en nuestro cuerpo. (Verónica López Sabater, de AFI)

2035
Los teléfonos móviles inteligentes ya no existirán. (Renée James, presidenta de Intel)

2040
Todas las cosas que nos rodean serán inteligentes (zapatos, mesas, frigoríficos...) y enviarán datos. (Mitchel Baker, fundadora de Mozilla)

2050
Se aprenderá un idioma cargando una aplicación al cerebro. (Evan Henshaw-Plath, cofundador de Twitter)

Tu mejor amigo será una computadora. Te mirará a la cara y sabrá reconocer tu estado de ánimo. (Steve Wozniak, cofundador de Apple)

2070
La privacidad se convertirá en una mercancía que solo empresas privadas podrán ofrecer a personas con alto poder adquisitivo. (Jayson DeMers, creador de CEO y Audience Bloom)

B. 15 Escucha la entrevista a una experta. ¿En qué coincide con la información presentada en la infografía? ¿En qué no? Toma notas.

C. Fíjate en estas frases de la conversación y contesta a las preguntas.

- **Seguramente** viviremos en hogares inteligentes. Ya los hay.
- **Supongo que** cada vez habrá más gente preocupada por la pérdida de privacidad.
- **Estoy segura de que** las tarjetas de crédito acabarán desapareciendo, pero **probablemente** aún las vamos a usar durante unos diez años.
- **Seguro que** los móviles cambiarán, serán más pequeños... pero en 2035 se seguirán usando.
- **Posiblemente** los ordenadores tendrán muchos datos y mucho conocimiento sobre nosotros.

1. ¿Qué tiempo verbal se usa después de las expresiones en negrita?

2. ¿Qué dos expresiones presentan un hecho como más probable?

D. En grupos, pensad en objetos de uso común en la actualidad que creéis que acabarán desapareciendo. Discutid sobre cuánto tiempo de vida creéis que les queda.

- llaves
- tabletas
- cajeros automáticos
- cables

- *Seguramente dentro de 10 años ya nadie usará llaves para entrar en su casa.*
- *Yo estoy segura de que eso pasará...*

Léxico

RETOS DEL FUTURO /MÁS EJ. 15-16

reducir la contaminación / los accidentes de tráfico

curar / **prevenir** el cáncer / el alzhéimer / la diabetes

acabar con la violencia / las guerras / el desempleo

frenar el calentamiento global / el crecimiento de la población / el envejecimiento

aumentar la seguridad / la esperanza de vida

CADA VEZ MÁS / MENOS /MÁS EJ. 17

Usamos **cada vez más** para expresar que algo tiende a crecer gradualmente.
*Existen **cada vez más** plataformas de televisión* online.
(= El cambio ya se nota ahora).
***Cada vez** habrá **más** programas de educación* online.
(= El cambio se notará en el futuro).

Usamos **cada vez menos** para expresar que algo tiende a reducirse gradualmente.
***Cada vez** hay **menos** cines.* (= El cambio ya se nota ahora).
*Habrá **cada vez menos** coches en las ciudades.* (= El cambio se notará en el futuro).

VERBOS Y SUSTANTIVOS /MÁS EJ. 18

extinguirse	(la) extinción
desaparecer	(la) desaparición
aparecer	(la) aparición
crear	(la) creación
inventar	(la) invención
construir	(la) construcción
destruir	(la) destrucción

*En los próximos 50 años **se extinguirán** muchas especies animales.*
*En los próximos 50 años asistiremos a **la extinción** de muchas especies animales.*

*En las próximas décadas **aparecerán** miles de profesiones nuevas.*
*En las próximas décadas veremos **la aparición** de miles de profesiones nuevas.*

*En el futuro **se crearán** fármacos basados en el ADN para combatir adicciones.*
*En el futuro asistiremos a **la creación** de fármacos basados en el ADN para combatir adicciones.*

TECNOLOGÍA Y CIENCIA

TECNOLOGÍA Y CIENCIA

ESPECIALIDADES
- (la) robótica
- (la) nanotecnología
- (la) biotecnología
- (la) cirugía
- (la) genética
- (la) inteligencia artificial
- (la) realidad virtual

PROFESIONES
- diseñador/a de órganos
- desarrollador/a o arquitecto/a de realidad aumentada
- analista de *big data*
- experto/a en impresión 3D
- piloto/a de drones
- especialista en ciberseguridad
- especialista en inteligencia artificial
- ingeniero/a de robótica

ACCIONES
- diseñar órganos
- modificar genes
- geolocalizar
- implantar microchips
- instalar sensores inteligentes

OBJETOS
- impresora 3D
- robot
- nanorrobot
- microchip
- coche autónomo
- dron

HABLAR DEL FUTURO

P. 283-284

Con frecuencia, usamos el presente de indicativo para referirnos al futuro, sobre todo cuando se trata de un futuro inmediato, cuando presentamos el resultado de una decisión firme o queremos garantizar el cumplimiento de una acción.

- *Esta noche **me quedo** en casa. No **tengo** ganas de salir.*
- *No te preocupes. Yo **hablo** con ella y se lo **digo**.*

También es muy frecuente referirse al futuro mediante la construcción **ir a** + infinitivo, sobre todo para hablar de decisiones, de planes o de acciones futuras muy vinculadas con el momento en el que hablamos.

- *¿Qué vais a hacer este fin de semana?*
- ***Vamos a ir** a la playa.*

Usamos el futuro simple cuando queremos hacer predicciones o suposiciones sobre el futuro.

*Este año **tendrás** dificultades económicas.*
*Mañana **subirán** las temperaturas.*
*Creo que en el futuro **habrá** menos contaminación que ahora.*

En el español de América, el futuro simple es menos frecuente que en el de España; en su lugar, se utiliza generalmente **ir a** + infinitivo.

FUTURO SIMPLE: VERBOS REGULARES

El futuro simple se forma añadiendo las siguientes terminaciones al infinitivo.

	HABLAR
(yo)	hablar**é**
(tú, vos)	hablar**ás**
(él / ella, usted)	hablar**á**
(nosotros/as)	hablar**emos**
(vosotros/as)	hablar**éis**
(ellos/as, ustedes)	hablar**án**

FUTURO SIMPLE: VERBOS IRREGULARES

Todos los verbos que tienen la raíz irregular en futuro simple tienen las mismas terminaciones: **-é**, **-ás**, **-á**, **-emos**, **-éis**, **-án**.

tener → **tendr-**	poder → **podr-**	querer → **querr-**
salir → **saldr-**	venir → **vendr-**	saber → **sabr-**
haber → **habr-**	hacer → **har-**	
poner → **pondr-**	decir → **dir-**	

MARCADORES TEMPORALES PARA HABLAR DEL FUTURO

/MÁS EJ. 19

este año / mes / siglo / ...
esta mañana / tarde / noche / semana / ...
dentro de dos años / unos años / ...
el lunes / mes / año / ... **que viene**
el lunes / mes / año / ... **próximo**

***El año que viene** acabaré la carrera.*
***Dentro de dos años** por aquí pasará una carretera.*
***En los próximos años / En las próximas décadas** subirá el nivel del mar.*

RECURSOS PARA FORMULAR HIPÓTESIS SOBRE EL FUTURO

P. 284, 301

seguramente **probablemente** **posiblemente**	**seguro que** **supongo que**	+ futuro simple

***Seguramente** las ciudades serán más sostenibles.*
***Probablemente** tendremos coches eléctricos.*
*El PJN **posiblemente** ganará las elecciones.*
***Seguro que** dentro de diez años casi todo el mundo teletrabajará.*
***Supongo que** se encontrará una vacuna para el coronavirus.*

EXPRESAR UNA CONDICIÓN

P. 277

SI + PRESENTE, FUTURO

***Si se acaban** los combustibles fósiles, **tendremos** que usar energías renovables.*

SI + PRESENTE, PRESENTE

***Si** me **dejan** teletrabajar, **me voy** a vivir a otro país.*

La construcción **si** + presente, presente, cuando se utiliza para hablar del futuro, sugiere que existe una decisión firme o un grado alto de seguridad. Esta construcción también puede usarse para hipótesis de carácter general que no se refieren a un momento concreto:

***Si** tu coche no cumple con las normas medioambientales, no te **dejan** circular por la ciudad.*

Practicar y comunicar

6. ALT|DIGITAL OPINIONES /MÁS EJ. 20-21

A. Lee estas predicciones que se han hecho para el futuro y escribe en tu cuaderno si estás de acuerdo, parcialmente de acuerdo o nada de acuerdo con ellas. Anota tus argumentos.

“Las lenguas minoritarias desaparecerán.”

“Solo habrá libros electrónicos.”

“Cada vez habrá más Estados autoritarios y menos derechos y libertades civiles.”

“No habrá pensiones de jubilación.”

“Dejaremos de usar plástico.”

“El consumo de drogas será legal en casi todos los países.”

B. Ahora coméntalo con otra persona de la clase.

- *Yo creo que las lenguas minoritarias no desaparecerán, existirán siempre porque siempre habrá personas que las hablarán en casa.*
- *Bueno, depende. Si los Gobiernos...*

Para comunicar

→ (No) Estoy de acuerdo.
→ Bueno, depende...
→ Sí, pero...
→ Puede ser / Es probable, pero...
→ Yo no lo tengo tan claro porque...

C. ¿Qué otras cosas creéis que sucederán? En grupos, elegid uno de estos temas u otro, y escribid vuestros pronósticos para el futuro.

- La familia
- La moda
- El ocio
- La educación
- La política
- Las compras
- La vivienda

La familia dentro de 50 años

Mucha gente no tendrá hijos y tener hijos y cuidarlos será un trabajo pagado por el Estado. Además, no todo el mundo podrá tener hijos: para hacerlo, habrá que pasar exámenes.

D. Presentádselo al resto de la clase. ¿Están de acuerdo con vuestras predicciones?

7. ALT|DIGITAL LOS EMPLEOS DEL FUTURO

A. Lee estas predicciones que se hacen para las próximas décadas. Si eso ocurre, ¿qué tipo de profesiones y especialidades crees que se necesitarán? Coméntalo en clase.

- La realidad virtual será una herramienta muy común en las relaciones con otras personas.
- Será común crear órganos artificiales para hacer trasplantes.
- Habrá actos de delincuencia relacionados con la realidad virtual, los objetos inteligentes y el uso de internet.
- Muchas personas vivirán en Marte.
- Aparecerán nuevas enfermedades mentales relacionadas con el uso de internet y de las nuevas tecnologías.

B. ▶ 4 Ve este vídeo y toma nota sobre las profesiones del futuro que menciona. ¿A qué se dedicarán esos/as especialistas?

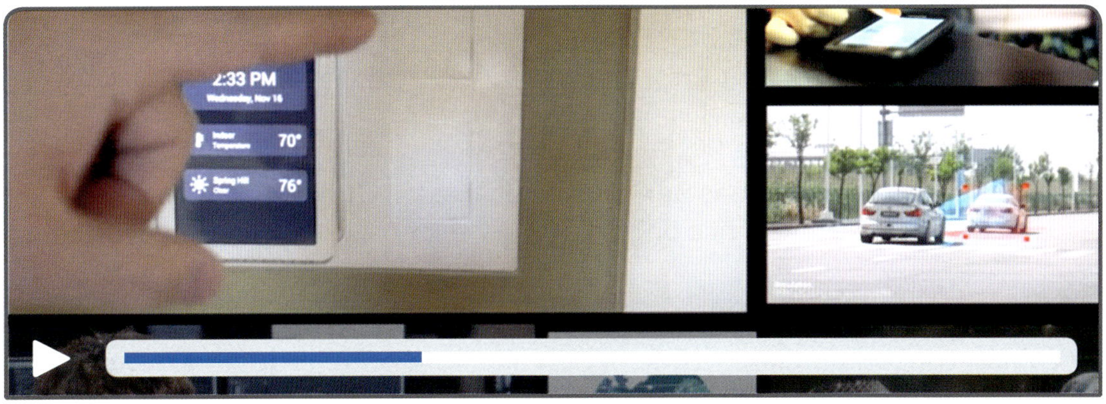

C. En el vídeo, Fernando Thomson dice que, en 15 años, miles de profesiones van a desaparecer. ¿Cuáles crees que dejarán de existir? ¿Por qué? Coméntalo con tus compañeros/as.

D. En grupos, buscad información sobre otras profesiones que tienen futuro. Elegid una y presentadla en clase: ¿por qué será necesaria y qué harán las personas dedicadas a ella?

- *Una profesión con futuro es la de analista de* big data. *Cada vez van a ser más importantes los datos y hay que interpretarlos. Los analistas de* big data *analizarán un gran volumen de datos...*

E. Después de vuestras presentaciones y teniendo en cuenta las predicciones sobre el futuro que habéis visto en la unidad, comentad en clase:

- Si estáis trabajando, ¿creéis que vuestra profesión seguirá existiendo o que vais a tener que cambiar de profesión en un futuro?
- Si estáis estudiando, ¿creéis que vais a tener que especializaros en algo? ¿Qué os gustaría hacer?

  - *Yo soy profesora de inglés. Si algún día la gente se puede "descargar" una lengua en el cerebro, quizás mi profesión ya no servirá de nada. Entonces, tendré que...*

Practicar y comunicar

8. ALT|DIGITAL LO QUE NOS DICE LA CIENCIA FICCIÓN

A. Pensad en libros, series o películas de ciencia ficción o distópicos que conocéis. Vuestro/a profesor/a escribe los títulos en la pizarra.

- Un mundo feliz
- Her
- Children of Men
- El cuento de la criada

B. Ahora, formad parejas en las que los/as dos conozcáis por lo menos dos de las obras que habéis escrito en A. Describid el mundo que se muestra en ellas.

En Children of Men, de Alfonso Cuarón, se describe un mundo donde nadie es fértil y no nacen niños. La persona más joven de la Tierra tiene 18 años. La especie humana se va a extinguir. El Reino Unido es un Estado militarizado y con leyes de inmigración muy duras...

C. Leed las descripciones de las demás personas de la clase. ¿Qué advertencias sobre el futuro hace, en general, la ciencia ficción? En grupos, escribid vuestras ideas.

- Si seguimos contaminando el planeta, probablemente dentro de unas décadas habrá...

D. Poned en común con toda la clase lo que habéis escrito y, entre todos, haced un cartel con el título "La ciencia ficción nos advierte de que...".

LA CIENCIA FICCIÓN NOS ADVIERTE DE QUE...

Si seguimos contaminando el planeta, probablemente dentro de unas décadas habrá muchos problemas de infertilidad.

Si no cuidamos nuestras relaciones personales, al final solo nos relacionaremos con nuestro ordenador.

Vídeo

DISPONIBLE EN campus difusión

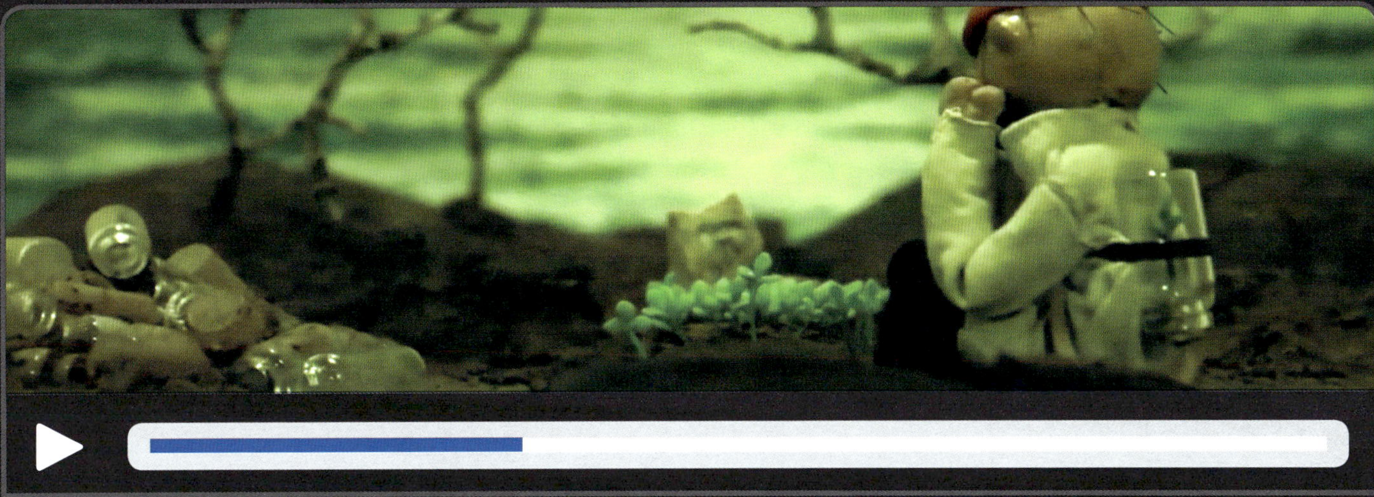

9. EL PUNTO VERDE EN EL AÑO 3785

ANTES DE VER EL VÍDEO

A. Vas a ver el cortometraje de ciencia ficción *El punto verde en el año 3785*. ¿Qué tema piensas que trata? Haz una lista de palabras clave que crees que pueden aparecer.

VEMOS EL VÍDEO

B. ▶ 5 Ve el vídeo hasta el minuto 00:58 y escribe qué ocurre en la Tierra en estas fechas.

- 3001: ....
- 3045: ....
- 3095: ....
- 3100: ....

C. ▶ 5 Ve el resto del vídeo y responde a estas preguntas sobre lo que ocurre en 3785.

1. ¿Cómo respiran las personas?
2. ¿A qué se dedica Industrias Photosynthex? ¿Qué noticia da a los/as ciudadanos/as?
3. ¿Qué hace la niña?

DESPUÉS DE VER EL VÍDEO

D. Comentad en clase:

- ¿Os parece que el corto presenta una visión positiva o negativa del futuro? ¿Por qué?
- ¿Cómo definiríais la actitud de la niña en el corto?
- ¿De qué nos advierte este cortometraje?

4 / VA Y LE DICE...

EL PLACER DE NARRAR... Y DE ESCUCHAR

Piense por un momento en las conversaciones que mantuvo ayer. ¿Habló con un amigo de lo que le ha ocurrido hace poco a otro amigo? ¿Le contó a alguien el argumento de una película que ha visto recientemente? ¿Le leyó un cuento a su hijo? ¿Ha comentado con alguien alguna noticia reciente? ¿Algún compañero de trabajo le contó un chiste? ¿Compartió un secreto con alguien? O, si no, salga a la calle y mire a su alrededor: en una plaza, en un bar, en el metro... siempre verá a gente hablando y contándose cosas.

El filósofo José Antonio Marina publicó un artículo en *La Vanguardia* titulado "El arte de narrar", en el que decía que los seres humanos sentimos la necesidad de contar y escuchar historias porque nuestro cerebro es esencialmente social.

Afirmaba también que dedicamos gran parte de nuestras conversaciones a cotillear, ya que nos encanta saber cosas sobre la vida de los demás.

AUDIOS, VÍDEOS, DOCUMENTOS ALTERNATIVOS, ETC., DISPONIBLES EN **campus difusión**

EN ESTA UNIDAD VAMOS A

ESCRIBIR LA SINOPSIS DE UNA PELÍCULA

RECURSOS COMUNICATIVOS

- relatar en presente
- resumir el argumento de un libro o una película
- entender chistes

RECURSOS GRAMATICALES

- algunos conectores para relatar: (**y**) **entonces**, **al final**, **de repente**, **de pronto**, etc.
- **porque**, **como**, **pero**, **aunque**, **sin embargo**
- la forma y los usos de los pronombres de OD y OI

RECURSOS LÉXICOS

- géneros (cine, televisión, literatura...)
- léxico del cine, la literatura y el entretenimiento
- verbos relacionados con el acto de hablar (**contar**, **narrar**...)

Empezar

1. CONTAR COSAS ES HUMANO

/MÁS EJ. 1-3

A. Lee el primer párrafo de un reportaje sobre el placer de narrar. ¿Has hecho esas cosas recientemente? ¿Las haces a menudo? Comenta tus respuestas con otras personas de la clase.

- *Yo sí. Ayer hablé con mi hermano sobre otra persona. Hablamos casi todos los días y siempre me cuenta cosas del trabajo...*
- *Yo también hablo a menudo con mis hermanos. Esta mañana...*

B. Lee el resto del texto. ¿Qué opinas sobre las afirmaciones de José Antonio Marina?

C. Toma nota de las palabras y expresiones del texto que hacen referencia a las cosas que contamos.

Comprender

2. ALT|DIGITAL GÉNEROS DE CINE /MÁS EJ. 4-5

A. Los siguientes gráficos muestran los resultados de una investigación sobre cómo han evolucionado los géneros cinematográficos desde 1910 a 2018. Obsérvalos y reflexiona sobre estas cuestiones. Después, comentadlas en grupos.

1. ¿Qué géneros despertaron más interés en los inicios del cine? ¿Cuáles interesan más ahora?
2. ¿Qué géneros mantienen constante su popularidad a lo largo de los años?
3. ¿Qué géneros han tenido picos de popularidad? ¿A qué crees que se debe?
4. ¿Qué géneros no contempla el estudio?

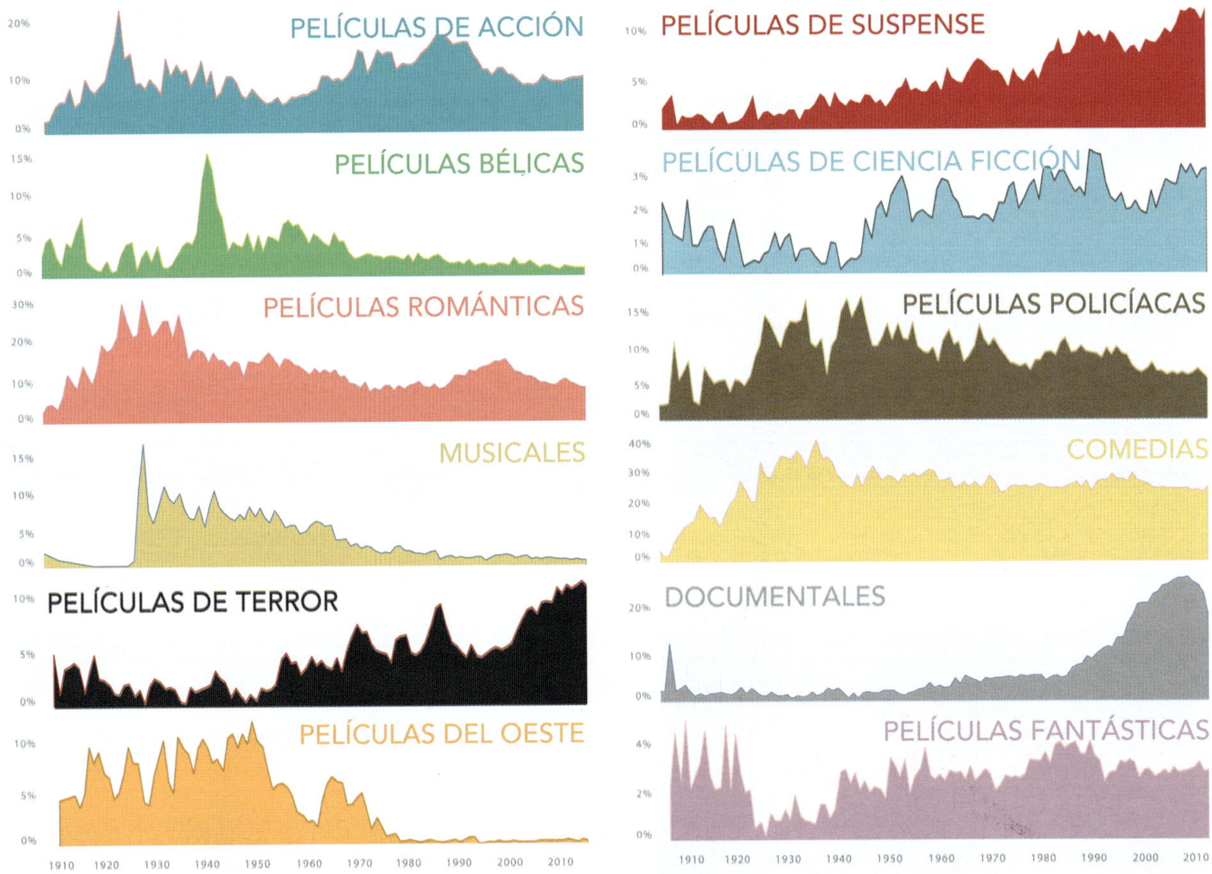

B. ¿Qué géneros te gustan más? ¿Cuáles te gustan menos? Coméntalo con otra persona.

- *A mí me gusta mucho ver cine de acción.*
- *Pues a mí me encantan las películas de terror.*

C. Poned ejemplos de películas representativas de cada género.

Construimos el léxico

Piensa en los géneros cinematográficos que más te gustan. ¿Qué personajes suelen aparecer? ¿Cómo se representan?

– En las películas del Oeste suele haber un héroe valiente y solitario...

3. HUMOR Y ESTEREOTIPOS

A. Lee estos chistes de gallegos y de argentinos. ¿Qué imagen dan? Puedes usar estos adjetivos.

tontos   creídos   incultos   egocéntricos

CHISTES DE GALLEGOS

Dos gallegos van por la playa y, de repente, uno dice:
—¡¡Mira cuántas palomas muertas!!
El otro mira hacia arriba y pregunta:
—¿Dónde, dónde, dónde?

Un gallego regresa de un viaje a Las Vegas y un amigo le pregunta:
—¿Qué tal el viaje?
—Bien —contesta el gallego—, había unas máquinas tragamonedas sensacionales. Le eché una moneda y gané. Le eché otra y volví a ganar. Al final, ya no sabía qué hacer con tantas cocacolas.

CHISTES DE ARGENTINOS

Un niño argentino le dice a su padre:
—Papá, papá, de mayor quiero ser como tú.
—¿Por qué? —pregunta el papá.
—Para tener un hijo como yo.

Le pregunta un argentino a un gallego:
—Che, ¿sabés cuál es el país más cercano al cielo?
—Argentina, supongo... —responde el gallego irritado.
—No, che, no... ¡Es Uruguay, que está al lado de Argentina!

B. MAP En parejas, cada persona lee uno de los textos ("Los gallegos" y "Los argentinos") de este artículo y se lo resume a su compañero/a. ¿Entendéis el origen de ambos estereotipos?

Todas las culturas tienden a explicar el comportamiento del "otro", del que no pertenece a su cultura, a través de estereotipos. Los estereotipos se transmiten y se fijan a través de los medios de comunicación, la educación, las leyendas... y los chistes.

LOS ARGENTINOS. En algunos países de habla hispana, entre ellos España, los argentinos tienen fama de engreídos. Eso puede ser debido a que, durante la primera mitad del siglo XX, Buenos Aires era una ciudad rica y cosmopolita, y sus habitantes tenían un nivel cultural y económico muy elevado. En sus viajes al extranjero, parece que algunos de ellos mostraban aires de superioridad y se ganaron la antipatía de los otros hispanos.
Los mismos argentinos también han contribuido a crear esta imagen, como se ve en la letra de algunos tangos: "No hay nadie en el mundo entero que baile mejor que yo. No hay ninguno que me iguale para enamorar mujeres". (Fragmento de "El Porteño", 1903.)

LOS GALLEGOS. En Argentina, los chistes de "gallegos" son muy populares. Esos chistes no se refieren solo a los habitantes de Galicia, sino en general a todos los españoles. Eso es así porque dentro de la oleada migratoria española que llegó a América a fines del siglo XIX y principios del XX, la comunidad gallega fue la más numerosa, y en países como Argentina y Cuba se empezó a llamar "gallegos" a todos los españoles. Esos inmigrantes que se instalaron en grandes ciudades modernas como Buenos Aires eran personas de origen campesino, pobres y a menudo de bajo nivel educativo. Así se creó el estereotipo de "gallego" inculto y bruto, pero honrado y buena persona.

C. ¿Hay chistes parecidos en tu cultura? ¿Se pueden aplicar a otras nacionalidades u orígenes los chistes que has leído? ¿A cuáles?

D. Busca en internet chistes de catalanes, vascos y mexicanos. ¿Cómo los representan?

4. UNA NOVELA /MÁS EJ. 6-8

A. ALT Lee el argumento de esta novela de la escritora colombiana Laura Restrepo y ordena los hechos del 1 al 5.

Delirio de Laura Restrepo

Aguilar regresa a su casa después de pasar unos días fuera, en un viaje de negocios. A su llegada, un hombre desconocido lo llama y le dice que su esposa, Agustina, está en una habitación de hotel y que debe ir a recogerla. Aguilar, sorprendido, lo hace: va a buscarla, pero la encuentra completamente enloquecida. Como Aguilar no sabe qué le pasó a su esposa en su ausencia y nadie se lo cuenta, decide comenzar a investigar el pasado de Agustina; para ello, contacta con la tía de esta y con personas que la conocieron en su infancia y su juventud. Aguilar las visita y les pregunta sobre el pasado de Agustina y de su familia. Parece que la vida de Agustina está llena de secretos y Aguilar no va a parar hasta descubrirlos.

- Aguilar decide investigar el pasado de su esposa. ☐
- Va a un hotel a recoger a su esposa. ☐
- Se va de viaje de negocios. ☐
- Recibe la llamada de un desconocido. ☐
- Habla con la tía de su esposa y con otras personas sobre su pasado. ☐

B. Fíjate en el tiempo verbal que se usa en el texto. Es el mismo que se usa en la mayoría de sinopsis de libros, películas y series. ¿Es igual en tu lengua?

C. Escribe a qué se refieren los pronombres de OD y de OI en estas frases del texto de A.

PRONOMBRES DE OD	
lo (cosa o persona masculina singular)	*un hombre desconocido* ***lo*** *llama* → Aguilar
la (cosa o persona femenina singular)	*debe ir a recoger**la*** → ....
lo (frase o parte del discurso)	***lo*** *hace* → ....
los (cosa o persona masculina plural)	*no va a parar hasta descubrir**los*** → ....
las (cosa o persona femenina plural)	*Aguilar* ***las*** *visita* → ....
PRONOMBRES DE OI	
le (cosa o persona singular)	*no sabe qué le pasó* → ....
les (cosa o persona plural)	*les pregunta sobre el pasado de Agustina* → ....

D. Ahora fíjate en la frase "Nadie se lo cuenta". ¿A quién o a qué se refiere **se**?

5. SINOPSIS /MÁS EJ. 9

A. ALT Lee las sinopsis de estas películas. ¿De qué género crees que es cada una? ¿Te gustaría ver alguna? ¿Por qué?

DOS CLÁSICOS del CINE ARGENTINO

Benjamín, un agente judicial ahora jubilado, investigó hace años un terrible asesinato. **Como** quiere escribir una novela sobre el caso, vuelve a recordar aquella historia. Eso le trae recuerdos muy duros; **sin embargo**, gracias a esta segunda investigación, Benjamín logra reencontrarse con Irene, una mujer a la que amó durante años.

Alfredo es un hombre serio y responsable. **Como** ahora está solo –su mujer ha fallecido recientemente–, decide mudarse a un apartamento más pequeño. Allí conoce a Elsa, su vecina, una mujer anciana, **pero** llena de vitalidad y con una imaginación desbordante. **Aunque** al principio Alfredo se resiste, Elsa le demostrará que el tiempo que le queda es precioso y que debe disfrutarlo.

B. Observa los conectores en negrita de las sinopsis de A y relaciona para obtener la regla.

1. Como sirve para...	**a.** ... expresar la causa de un acontecimiento.
2. Pero, **sin embargo** y **aunque** sirven para...	**b.** ... expresar un contraste entre ideas.

C. Piensa en el argumento de algunas películas y escribe frases tratando de utilizar los conectores de B.

¿Podrás perdonarme algún día?
Lee Israel es una escritora de biografías de personajes famosos. Un día encuentra una carta de alguien famoso y, como tiene problemas económicos, decide venderla. Sin embargo...

CÁPSULA DE ORTOGRAFÍA 2
La coma

Explorar y reflexionar

6. ¿DE QUÉ VA? /MÁS EJ. 13

A. 16 ALT|ES Vas a escuchar a una persona hablando de una serie de la televisión colombiana. Elige las opciones correctas.

1. Va de...
- ☐ el negocio de una familia rica.
- ☐ un grupo de amigos que comparten piso.
- ☐ una chica que se enamora de su jefe.

2. Es un/a...
- ☐ comedia.
- ☐ drama.
- ☐ intriga política.

3. La serie **cuenta** la historia de...
- ☐ una chica que no es muy atractiva.
- ☐ una familia que tiene problemas económicos.
- ☐ unos policías de Bogotá.

4. Los actores son...
- ☐ muy malos.
- ☐ muy famosos.
- ☐ muy buenos.

5. Está ambientada en...
- ☐ la redacción de una revista.
- ☐ una escuela.
- ☐ México.

6. Salen...
- ☐ personajes muy populares interpretándose a sí mismos.
- ☐ actores españoles.
- ☐ actrices de teatro.

B. Fíjate en las expresiones marcadas en negrita en el apartado A y trata de traducirlas a tu lengua.

C. ¿Cuáles son tus series favoritas? Comparte la información con el resto de la clase.

- *A mí me gustó mucho* La casa de papel. *Es una serie española de acción. Va de un atraco en Madrid y también cuenta cómo lo prepararon.*
- ○ *Sí, yo la he visto. Es muy buena.*
- *Sí, los actores...*

Para comunicar

- → Va / Trata de...
- → Cuenta / Narra / Es la historia de...
- → Cuenta / Narra...
- → La historia ocurre / pasa / está ambientada en...
- → El / La protagonista es...
- → Sale/n el actor / la actriz de...

7. CHISTES /MÁS EJ. 14

A. Lee estos chistes. ¿Los entiendes? ¿Te hacen gracia?

Un día Jaimito y su abuelo salen a pasear. **De repente**, Jaimito ve un chicle en el suelo y le pregunta a su abuelo:
–¿Lo puedo coger?
–No, Jaimito, las cosas del suelo no se cogen, responde el abuelo.

Siguen paseando y Jaimito se encuentra un euro.
–Abuelito, abuelito, ¿lo puedo coger?
–No, Jaimito, te he dicho que las cosas del suelo no se cogen, insiste.

Siguen andando **y, de pronto,** el abuelo resbala y se cae al suelo:
–¡Ay! Jaimito, ayúdame.

Y va y dice Jaimito:
–No, abuelo, las cosas del suelo no se cogen.

Resulta que un día Jaimito y su amigo Benito llegan tarde al colegio. Al entrar, la profesora les pregunta:
–¿Por qué habéis llegado tarde hoy?

Va Benito y responde:
–Es que anoche soñé que iba a la Polinesia y, como el viaje era tan largo, me he despertado tarde.

Entonces la maestra le pregunta a Jaimito:
–¿Y tú, Jaimito? ¿Por qué has llegado tarde?
Jaimito se queda pensando **y, al final,** responde:
–Es que he ido a esperar a Benito al aeropuerto.

Para comparar

Jaimito es el protagonista de los llamados "chistes de Jaimito". Es un personaje inventado: un niño que a menudo hace preguntas inapropiadas a otras personas y bromas con juegos de palabras. En los países de habla hispana, este personaje se conoce como Jaimito, Pepito o Juanito. ¿Existe un personaje así en tu país? ¿Cómo se llama? Puedes buscar chistes en español y en tu lengua y comprobar si son parecidos.

B. Usa las palabras que están en negrita en los chistes de A para contar estos.

1

Muy enfadada, la profesora pregunta:
–Jaimito, ¿has copiado el examen de Pedro?
Jaimito, con su mejor cara de inocente:
–No, profesora.
–Y entonces ¿por qué en la tercera pregunta, donde Pedro ha puesto «No lo sé», tú has puesto «Yo tampoco»?

2

La profesora le dice a Jaimito:
–Jaimito, conjuga el verbo caminar en presente del indicativo.
–Yo camino... Tú caminas... Él camina...
La profesora, perdiendo la paciencia:
–¡Jaimito, más rápido, por favor!
–Nosotros corremos, vosotros corréis, ellos corren...

Para comunicar

- → (Le) Dice / Pregunta / Responde...
- → Va y (le) dice / pregunta / responde...

Léxico

CONTAR Y NARRAR

contar / narrar: una historia · una anécdota · un cuento · una leyenda

contar: un chiste · un secreto · el argumento de un libro · el final de una película

CINE, LITERATURA Y ENTRETENIMIENTO /MÁS EJ. 22

una película
una saga
una serie
una novela
un relato
un cuento
una leyenda
un chiste

RECURSOS PARA HABLAR DE UNA OBRA /MÁS EJ. 13

Es un drama / **una** comedia…
Es una película biográfica / bélica
Es la historia de…
Va / **Trata de**…
Cuenta la historia / vida de…
Narra un episodio bélico / una historia
Está basada en hechos reales / la vida de…
La historia **ocurre** / **pasa** / **está ambientada en**…
El / **La** / **Los** / **Las protagonista/s** es / son…
Sale/n el actor / la actriz de…

! **Trata de** y **se trata de** son dos construcciones que se parecen mucho, pero no se usan igual.
La película ***trata de*** *una niña… (= "habla de" / "va de")*
No sé qué ha pasado ni dónde está el problema. ***Se trata de*** *un malentendido, creo. (= "es" / "consiste en")*

GÉNEROS

una película / serie de(l)

ciencia ficción

animación

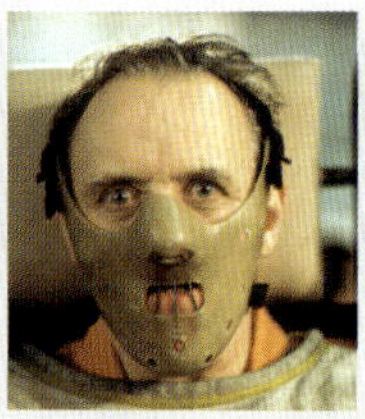
suspense

aventuras

acción

superhéroes

terror

Oeste

una película / serie…

romántica

policíaca

bélica

biográfica

fantástica

infantil

una comedia

un drama

un documental

Gramática y comunicación

4

RELATAR EN PRESENTE

P. 277

Cuando resumimos obras de ficción o contamos chistes, y también a veces cuando relatamos anécdotas, usamos el presente.

*La película **va** de una chica que **trabaja** en un café y un día **conoce** a...*
***Están** tres hormigas bailando y, de repente, **llega** un...*
*¿Sabes qué me pasó ayer? Pues nada, que **salgo** de casa y **veo** a...*

! En las anécdotas, es frecuente que la primera frase esté en pasado, y todo lo demás en presente.

CONECTORES /MÁS EJ. 10-12, 15-16

P. 273

Para organizar un relato utilizamos diferentes conectores.

CONECTORES QUE SECUENCIAN LA ACCIÓN

de repente **de pronto**	**(y) entonces** **en aquel momento**	**al final**

*La chica está en una tienda y **de repente** entran unos atracadores. **En aquel momento** pasa por allí un coche de policía. **Entonces**...*

CONECTORES QUE EXPLICAN LA CAUSA

como	**porque**

*Aguilar no sabe qué le pasó a su mujer **porque** estaba de viaje.*
***Como** Aguilar estaba de viaje, no sabe qué le pasó a su mujer.*

CONECTORES PARA EXPRESAR EL CONTRASTE ENTRE IDEAS

pero	**sin embargo**	**aunque**

***Aunque** el guion de la película es bueno, los actores lo hacen fatal.*
*La interpretación es malísima; **sin embargo,** el guion es muy bueno.*

PRONOMBRES DE OD Y DE OI

/MÁS EJ. 17-18, 21

P. 267

Cuando un elemento ya ha sido mencionado o está claro por el contexto, para no repetirlo usamos los pronombres de OD y de OI.

OBJETO DIRECTO (OD)

El objeto directo es la persona o cosa que recibe de manera directa la acción expresada por el verbo.

	SINGULAR	PLURAL
MASCULINO	lo	los
FEMENINO	la	las

- *¿Qué tal el libro que te regalé?*
- *Pues no **lo** he leído todavía.*

- *¿Y los libros?*
- ***Los** he dejado en mi habitación.*

- *¿Y Laura?*
- *Ayer **la** vi, está muy bien.*

- *¿Y las revistas?*
- ***Las** he dejado en el salón.*

Si el OD es una persona y está en masculino singular, podemos utilizar **le** (en lugar de **lo**). Esta sustitución es muy común en España.

- *¿Qué tal está Pablo?*
- *No **le** / **lo** he visto desde hace días, pero creo que sigue bien.*

Los pronombres aparecen también cuando el OD es mencionado antes del verbo.

*Al protagonista de la novela **lo** meten en la cárcel.*

El pronombre de OD **lo** también puede sustituir toda una frase o una parte del discurso.

- *¿Has suspendido el examen?*
- *Sí, pero nadie **lo** sabe.*

! Los pronombres de OD solo se utilizan para referirse a algo determinado. Si el OD se refiere a algo genérico y sin determinante, no se pone pronombre:

- *¿Esta es tu bici nueva?*
- *Sí, **la** compré la semana pasada.*

- *¿Sabes si Ana tiene bici?*
- *No, no tiene.*

! La forma **lo** también puede sustituir al atributo de verbos como **ser**, **estar** o **parecer** cuando se expresa una característica del sujeto: *Ana ahora es muy simpática, pero antes no **lo** era.* En cambio, en los usos de **ser** y **estar** referidos a la localización, no puede usarse el pronombre: ~~*Antes estaba en casa, pero ahora ya no **lo** está.*~~ *Ha salido.*

OBJETO INDIRECTO (OI)

El objeto indirecto es la persona (y con menos frecuencia, la cosa) destinataria final de la acción del verbo.

*He ido al hospital a ver a Héctor y **le** he llevado un libro.*

! En español, y especialmente en la lengua oral, es muy frecuente que el OI y el pronombre que lo represente estén presentes a la vez, en la misma frase.
*¿Qué **le** regalaste a Clara por su cumpleaños?*
***Les** recomendé esta serie a todos mis amigos. Es buenísima.*

Cuando los pronombres de OI **le** o **les** aparecen junto a los de OD, se convierten en **se**.

- *¿**Le** has pedido la llave **a tu hermana**?*
- *Sí, **se** la pedí ayer. (~~Sí, le la pedí ayer.~~)*

- *¿**Les** has dicho a tus padres que te casas?*
- *No. **Se** lo diré mañana durante la cena. (~~Le lo diré mañana.~~)*

8. ¿QUÉ HACES CUANDO...? /MÁS EJ. 19-20

¿Cómo actúas en estas situaciones? Coméntalo con otra persona de la clase. ¿Hacéis lo mismo?

Cuando empiezo un libro o una serie y me parece horrible.
Cuando veo una película y me gusta mucho.
Cuando alguien me cuenta un secreto.
Cuando me hace gracia un chiste.
Cuando tengo un problema grave.
Cuando leo un artículo o noticia interesante.
Cuando alguien hace un comentario ofensivo.
Cuando me piden un libro o un videojuego.

- *Yo, cuando empiezo un libro y me parece malo, normalmente lo dejo, no lo acabo.*
- *Pues yo siempre lo acabo.*

Para comunicar

→ Lo / la / los / las acabo / dejo
vuelvo a ver / leo de nuevo
hablo / comento con...

→ Se lo / la / los / las digo / comento / cuento (a...)
pregunto / recomiendo (a...)
dejo / devuelvo (a...)

→ Le / les pido consejo (a...)
digo que...

9. LAS MEJORES

A. Entre todos/as, haced una lista de cinco películas o series muy populares.

B. En parejas, escribid una sinopsis muy breve (de cinco líneas como máximo) de esas películas y series.

Gambito de dama es una miniserie ambientada en los años 50 y 60 que cuenta la historia de Beth Harmon, una chica que empieza a jugar al ajedrez desde pequeña. Aunque no tiene experiencia en torneos oficiales, se convierte en la mejor jugadora de ajedrez del mundo.

C. Poned en común las sinopsis. ¿Se parecen? ¿Cuál os parece la mejor en cada caso?

- *En la sinopsis de* Gambito de dama *no decís nada de la infancia de Beth, y a mí me parece importante porque en el orfanato aprende a jugar y...*

D. Buscad sinopsis reales en español de esas películas y series, y comparadlas con las vuestras. ¿Encontráis recursos que os pueden ayudar a mejorar vuestras producciones?

Para evaluar

→ ¿El registro es adecuado?
→ ¿Usa un léxico pertinente?
→ ¿La información aportada es pertinente?

10. ¿SOBRE QUÉ TE GUSTA HABLAR?

A. El servicio de vehículos compartidos BlaBlaCar realizó una encuesta entre sus usuarios/as en España para saber cuáles son los temas de conversación más habituales en los viajes. Observa el gráfico y comenta estas preguntas con otras personas de la clase.

- ¿Te llaman la atención algunos de los datos?
- ¿Te parecen temas de conversación habituales entre personas desconocidas?
- ¿Crees que en tu país el resultado de la encuesta sería parecido?

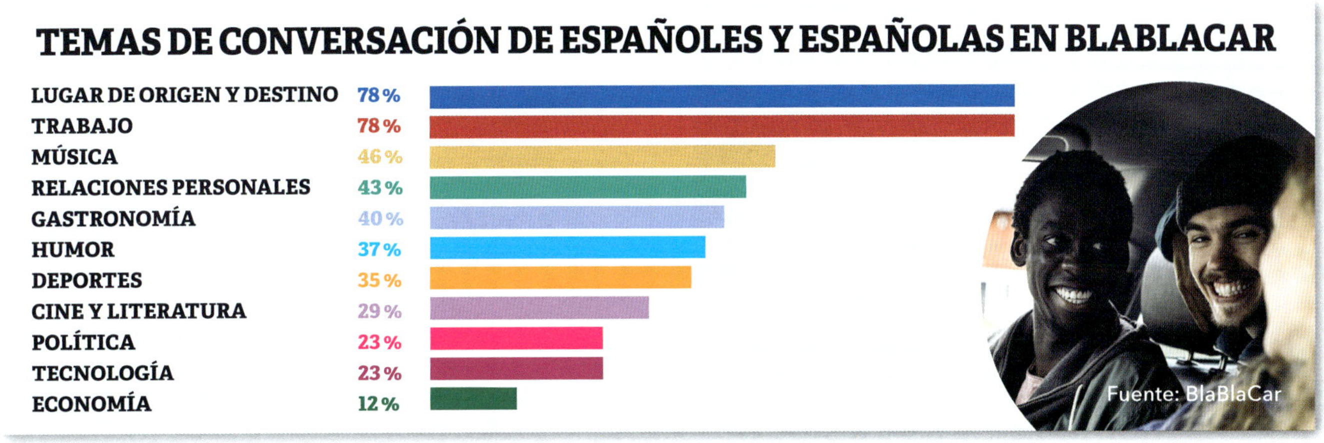

B. ¿Sobre qué temas te gusta conversar a ti? ¿Hablas con todo el mundo de las mismas cosas? Ponlo en común con el resto de la clase.

- *A mí me encanta hablar de tecnología con mi compañera de piso. Es científica y siempre cuenta cosas superinteresantes.*

11. NUESTRA CLASE Y LAS SERIES

A. Cada persona va a escoger tres frases de las siguientes y va a desarrollar brevemente cada una de esas ideas con sus experiencias o ejemplos personales en relación con las series.

- Yo veo más series que películas.
- Veo más de una serie a la vez.
- Yo siempre veo series solo/a.
- Puedo ver una serie yo solo/a y al mismo tiempo ver otra con alguien más.
- A veces hago maratones de series.
- He dejado algunas series que he empezado a ver.
- Siempre que empiezo una serie, la acabo.
- Yo elijo una serie por la historia.
- Yo normalmente veo las series que me recomienda alguien que conozco.
- Yo solo veo series con buenas críticas.
- Yo, para elegir una serie, siempre me fijo en si tiene muchas temporadas o no.

B. Ahora, por turnos, cada uno/a comparte la información y el resto reacciona.

- *Yo, a veces, hago maratones de series. Hace poco, vi toda una serie en un fin de semana.*
- *Yo también lo hago a veces. Quedo con algún amigo y no salimos de casa en tres días.*

12. ALT|DIGITAL GUIONISTAS

A. Imaginad que vais a hacer una película. En parejas, elegid uno de los títulos de la claqueta u otro que os guste y preparad un resumen detallado de la historia. Tenéis que tomar decisiones sobre los puntos del pósit "Nuestra película".

Nuestra película:

- El / La protagonista y los personajes principales
- El lugar o lugares donde ocurre la historia
- Las relaciones entre los personajes: ¿cambian durante la historia?
- El género: ¿qué aspectos característicos del género van a aparecer?
- El argumento
- Otros

- • *¿Te gusta alguno de estos títulos?*
- ○ *No sé. ¿Qué te parece "Bla bla land?"*
- • *Sí, vale. ¿Y de qué puede ir?*
- ○ *Es la historia de un chico que habla mucho...*

B. Para la producción de la película, tenéis que decidir los siguientes puntos.

- Qué actores y actrices necesitáis
- En qué localizaciones grabaréis las escenas
- Quién será el director o la directora
- Qué música usaréis como banda sonora

C. Ahora vais a presentar vuestra película al resto de la clase. ¿Cuál de las películas de tus compañeros/as te gustaría ver? Toma notas durante las presentaciones de los otros grupos para justificar tu respuesta.

- • *Os vamos a presentar una comedia que se titula* Bla bla land.
- ○ *Va de un chico checo, Jan, que habla todo el tiempo, no se puede controlar. Entonces...*

13. DISTANCIA DE RESCATE

VEMOS EL VÍDEO

A. ▶ 6 En el canal de YouTube Por qué leer hablan sobre la novela *Distancia de rescate*, de Samanta Schweblin. Ve el vídeo hasta el minuto 02:38 y di qué relación hay entre estas personas.

1. Amanda: ....

2. Nina: ....

3. Carla: ....

4. David: ....

B. ▶ 6 Ordena los hechos del 1 al 4. Si lo necesitas, ve de nuevo el fragmento de A.

- Carla y Amanda se conocen. ☐
- David enferma. ☐
- Amanda se va de vacaciones con su hija. ☐
- Amanda enferma y habla con David. ☐

C. ▶ 6 Vuelve a ver el vídeo desde el principio hasta el minuto 02:38 y escribe cuáles son los tres misterios que se desvelan al final.

1. ....

2. ....

3. ....

D. ▶ 6 Termina de ver el vídeo. ¿Cómo valora Cecilia Bona la novela?

DESPUÉS DE VER EL VÍDEO

E. Escribe una sinopsis breve de *Distancia de rescate* a partir de la información del vídeo.

F. Elige un libro o cómic que hayas leído y que te haya gustado y graba una reseña: resume el argumento y haz una valoración.

5 / BUSQUE Y COMPARE

Campaña de la Consejería de Agricultura, Ganadería, Pesca y Desarrollo Sostenible de Andalucía
ESPAÑA
1

2
Campaña de la Región de Murcia
ESPAÑA

AUDIOS, VÍDEOS, DOCUMENTOS ALTERNATIVOS, ETC., DISPONIBLES EN campus difusión

EN ESTA UNIDAD VAMOS A

DISEÑAR Y PRESENTAR UNA CAMPAÑA PUBLICITARIA

RECURSOS COMUNICATIVOS

- recomendar y aconsejar
- dar instrucciones
- describir un anuncio

RECURSOS GRAMATICALES

- la forma y algunos usos del imperativo afirmativo y negativo
- la colocación de los pronombres reflexivos y de OD / OI

RECURSOS LÉXICOS

- publicidad: valores, soportes, elementos de un anuncio, objetivos
- recursos para describir un anuncio

Campaña del Gobierno de Chile
CHILE

3

Empezar

1. ALT CAMPAÑAS /MÁS EJ. 1-2

A. Aquí tienes carteles de tres campañas institucionales. Mira las imágenes. Lee los eslóganes y marca el objetivo que crees que tiene cada campaña.

- ◯ Luchar contra la violencia machista.
- ◯ Concienciar sobre la importancia de cuidar el medioambiente.
- ◯ Promover una buena alimentación.
- ◯ Fomentar el cuidado compartido de los/as hijos/as.
- ◯ Recaudar fondos para ayuda humanitaria.
- ◯ Luchar contra la educación sexista.

B. ¿Cuál te gusta más? ¿Por qué?

- *A mí me gusta la campaña "No juegues con su futuro" porque es...*

Para comunicar

→ Es / Me parece
→ impactante
→ divertida
→ atrevida
→ dura
→ original
→ efectiva
→ emotiva

2. LA PUBLICIDAD HOY /MÁS EJ .3-5

A. MAP Lee esta entrevista a una experta en publicidad y anota las respuestas a las siguientes preguntas.

- ¿Qué relación tienen el *big data* y el neuromárketing con la publicidad?
- ¿Qué tipos de publicidad y qué objetivos de la publicidad se mencionan en el texto?
- ¿Qué ha hecho posible internet en la publicidad?
- ¿Se te ocurre algún otro ejemplo de eslogan muy conocido que transmita valores o un estilo de vida?

ENTREVISTA

17 de septiembre de 2020

"Las redes sociales son muy eficaces para seducir a los consumidores.

Marta Ávila, una publicista con más de 30 años de experiencia, nos habla de las tendencias de la publicidad hoy: *big data*, neuromárketing, *influencers* y redes sociales.

Usted lleva 30 años en publicidad, 30 años que han cambiado el mundo. ¿Cómo es la publicidad hoy?

Actualmente, gracias al *big data*, los publicistas tenemos muchos datos sobre los consumidores. Por eso podemos hacer campañas publicitarias muy personalizadas, dirigidas a un tipo específico de consumidor. Además, la publicidad es cada vez más emotiva y menos racional. Sabemos, en gran parte gracias a los estudios de neuromárketing, que lo que muchas veces impacta son los valores que asociamos a los productos, y no tanto lo que mostramos de los productos. Mire, por ejemplo, algunos eslóganes que han tenido un éxito enorme y que han consolidado a grandes marcas: "Just do it", de Nike, es una filosofía de vida; BMW, con su eslogan "¿Te gusta conducir?", evoca libertad. Coca-cola, en sus anuncios, vende una idea de juventud y de comunidad. Y, claro, como la publicidad es un reflejo de los gustos y sentimientos de cada época, hoy en día vende lo ecológico, lo que es solidario, lo que muestra una cierta preocupación social.

¿Se puede decir que hoy en día la publicidad es sobre todo digital?

Bueno, se siguen haciendo campañas en los soportes de siempre: prensa, radio, vallas publicitarias, televisión... Pero internet tiene cada vez más importancia. Muchas pequeñas empresas anuncian sus productos o servicios por internet porque es la manera más barata de hacerlo. Y también porque saben que las redes sociales son muy eficaces para seducir a los consumidores.

¿Y por eso tienen tanto éxito los *influencers*?

¡Claro! Esa es una tendencia muy clara de la publicidad hoy. Las empresas comunican de manera más eficaz a través de *influencers* que representan al sector de la población al que le quieren vender sus productos. Los *influencers* usan las redes sociales para dar a conocer esos productos de manera natural y horizontal. Funciona muy bien.

¿Por qué?

Entre otras razones, porque a través de las redes sociales los consumidores pueden expresar mucho más fácilmente sus opiniones. La gente hoy en día hace mucho más caso de lo que opinan los otros consumidores que de los anuncios... Y las empresas lo saben.

Algunos creen que la publicidad en internet invade cada vez más la intimidad de los consumidores. ¿Cree que es así?

Pues sí, no se puede negar. Por un lado, están los *pop-ups* (ventanas emergentes) con anuncios, los *banners*, y los anuncios en redes sociales... Y, por otro, el *retargeting*, una tecnología que, a través de las *cookies*, localiza los gustos del usuario para poder mostrarle después anuncios de productos que se corresponden con esos gustos.

¿Cuál es el futuro de la publicidad?

La publicidad es una herramienta imprescindible no solo para las empresas que venden productos, sino también para las instituciones que necesitan comunicarse con el público. Cada vez más, los Gobiernos, los organismos públicos y las ONG lanzan campañas para concienciar a la gente sobre un problema y proponer una solución. E internet ofrece más posibilidades que nunca: las empresas e instituciones ponen anuncios en los buscadores principales, como Google, en YouTube y en redes sociales, como Twitter, Facebook, Instagram o Linkedlin, no solo para informar sobre sus productos, sino también para conocer las opiniones de los consumidores.

B. Comenta con tus compañeros/as tus respuestas de A.

3. UN ANUNCIO

Mirad este anuncio y, en pequeños grupos, comentad las respuestas a estas preguntas.

- ¿Qué anuncia?
- ¿De qué marca o institución es?
- ¿Tiene eslogan? ¿Cuál? ¿Es fácil de recordar?
- ¿A qué tipo de público se dirige? (niños/as, hombres, mujeres, etc.)
- ¿Qué elementos destacan (texto, imagen, etc.)?
- ¿Qué mensajes transmite?
- ¿Qué valores transmite (belleza, éxito social, libertad, solidaridad, etc.)?
- ¿Cómo es el anuncio (divertido, emotivo, impactante…)?
- ¿Os gusta? ¿Por qué?

Construimos el léxico

Haz un mapa mental sobre tu relación con la publicidad. Aquí tienes un modelo.

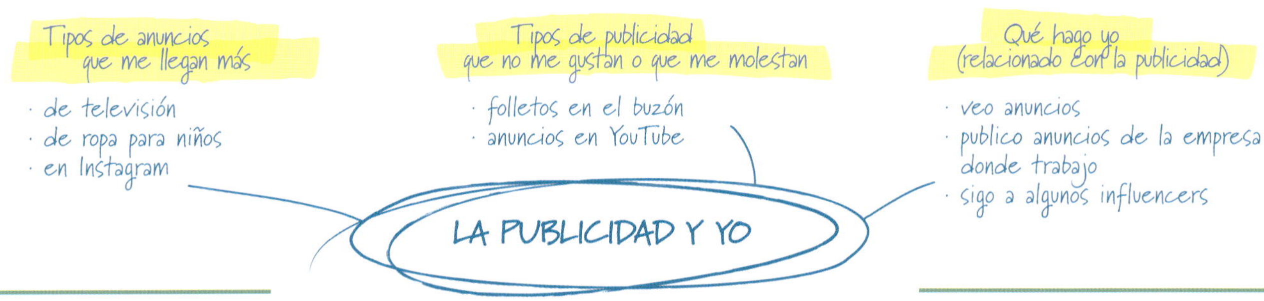

Explorar y reflexionar

4. EN EL ANUNCIO SALE...

A. 17-18 ALT|ES Escucha a unas personas que hablan de dos anuncios y completa la tabla.

	¿Qué marca anuncia?	¿Qué ocurre en el anuncio?	¿Le gusta? ¿Qué valoración hace?
1.			
2.			

B. ¿Para qué se usa cada una de estas expresiones en la conversación de A: para valorar los anuncios (V) o para describir escenas (D)?

1. El anuncio **está muy bien**. ....
2. Al final **dice** "Es temporada de *haters*. Refrescate". ....
3. **Era** muy chistoso. ....
4. **Se ve a** un montón de gente de pie, con una camiseta blanca, **mirándolo**. ....
5. **Aparecía** un grupo de amigos que no se veía desde hacía tiempo. ....

C. ¿Qué tiempo se usa en los ejemplos de B para describir y valorar anuncios actuales? ¿Y anuncios del pasado?

5. ALT|DIGITAL ESLÓGANES /MÁS EJ. 6-11

A. Lee estos eslóganes. ¿Qué crees que anuncia cada uno? No siempre hay una única respuesta.

1. **Rompa** con la monotonía, **vuele** con nosotros.
2. **No rompas** la tradición; en Navidad, siempre lo mejor.
3. **Haz** números y **deja** el coche en casa.
4. **Sal** de la rutina, **ven** a Costa Rica.
5. **Pon** más sabor a tu vida.
6. **No deje** su ropa en otras manos.
7. **Pida** algo intenso: solo o con leche.
8. **No vivas** peligrosamente. **Vive**.
9. **Vive** una doble vida.
10. **Acuéstate** con Doncotón.
11. **Piense** en el planeta.

- ◯ **a.** Un país
- ◯ **b.** Una campaña de concienciación ecológica
- ◯ **c.** Una campaña de seguridad vial
- ◯ **d.** Transportes públicos
- ◯ **e.** Un detergente
- ◯ **f.** Una marca de turrón
- ◯ **g.** Un helado de dos sabores
- ◯ **h.** Una marca de pijamas
- ◯ **i.** Una compañía aérea
- ◯ **j.** Una salsa de tomate
- ◯ **k.** Una marca de café

B. En parejas, analizad los eslóganes de A. ¿Cuáles de las siguientes características tiene cada uno de ellos?

- es breve
- es sugerente
- utiliza juegos de palabras
- apela a las emociones
- usa una palabra clave que define el producto
- es fácil de recordar

C. Observa los verbos en negrita de A. Están en imperativo. ¿Sabes cómo se forma ese tiempo? Completa las tablas.

IMPERATIVO AFIRMATIVO

	DEJAR	ROMPER	VIVIR
(tú)	....	rompe	....
(usted)	deje	....	viva

IMPERATIVO NEGATIVO

DEJAR	ROMPER	VIVIR
no dejes	....	....
....	no rompa	no viva

D. Completa ahora estos imperativos irregulares. ¿Son irregulares también en algún otro tiempo verbal?

	O > UE VOLAR		E > IE PENSAR		E > I PEDIR	
(tú)	vuela	no vueles	piensa	no pienses	pide	no pidas
(usted)	....	no vuele	....	no piense	....	no pida

E. Aquí tienes los imperativos negativos de **tú** y **usted** de algunos verbos. Busca en los eslóganes de A la forma afirmativa de **tú** y luego completa la columna afirmativa de **usted**.

IMPERATIVO NEGATIVO	tú	no hagas	no salgas	no pongas	no vengas
	usted	no haga	no salga	no ponga	no venga
IMPERATIVO AFIRMATIVO	tú	....	....	....	....
	usted	....	....	....	....

F. En parejas, elegid un producto y escribid un eslogan para anunciarlo usando el imperativo. Aquí tenéis algunas ideas de productos.

- una crema hidratante
- unos pañales
- un restaurante
- un modelo de móvil
- una marca de leche
- una marca de ropa
- un centro deportivo
- una región o una ciudad
- una agencia inmobiliaria
- una serie

6. RECICLA Y SÉ FELIZ /MÁS EJ. 12-15

A. Este es un anuncio de "Reciclaje en acción". Léelo y responde a las preguntas.

1. ¿Qué es "Reciclaje en acción"?

2. ¿A qué se dedica?

3. ¿Qué mensaje pretende transmitir el anuncio? ¿Puedes resumirlo en una sola frase?

NO TE DUERMAS, TE NECESITAMOS

¿Te has cansado de un mueble?
NO LO TIRES.

¿Tu ropa está pasada de moda?
REGÁLALA O INTERCÁMBIALA.

¿Conoces alguien que no tiene máquina de coser?
DÉJALE LA TUYA.

¿Tienes medicamentos que no vas a utilizar?
GUÁRDALOS. PUEDES ENVIARLOS A PERSONAS QUE SÍ LOS NECESITAN.

¿Tus hijos han acabado un curso?
DALES SUS LIBROS A OTROS NIÑOS QUE VAN A NECESITARLOS.

¿Gafas que no usas? ¿Por qué tirarlas?
DÓNALAS A PERSONAS QUE SÍ LAS VAN A USAR.

Con **Reciclaje en acción** puedes disminuir tu impacto ambiental y ser solidario/a. Dinos qué puedes ofrecer y te ponemos en contacto con las personas que lo necesitan.

¡HAZTE SOCIO!

B. Vuelve a leer el anuncio y escribe en tu cuaderno a qué palabras del texto se refieren los pronombres en amarillo.

C. ¿Puedes decir cuándo ponemos los pronombres delante del verbo y cuándo después?

	DELANTE DEL VERBO	DETRÁS DEL VERBO
¿Con un infinitivo?		
¿Con un imperativo afirmativo?		
¿Con un imperativo negativo?		
¿Con otros tiempos verbales?		
¿Con perífrasis?		

CÁPSULA DE ORTOGRAFÍA 3

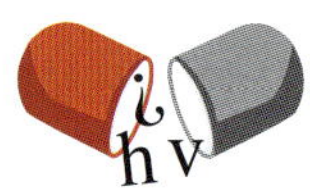

La tilde diacrítica

D. En parejas, escribid dos frases más como las de los recuadros del anuncio de A.

¿Tienes libros que ya has leído? Tráelos a la escuela. Seguro que alguien los quiere leer.

Para comunicar

- → Regalar algo a alguien
- → Dar algo a alguien
- → Dejar algo a alguien
- → Intercambiar algo con alguien
- → Enviar algo a alguien
- → Tirar algo

7. ANUNCIOS EN REDES SOCIALES /MÁS EJ. 16

A. Lee el texto "Cuatro claves para hacer publicidad efectiva en redes sociales". Luego, mira el anuncio de la derecha. ¿Crees que sigue los consejos que se dan en el texto?

Cuatro claves para hacer publicidad efectiva en redes sociales

1. **Asegúrate de que el contenido llama la atención y es relevante.** El texto tiene que ser breve y la imagen, llamativa. Menos es más.
2. **Usa siempre una llamada a la acción.** El contenido tiene que llevar a hacer clic para ir a tu página web, para escribir un comentario, para darle a un *like*…
3. **Añade tu página web en la imagen y al final de tu anuncio.**
4. **Adapta el formato de tu anuncio a los móviles.** Piensa que mucha gente lo verá en su móvil.

B. Fíjate en los verbos en imperativo en los textos de A. ¿Para qué se usa ese tiempo?

C. Aquí tienes las instrucciones de dos anuncios de productos en internet. ¿Qué producto crees que vende cada uno?

1

- Llene una taza de agua.
- Caliéntela en el microondas entre **2 y 3 minutos**.
- Eche el contenido del sobre.
- Remuévalo y disfrute del momento.

2

1. Descargue la *app*
2. Introduzca el código **1456**
3. Consiga de regalo un libro **gratis**

- *Yo creo que estas instrucciones son de una marca de…*

D. En parejas, escribid ahora las instrucciones de algún producto o servicio. El resto de la clase tiene que adivinar de qué se trata.

Léxico

LA PUBLICIDAD /MÁS EJ. 17-20

LA PUBLICIDAD

PERSONAS Y EMPRESAS

- publicista
- creativo/a
- *influencer*
- consumidor/a
- agencia de publicidad
- marca

TIPOS DE PUBLICIDAD

- (una) valla publicitaria
- (un) anuncio en las redes sociales
- (un) anuncio de televisión
- (un) anuncio de radio
- (un) *banner*
- (un) *pop-up*
- (un) folleto
- (un) cartel
- (una) campaña institucional

OBJETIVOS

- vender (algo a alguien)
- promocionar (algo)
- persuadir (a alguien de algo)
- convencer (a alguien de algo)
- concienciar (a alguien de / sobre algo)
- seducir (a alguien)
- informar (de algo a alguien)
- emocionar (a alguien)
- impactar (a alguien)

VALORES E IDEAS QUE TRANSMITE

- (el) lujo
- (la) juventud
- (la) solidaridad
- (la) igualdad
- (la) libertad
- (la) independencia
- (la) amistad
- (el) amor
- (la) belleza
- (el) éxito
- (la) ecología
- (la) diversidad

ELEMENTOS DE LA PUBLICIDAD

- (el) eslogan
- (la) música
- (la) imagen
- (el) texto
- (los) actores / (las) actrices
- (los) personajes

ADJETIVOS PARA DESCRIBIR ANUNCIOS Y CAMPAÑAS PUBLICITARIAS

- impactante
- divertido/a
- inteligente
- sexista
- emotivo/a
- atrevido/a
- polémico/a
- provocador/a
- efectivo/a

DESCRIBIR UN ANUNCIO

es un anuncio → divertido / emotivo / sexista

es un anuncio de → coches / perfumes / juguetes

es un anuncio de → prensa / radio / internet

va dirigido / se dirige a → la gente mayor / *los millenials*

En el anuncio → sale / hay / aparece / se ve a / se oye a → un/a niño/a / una mujer / un hombre → cantando / hablando / gritando

ANGLICISMOS EN LA PUBLICIDAD

Estas son algunas palabras muy usadas en el mundo de la publicidad. Proceden del inglés y no se han adaptado a la escritura en español, por lo que se escriben en cursiva. Muchas de ellas tienen un equivalente en español, aunque sea más frecuente usar la palabra inglesa.

- *pop-up* (ventana emergente)
- *banner* (espacio publicitario en una web)
- *cookies* (galleta informática)
- *target* (público al que se dirige una campaña)
- *big data* (macrodatos)
- *marketing* (mercadotecnia)
- *influencer* (influenciador/a o influyente)
- *e-commerce* (comercio electrónico)
- *foodies* (personas apasionadas por la comida y la bebida)
- *celebrities* (celebridades, famosos/as)
- *blogger* (bloguero/a)

Gramática y comunicación

IMPERATIVO AFIRMATIVO

P. 286-287

El imperativo en español tiene cinco formas: **tú**, **vos**, **vosotros/as**, **usted** y **ustedes**.

	DEJAR	ROMPER	VIVIR
(tú)	deja	rompe	vive
(vos)	dejá	rompé	viví
(vosotros/as)	dejad	romped	vivid
(usted)	deje	rompa	viva
(ustedes)	dejen	rompan	vivan

! La forma **tú** se usa en casi todos los países y regiones de habla hispana. En algunos lugares se usa alternándola con **vos** (por ejemplo, en Chile) y en otros solo se usa **vos** (como en muchas regiones de Argentina). La forma **vosotros** solo se utiliza en España (en América se utiliza siempre **ustedes**).

La forma para **tú** se obtiene eliminando la **-s** final de la forma correspondiente del presente.

pienса**s** → piensa   come**s** → come   vive**s** → vive

Algunos verbos irregulares no siguen esta regla.

poner → **pon**   tener → **ten**   ser → **sé**   salir → **sal**
hacer → **haz**   venir → **ven**   ir → **ve**   decir → **di**

La forma para **vos** se obtiene eliminando la **-s** final de la forma correspondiente del presente.

pensá**s** → pensá   comé**s** → comé   viví**s** → viví

La forma para **vosotros/as** se obtiene al sustituir la **-r** del infinitivo por una **-d**.

habla**r** → habla**d**   come**r** → come**d**   vivi**r** → vivi**d**

IMPERATIVO NEGATIVO

P. 287-288

	PENSAR	COMER	DORMIR
(tú)	no pienses	no comas	no duermas
(vos)	no pensés	no comás	no durmás
(vosotros/as)	no penséis	no comáis	no durmáis
(usted)	no piense	no coma	no duerma
(ustedes)	no piensen	no coman	no duerman

Fíjate en que las formas para **usted** y **ustedes** son las mismas que las del imperativo afirmativo.

Con los verbos acabados en **-ar**, se sustituye la **a** de la segunda y de la tercera personas del presente de indicativo por una **e** en todas las personas.

Con los verbos acabados en **-er / -ir**, se sustituye la **e** de la segunda y de la tercera personas del presente de indicativo por una **a** en todas las personas.

Algunos verbos, sin embargo, no siguen esta norma.

ir → **no vaya**   estar → **no esté**

ALGUNOS USOS DEL IMPERATIVO

P. 288

RECOMENDAR Y ACONSEJAR

*No **deje** este producto al alcance de los niños.*
***Añade** tu página web al final del anuncio.*

DAR INSTRUCCIONES

*Primero, **llene** una taza de agua. Luego...*
***Lave** esta prenda a menos de 30 °.*

LA POSICIÓN DEL PRONOMBRE

P. 269

Con verbos conjugados, los pronombres, tanto reflexivos como de OD y OI, se sitúan delante del verbo.

*Esta mañana no **me** he peinado.*
*¿Qué **le** has regalado a Luis?*

El imperativo es un caso especial: los pronombres van detrás en la forma afirmativa y delante en la negativa.

- *Déja**me** el coche, por favor.*
- *Vale, pero no **me lo** pidas más esta semana.*

Con el infinitivo y el gerundio, los pronombres también van detrás. Por eso, en perífrasis y otras estructuras con infinitivo o gerundio, los pronombres pueden ir detrás del infinitivo o del gerundio.

*Para evitar el estrés, tienes que relajar**te** más.*
*¿El coche? Están arreglándo**lo**.*

O delante del verbo conjugado.

*Para evitar el estrés, **te** tienes que relajar más.*
*¿El coche? **Lo** están arreglando.*

En los verbos reflexivos desaparece la **d** final de la 2.ª persona del plural: compra**d** → compraos

Practicar y comunicar

8. ES MUY DIVERTIDO

A. En parejas, vais a ver anuncios premiados en los últimos años en el festival de publicidad El Ojo de Iberoamérica. Elegid uno que os llame la atención y completad una ficha como esta.

¿QUÉ VES?

1. **Marca o institución:** ....
2. **Qué ofrece:** ....
3. **Eslogan:** ....
4. **¿Qué tipo de anuncio es?**
   - un cartel
   - poético
   - un vídeo
   - ....
5. **¿Cómo describe el producto?**
   - de manera objetiva
   - muestra indirectamente sus ventajas
   - lo compara con otros
6. **¿Cómo es el texto?**
   - técnico
   - poético
   - humorístico
   - ....
7. **¿Qué otros elementos destacan?**
   - la música
   - la imagen
   - los/as actores / actrices
   - ....
8. **¿Qué tipo de texto imita?**
   - una carta
   - una canción
   - un cuento
   - ....

¿QUÉ TE SUGIERE?

1. **¿Te gusta? ¿Por qué?**
   ....
2. **¿El eslogan es fácil de recordar?** ....
3. **¿A qué tipo de público se dirige?**
   - hombres
   - jóvenes
   - mujeres
   - ....
   - niños/as
4. **¿A qué valores se asocia el producto?**
   - belleza
   - solidaridad
   - éxito social
   - ....
   - amor y amistad
   - libertad
5. **¿Cómo es el anuncio?**
   - divertido
   - original
   - emotivo
   - típico
   - impactante
   - ....
6. **¿Qué mensaje transmite?**
   ....

Para comparar

El Ojo de Iberoamérica es un festival de publicidad que se celebra una vez al año en Buenos Aires (Argentina). En él se premian las mejores piezas de Iberoamérica.

B. Mostrad el anuncio al resto de la clase y compartid lo que habéis comentado en A.

- *Nosotros hemos elegido este anuncio de la compañía de vuelos Aeroméxico...*

C. Haced una votación para decidir cuál es el mejor anuncio presentado en clase.

D. En grupos, proponed otros eslóganes posibles para los anuncios que habéis presentado en B.

9. UNA PAUSA PARA LA PUBLICIDAD

A. 19-21 Vas a escuchar el principio de tres anuncios de radio. Escribe qué crees que anuncia cada uno.

1. ……………………………………
2. ……………………………………
3. ……………………………………

B. En parejas, imaginad la continuación de cada anuncio y escribidla en vuestro cuaderno.

1. ¿Cansado de los ruidos, del tráfico y de la contaminación? ¿Harto de la multitud y de las aglomeraciones? ¿Odia la falta de espacio? ¿Busca la tranquilidad?
2. En Suiza, a todo el mundo le gusta el chocolate y esquiar. ¿A qué esperas para descubrirlo?
3. ¿Te duele la espalda? ¿Estás todo el día cansado? ¿No duermes bien por las noches?

C. Grabad los anuncios que habéis escrito en B y escuchadlos en clase. ¿Habéis pensado en los mismos productos? ¿Habéis usado eslóganes parecidos?

D. 22-24 Ahora vais a escuchar la versión completa de los anuncios. ¿Coinciden con los vuestros?

10. ALT | DIGITAL LOS ANUNCIOS MÁS RECORDADOS /MÁS EJ. 21

A. ¿Cuáles son los anuncios y eslóganes más recordados en tu país? Haz una lista y compártela con tus compañeros/as.

B. En parejas, escribid una pequeña descripción de uno de los anuncios que habéis recordado en A. Compartidla con el resto de la clase.

John West Salmon, 2006:
Era un anuncio muy divertido. Se veía a un oso en un río atrapando un salmón. Y, entonces, llegaba un hombre que empezaba a luchar con él para quitarle el salmón. Al final, conseguía llevarse el salmón y se oía: "John West endures the worst to bring you the best" (John West sufre lo peor para darte lo mejor).

C. Juntad vuestras descripciones para hacer un artículo sobre los anuncios más recordados de vuestro país.

11. ALT|DIGITAL UNA CAMPAÑA PUBLICITARIA /MÁS EJ. 22-23

A. Vais a crear un anuncio para una campaña en internet. Primero, en parejas, decidid qué producto vais a anunciar. Pensad qué palabras o valores asociáis a ese producto y a qué público os queréis dirigir.

- *¿Qué te parece un anuncio de ropa para niños?*
- *Vale. Pues yo, cuando pienso en niños y niñas, pienso en "comodidad", "alegría"...*

B. Ahora, preparad la campaña. Tenéis que decidir los siguientes puntos y, finalmente, diseñarla o grabarla.

- Nombre del producto
- Formato (vídeo, cartel, etc.)
- Eslogan
- Actores o actrices
- Personajes
- Texto
- Imagen
- Música
- ¿Qué sucede? ¿Qué se ve?

- *Yo creo que podemos poner una foto de...*

C. Publicad todas las campañas en una red social y ved las de vuestros/as compañeros/as. ¿Qué os parecen? Escribidles comentarios.

D. En clase, valorad la calidad y la eficacia de las campañas.

- *A mí el anuncio de la ropa Bobby me parece divertido y fresco. El eslogan es...*

12. *INFLUENCERS* Y PUBLICIDAD

ANTES DE VER EL VÍDEO

A. Vas a ver una entrevista a Clara Montesinos, publicista y cofundadora de Influencity, una plataforma que ayuda a las empresas a planificar campañas de *marketing* con *influencers*. Antes, intentad responder en grupos a estas preguntas:

- ¿Qué tipos de *influencers* crees que hay?
- ¿Cómo crees que se determina que alguien es *influencer*?
- ¿Cuáles son las ventajas de usar *influencers* para publicitar una marca?
- ¿Cuál es la mejor forma de contactar a un/a *influencer*?
- ¿Cuánto crees que cuestan los servicios de un/a *influencer*?

VEMOS EL VÍDEO

B. ▷ 7 Ahora ve el vídeo hasta el minuto 04:05 y toma notas de las respuestas que da a las preguntas de A. Luego, comentadlo en grupos.

C. ▷ 7 Ve el vídeo hasta el minuto 04:46. ¿Qué crees que quiere decir Montesinos con la frase "un tuit es una piedra en el agua"? ¿Y con "el *marketing* de *influencers* es una pata más"?

D. ▷ 7 Ve el resto del vídeo, en el que Montesinos habla de un caso de éxito. ¿Qué publicitaban los *influencers* en ese caso? ¿Cómo lo hicieron? ¿Qué lograron?

DESPUÉS DE VER EL VÍDEO

E. En clase, comentad: ¿os ha gustado la entrevista? ¿Habéis aprendido cosas que no sabíais? ¿Cuáles? ¿Estáis de acuerdo con lo que dice Montesinos?

F. Con la información que se da en el vídeo, escribe una lista de consejos para las marcas que deseen hacer una campaña con *influencers*.

6 / ¡BASTA YA!

¿QUÉ PROBLEMAS EXISTEN EN ESPAÑA?

Una encuesta del Centro de Estudios Sociológicos hecha en enero de 2020 muestra cuáles son los problemas que más preocupan a la población en España. El paro es el mayor problema, seguido de los problemas económicos y de los problemas políticos.

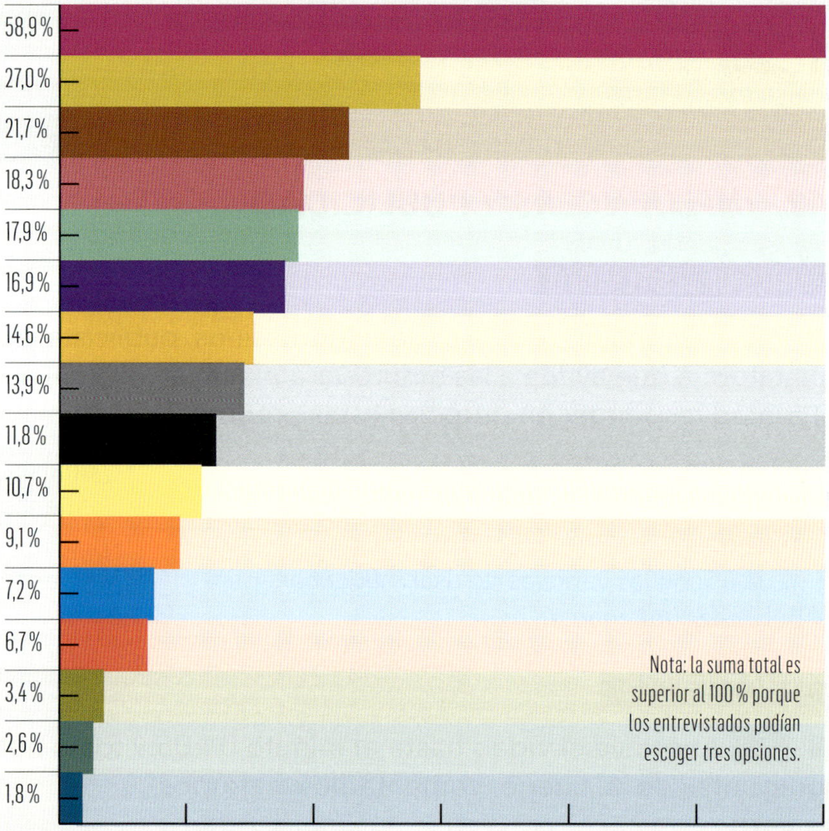

AUDIOS, VÍDEOS, DOCUMENTOS ALTERNATIVOS, ETC., DISPONIBLES EN **campus difusión**

EN ESTA UNIDAD VAMOS A

ESCRIBIR UNA CARTA ABIERTA PARA EXPONER UN PROBLEMA

RECURSOS COMUNICATIVOS

- expresar deseos, reclamaciones y necesidad
- proponer soluciones
- escribir una carta abierta denunciando un problema

RECURSOS GRAMATICALES

- el presente de subjuntivo
- **querer** / **pedir** / **necesitar** + infinitivo
- **querer** / **pedir** / **necesitar que** + subjuntivo
- **deberían** / **habría que**…
- **cuando** + subjuntivo

RECURSOS LÉXICOS

- aspectos de la vida social y administrativa
- activismo social

- El paro >> 58,9 %
- Los problemas económicos >> 27,0 %
- Los problemas políticos en general >> 21,7 %
- El mal comportamiento de los/as políticos/as >> 18,3 %
- La corrupción y el fraude >> 17,9 %
- La sanidad >> 16,9 %
- Los problemas relacionados con la calidad del empleo >> 14,6 %
- Los problemas de tipo social >> 13,9 %
- Las pensiones >> 11,8 %
- La independencia de Cataluña >> 10,7 %
- La inmigración >> 9,1 %
- La violencia de género >> 7,2 %
- La educación >> 6,7 %
- Los problemas medioambientales >> 3,4 %
- La vivienda >> 2,6 %
- La inseguridad ciudadana >> 1,8 %

Empezar

1. PROBLEMAS DE ESPAÑA /MÁS EJ. 1

A. ALT ¿Cuáles crees que son los tres problemas que más preocupan en tu país? Coméntalo con un/a compañero/a.

- *Yo creo que lo que más preocupa a la gente es...*

- El paro
- Los problemas económicos
- Los problemas políticos en general
- El mal comportamiento de los/as políticos/as
- La corrupción y el fraude
- La sanidad
- Los problemas relacionados con la calidad del empleo
- Los problemas de tipo social
- Las pensiones
- Los conflictos territoriales
- La inmigración
- La violencia de género
- La educación
- Los problemas medioambientales
- La vivienda
- La inseguridad ciudadana
- Otros

B. Lee el texto y observa el gráfico. ¿Los problemas que afectan a los/as españoles/as son muy diferentes de los que afectan a la gente de tu país?

- *En España el problema más grave es el paro...*

Comprender

2. CARTA ABIERTA /MÁS EJ. 2

A. MAP **Lee esta carta abierta publicada en un blog y contesta a las preguntas. Luego, coméntalo con otras personas de la clase.**

- ¿Cuál es el problema del que hablan?
- ¿Con cuál de los temas de la actividad 1A lo relacionas?
- ¿Cuáles son las posibles consecuencias del cierre del instituto que se mencionan en el texto?
- ¿Quién tiene que actuar para evitar el cierre? ¿Hacen alguna propuesta? ¿Cuál?

Para comparar

España está organizada en 17 comunidades autónomas (Andalucía, Aragón, Asturias, etc.). Los "ministerios" de esas comunidades autónomas se llaman departamentos o consejerías y tienen poder de decisión sobre cuestiones relacionadas con la salud, la educación, el medioambiente, etc.

CARTA ABIERTA AL ALCALDE DE MONREAL

EN MONREAL, A 8 DE MARZO

Apreciado señor alcalde:

Los abajo firmantes, representantes de asociaciones de vecinos y comerciantes y de grupos culturales de Monreal, nos dirigimos a usted para plantearle una cuestión de gran importancia para el futuro de nuestro pueblo: el instituto de enseñanza media Camilo José Cela.

Como usted sabe, el instituto tiene más de 50 años de historia y por él han pasado muchas generaciones de jóvenes de Monreal, pero sobre todo es el único centro de la comarca en el que se puede cursar bachillerato. Desde hace ya algunos años, la Consejería de Educación amenaza con cerrar el instituto por razones económicas. Si finalmente se toma esa decisión, nuestro pueblo y toda la comarca sufrirán un daño enorme. Nuestros jóvenes tendrán que trasladarse cada día en autobús a la capital en un viaje de 90 minutos de ida y 90 minutos vuelta; tendrán que comer allí, con el gasto que eso comporta, y, con seguridad, muchos de ellos abandonarán los estudios.

Si finalmente se produce, el cierre será dramático para el pueblo: ¿quién se querrá quedar a vivir en Monreal si se cierra el instituto? ¿Qué hará el ayuntamiento cuando la población empiece a disminuir y se queden en el pueblo únicamente las personas mayores, como ha pasado en tantos otros lugares? El ayuntamiento habla de atraer inversiones a Monreal, pero ¿qué empresa invertirá en nuestro pueblo cuando no tengamos jóvenes formados?

Por todo ello, antes de que se tome esa decisión, el ayuntamiento debería actuar. Le pedimos a usted y a todo el ayuntamiento que luche por la continuidad del centro. Tenemos que exigir a la Consejería que mantenga el instituto Camilo José Cela porque es esencial para el futuro de nuestro pueblo y de nuestra comarca. Pero sería injusto decir que este problema es únicamente responsabilidad del ayuntamiento. Este es un tema que nos afecta a todos y todos deberíamos luchar juntos. Por eso, hacemos un llamamiento a todos los ciudadanos de Monreal y les pedimos que se unan a nosotros para salvar el instituto.

Quedamos a la espera de una pronta respuesta y nos ponemos a su disposición para elaborar un calendario de actuaciones.

Asociación de Padres y Madres del IES Camilo José Cela

Asociación cultural La Paloma

B. Fíjate en la estructura de la carta. ¿En qué párrafos se hace cada una de estas cosas?

- saludar
- exponer un problema
- despedirse
- proponer soluciones
- exponer las consecuencias del problema

C. ¿Qué crees que deberían hacer el alcalde o los/as ciudadanos/as para solucionar este problema? Comentadlo en clase.

- *Deberían hacer una manifestación.*
- *Sí, y el alcalde debería ir a la televisión y denunciar el problema.*

3. MANIFESTACIONES /MÁS EJ. 3

A. 25-27 Hoy, en tres ciudades de habla hispana, hay tres manifestaciones. ¿Qué piden en cada una de ellas? Escucha y márcalo.

1

- ☐ Quieren que se regulen los precios de las viviendas.
- ☐ Quieren ocupar las casas que están vacías.

2

- ☐ Luchan por la igualdad de oportunidades entre hombres y mujeres en el trabajo.
- ☐ Protestan por la violencia contra las mujeres.

3

- ☐ Exigen al Gobierno que invierta más en sanidad pública.
- ☐ Exigen la subida de los sueldos del personal sanitario.

B. ¿Te parece justo lo que piden? Coméntalo con tus compañeros/as.

- *Yo creo que el precio de los alquileres no se puede controlar.*
- *Pues a mí me parece justo porque...*

Construimos el LÉXICO

¿Por qué motivos se manifiesta la gente en tu país? Escríbelo. Puedes usar estos recursos.

reivindicar algo | protestar por / contra algo | exigir algo a alguien
conciencer a alguien de / sobre algo | luchar contra algo | luchar por algo

– *Protestar por la subida de los impuestos...*

Explorar y reflexionar

4. REIVINDICACIONES /MÁS EJ. 4-6

A. ¿A qué colectivos crees que pertenecen estas reivindicaciones? Escribe el número correspondiente.

- ◯ Una asociación de jubilados/as
- ◯ Un grupo feminista
- ◯ Un grupo pacifista
- ◯ Una asociación de parados/as
- ◯ Una ONG ecologista
- ◯ Una asociación LGTB

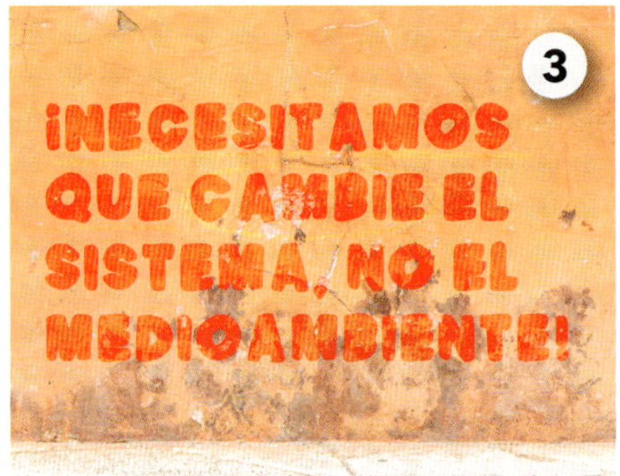

B. Fíjate en las estructuras subrayadas en las frases de A. ¿Cuáles llevan un infinitivo detrás y cuáles un verbo en presente de subjuntivo? ¿Entiendes por qué?

C. ¿Sabes cómo se forma el presente de subjuntivo? Intenta completar las formas que faltan.

	CAMBIAR	COMPRENDER	SUBIR
(yo)	cambi**e**	comprend**a**	sub**a**
(tú)	cambi**es**	comprend**as**	sub**as**
(él / ella, usted)	....	....	sub**a**
(nosotros/as)	cambi**emos**	....	sub**amos**
(vosotros/as)	cambi**éis**	comprend**áis**	sub**áis**
(ellos / ellas, ustedes)	....	comprend**an**	....

5. LO QUE QUIEREN EN CASTILLAR /MÁS EJ. 7-10

A. Castillar es una pequeña ciudad. Los/as vecinos/as quieren que algunas cosas cambien. ¿Crees que en tu ciudad la gente tiene deseos parecidos? Coméntalo caso por caso.

1. Los/as vecinos/as del barrio de La Cruz quieren que el ayuntamiento **ponga** más bancos en las calles.
2. Los/as estudiantes quieren que la biblioteca municipal **cierre** a medianoche.
3. Los padres y las madres quieren que la escuela infantil **sea** gratuita.
4. Los/as vecinos/as del centro quieren que se **construya** un parque.
5. Todo el mundo quiere que la ciudad **esté** más limpia.
6. Las personas que trabajan en el centro quieren que **se pueda** aparcar gratis.
7. Mucha gente quiere que **se reduzcan** los impuestos municipales.
8. Muchas personas quieren que el ayuntamiento **pida** una nueva estación de tren al Gobierno.
9. Los/as jóvenes quieren que **haya** wifi gratuito en toda la ciudad.

B. Los verbos en negrita de las frases anteriores están en subjuntivo y tienen algún tipo de irregularidad. Escribe a qué infinitivos corresponden.

C. Ahora observa cómo se conjugan estos verbos y completa los paradigmas.

	E > IE	O > UE	E > I	G	ZC	Y
	CERRAR	**PODER**	**PEDIR**	**PONER**	**REDUCIR**	**CONSTRUIR**
(yo)	cierre	pueda	pida	ponga	reduzca	construya
(tú)	cierres	puedas	pidas	pongas	reduzcas	construyas
(él / ella, usted)	....	....	....	....	reduzca	....
(nosotros/as)	cerremos	podamos	pidamos	pongamos	reduzcamos	construyamos
(vosotros/as)	cerréis	podáis	pidáis	pongáis	reduzcáis	construyáis
(ellos / ellas, ustedes)	cierren	puedan	pidan	pongan	....	construyan

D. En grupos, vais a jugar a conjugar verbos en presente de subjuntivo. Elegid uno de estos verbos y tirad un dado. Conjugad la forma que os toque.

Verbos: pensar, volver, servir, tener, conducir, huir

Formas: **1.** yo; **2.** tú; **3.** él, ella / usted; **4.** nosotros/as; **5.** vosotros/as; **6.** ellos/as, ustedes

6. TEMAS QUE PREOCUPAN /MÁS EJ. 11-14

A. Lee lo que dicen estas personas. ¿De qué temas de la encuesta de la página 81 hablan?

"**Eva, 40 años:** Creo que cuando sea mayor no habrá pensiones, así que tengo que ahorrar."

"**Lucas, 23 años:** Cuando termine la carrera, no sé si voy a encontrar trabajo."

"**Tomás, 31 años:** No sé adónde vamos a ir a vivir cuando nazca mi hija. Vivimos en un piso compartido y con nuestro sueldo no podemos permitirnos nada mejor."

"**María Elena, 50 años:** Cuando mis hijos salen de noche estoy preocupada porque en nuestro barrio hay mucha delincuencia."

"**Ernesto, 70 años:** Tengo algunos problemas de piel y cuando necesito ir al dermatólogo siempre tengo que esperar varios meses."

"**Mar, 32 años:** Me enfado muchísimo cuando los políticos roban. Es que no lo entiendo, ¡¿qué tipo de gente nos está representando?!"

B. ¿Coincides con algunas de las opiniones o experiencias?

C. Fíjate en las frases que contienen **cuando** + verbo, en A, y completa la tabla.

Cuando + ...	**Cuando** + ...
se refiere a acciones habituales o repetidas	se refiere al futuro

D. ¿Qué tiempos usas en cada caso en tu lengua?

E. En parejas, escribid una continuación posible para las siguientes frases.

1. José, 35 años (habla sobre el medioambiente): "Cuando mis hijos sean mayores, …
2. Pablo, 28 años (habla sobre empleo): "Cuando busco trabajo, …
3. Miguel, 50 años (habla de problemas económicos): "Cuando se acabe mi contrato, …
4. Victoria, 21 años (habla de vivienda): "Cuando me vaya de casa de mis padres, …
5. Rita, 18 años (habla de inseguridad ciudadana): "Cuando salgo por la noche, …
6. Julia, 15 años (habla de educación): "Cuando estudie en la universidad, …
7. Irene, médica, 46 años (habla de sanidad): "Cuando tengo muchos pacientes, …
8. Pedro, 28 años (habla de violencia de género): "Cuando mi hija sea mayor, …

7. PEDIR O EXIGIR

A. Lee las noticias que han aparecido en este periódico regional. Luego, comenta con otras personas de la clase si están relacionadas con temas que también preocupan en tu país.

- *En mi país, se cortan muchos árboles y...*

DESTACADO

A

Si no actuamos pronto, desaparecerá el bosque de Pinalba 11

B

Disminuye la venta de viviendas un 33 % en este último año 83

Nuevo programa formativo en las escuelas para combatir las *fake news* 24

C

Cada vez más jóvenes abandonan la región debido al paro 24

D

Se realizan test masivos en varios barrios de la capital para identificar a asintomáticos de covid-19 24

E

Los ciudadanos exigen a los partidos más transparencia en las cuentas 47

F

La población mayor de 65 años ha aumentado un 20 % en la región en los últimos 10 años. 8

G

B. Escribe qué verbo destacado en A es sinónimo de los siguientes.

1. dejar: ....

2. luchar contra: ....

3. pedir: ....

4. hacer: ....

5. subir: ....

6. bajar: ....

7. hacer algo: ....

CÁPSULA DE ORTOGRAFÍA 4

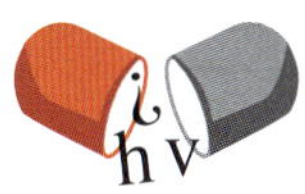

Mismo sonido, distintas letras

C. En parejas, cread titulares de buenas noticias con estos verbos.

disminuir | combatir | abandonar | realizar | exigir | aumentar | actuar

Disminuye el número de estudiantes que abandonan los estudios.

Léxico

ASPECTOS DE LA VIDA SOCIAL Y ADMINISTRATIVA

la vivienda

la educación

la sanidad / salud

el empleo / trabajo

el medioambiente

la justicia

la política

la cultura

ACTIVISMO SOCIAL

reivindicar * — los derechos de...

defender * — los derechos de... / la igualdad entre...

tener derecho a — una vivienda digna / un trabajo digno / una vida mejor / votar

luchar contra — la corrupción / la contaminación / el paro

luchar por — los derechos de... / la sanidad pública

protestar por / contra — una ley injusta / una normativa / la actuación de...

concienciar sobre — el cambio climático / el consumo responsable / los problemas de...

exigir — el cierre de... / la construcción de... / la subida de...

* **Reivindicar** es pedir algo que ahora no se tiene; **defender** implica que se quiere conservar algo que ya existe, pero que está amenazado.

LÉXICO ADECUADO PARA DISTINTOS REGISTROS

USO DE SINÓNIMOS

disminuir	bajar
trasladarse	ir
actuar	hacer algo
realizar	hacer
cursar	estudiar
abandonar	dejar
aumentar	subir

¿Sabes? Han cerrado la escuela del pueblo y los niños tendrán que ***ir*** *cada día en autobús a la capital.*

Los niños del pueblo tendrán que ***trasladarse*** *cada día en autobús a la capital.*

USO DE SUSTANTIVOS O VERBOS /MÁS EJ. 15-16

SUSTANTIVOS	VERBOS
(la) subida	subir
(la) bajada	bajar
(el) cierre	cerrar
(la) apertura	abrir
(la) actuación	actuar
(la) defensa	defender
(la) ayuda	ayudar
(la) construcción	construir
(la) reducción	reducir
(el) abandono	abandonar
(la) ocupación	ocupar
(la) discriminación	discriminar
(la) contaminación	contaminar

Quieren que ***se reduzcan*** *los impuestos municipales.*
Exigen ***una reducción*** *de los impuestos municipales.*

No quieren que ***se cierre*** *la biblioteca municipal.*
Protestan por ***el cierre*** *de la biblioteca municipal.*

Gramática y comunicación

PRESENTE DE SUBJUNTIVO

P. 289-290

VERBOS REGULARES

	ESTUDIAR	COMER	ESCRIBIR
(yo)	estudi**e**	com**a**	escrib**a**
(tú, vos)	estudi**es**	com**as**	escrib**as**
(él / ella, usted)	estudi**e**	com**a**	escrib**a**
(nosotros/as)	estudi**emos**	com**amos**	escrib**amos**
(vosotros/as)	estudi**éis**	com**áis**	escrib**áis**
(ellos/as, ustedes)	estudi**en**	com**an**	escrib**an**

VERBOS IRREGULARES

Los verbos con la irregularidad **E > IE** o **O > UE** en presente de indicativo presentan esas mismas irregularidades en presente de subjuntivo en las mismas personas.

	E > IE: QUERER	O > UE: PODER
(yo)	qu**ie**ra	p**ue**da
(tú, vos)	qu**ie**ras	p**ue**das
(él / ella, usted)	qu**ie**ra	p**ue**da
(nosotros/as)	queramos	podamos
(vosotros/as)	queráis	podáis
(ellos/as, ustedes)	qu**ie**ran	p**ue**dan

Algunos verbos que presentan una irregularidad en la primera persona del presente de indicativo tienen esa misma irregularidad en todas las personas del presente de subjuntivo. Esto incluye los verbos con cambio vocálico **E > I** (**pedir**, **seguir**, **reír**...).

hacer → ha**g**a
conocer → cono**z**ca
tener → ten**g**a
poner → pon**g**a
salir → sal**g**a
venir → ven**g**a
decir → di**g**a
oír → oi**g**a
pedir → p**i**da

	SABER	SER	IR
(yo)	**sepa**	**sea**	**vaya**
(tú, vos)	**sepas**	**seas**	**vayas**
(él / ella, usted)	**sepa**	**sea**	**vaya**
(nosotros/as)	**sepamos**	**seamos**	**vayamos**
(vosotros/as)	**sepáis**	**seáis**	**vayáis**
(ellos/as, ustedes)	**sepan**	**sean**	**vayan**

	ESTAR	DAR	VER	HABER
(yo)	**esté**	**dé**	**vea**	**haya**
(tú, vos)	**estés**	**des**	**veas**	**hayas**
(él / ella, usted)	**esté**	**dé**	**vea**	**haya**
(nosotros/as)	**estemos**	**demos**	**veamos**	**hayamos**
(vosotros/as)	**estéis**	**deis**	**veáis**	**hayáis**
(ellos/as, ustedes)	**estén**	**den**	**vean**	**hayan**

EXPRESAR DESEOS Y RECLAMACIONES

P. 296

QUERER / ESPERAR / PEDIR / EXIGIR... + INFINITIVO (MISMO SUJETO)

*Trabajamos las mismas horas. ¡**Queremos** tener el mismo salario!*

QUERER / ESPERAR / PEDIR / EXIGIR... + QUE + PRESENTE DE SUBJUNTIVO (SUJETOS DISTINTOS)

*¡**Exigimos que** el presidente nos reciba!*

QUE / OJALÁ + PRESENTE DE SUBJUNTIVO

*¡**Que** se acaben las guerras!*
*¡**Ojalá** consiga este trabajo!*

EXPRESAR NECESIDAD

P. 296

NECESITAR + INFINITIVO (MISMO SUJETO)

*¡No más despidos! ¡**Necesitamos** trabajar para vivir!*

NECESITAR QUE + PRESENTE DE SUBJUNTIVO (SUJETOS DISTINTOS)

*¡**Necesitamos que** construyan nuevas industrias en la zona!*

CUANDO + SUBJUNTIVO

P. 299

Al introducir una acción futura, **cuando** va seguido de presente de subjuntivo (no de futuro).
*Volveré **cuando** termine.*
*Volveré **cuando** ~~terminaré~~.*

! En las preguntas con **cuándo**, sí debe aparecer el futuro:

- *¿**Cuándo** volverás?*
- ***Cuando** termine.*

PROPONER SOLUCIONES Y REIVINDICAR

P. 285

/MÁS EJ. 17

*El Gobierno **debe** actuar urgentemente para crear empleo.*
***Deberíamos** tener leyes para evitar la corrupción.*
***Se debería** aprobar una ley contra la violencia de género.*
***Se deberían** prohibir las armas de fuego.*
***Habría que** limitar la circulación de los coches por la ciudad.*
***Tenemos que** exigir al ayuntamiento que cierre la central térmica.*

8. ALT|DIGITAL ¿QUÉ QUIEREN? /MÁS EJ. 18-20

A. En parejas, describid brevemente qué suelen reivindicar o pedir los siguientes tipos de asociaciones o grupos.

Para comunicar

- → Los animalistas…
- → quieren (que)…
- → piden (que)…
- → reivindican (que)…
- → exigen (que)…

- *Los animalistas exigen que dejemos de maltratar a los animales.*
- *Sí, y están en contra de los zoológicos y piden que…*

B. 28 ALT Escucha ahora esta entrevista a una activista animalista y completa la tabla.

NOMBRE DEL GRUPO	AÑO DE CREACIÓN	OBJETIVOS DEL GRUPO	REIVINDICACIONES

C. En pequeños grupos, buscad información sobre alguna asociación o grupo de las categorías de A u otras (puede ser de vuestro país) y preparad una presentación sobre sus preocupaciones, objetivos y actividades.

D. Presentad en clase vuestra asociación. Después, comentad si las asociaciones que habéis presentado tienen algo en común y si os gustaría colaborar con alguna.

- *Nosotros hemos buscado información sobre la asociación de personas sordas de nuestra ciudad. Es una organización no gubernamental fundada en el año 1982. Su objetivo es defender los derechos de las personas sordas y conseguir que se integren en la sociedad. Consideran que…*

9. TRES DESEOS /MÁS EJ. 21-23

A. Imagina que puedes pedir tres deseos: uno para ti, otro para una persona de la clase y otro para el mundo. Escríbelos en un muro interactivo y firma con tu nombre.

Romina

1. Un deseo para mí: Quiero cambiar de casa pronto. Una casa grande, moderna, con piscina y jardín… Como esta.
2. Un deseo para Maia: Espero que algún día sea una actriz famosa.
3. Un deseo para el mundo: Ojalá los políticos dejen de pelearse por todo.

Comentarios:

Emma: ¡Me encanta! Cuando tengas una casa así me invitas, ¿eh? ¡Me encantan las piscinas!

Maia

1. Un deseo para mí: Ojalá un día pueda vivir en México.
2. Un deseo para Tim: Espero que apruebe el examen de conducir.
3. Un deseo para el mundo: Ojalá podamos frenar el cambio climático.

Comentarios:

Tim: ¡Gracias, Maia! Cuando apruebe el examen, nos vamos un día a la playa en coche. ;)

Tim

1. Un deseo para mí: Quiero hablar perfectamente español.
2. Un deseo para Lana: Espero que pueda irse de vacaciones a Ibiza.
3. Un deseo para el mundo: Ojalá se acaben las guerras.

Comentarios:

Lana: ¡Gracias, Tim! ¡Espero ahorrar suficiente dinero para hacerlo!

B. Leed los deseos de las personas de la clase y reaccionad escribiendo comentarios.

C. Hablad en clase: ¿los deseos que habéis escrito os parecen realizables o no?

- *Yo creo que nunca se acabarán las guerras.*

10. ALT | DIGITAL ¿CUÁNDO CAMBIARÁ EL MUNDO?

A. Dividid la clase en grupos. Cada grupo elige una de las siguientes frases y la completa. Luego escribe cuándo ocurrirá lo que se dice en la última parte de la frase anterior. Y así sucesivamente. Gana el grupo que consiga escribir más frases encadenadas.

1. Se acabará el hambre en el mundo cuando…
2. Dejará de haber corrupción cuando…
3. Las ciudades serán más seguras cuando…
4. Los hombres y las mujeres tendrán los mismos derechos cuando…
5. Habrá más trabajo cuando…

1. Se acabará el hambre en el mundo cuando todos seamos veganos.
2. Todos seremos veganos cuando…

B. Leed las frases de todos los grupos. ¿Qué grupo ha escrito más frases? ¿Habéis llegado a alguna conclusión?

Practicar y comunicar

11. ALT|DIGITAL UNA CARTA AL AYUNTAMIENTO /MÁS EJ. 24

A. Vais a escribir una carta abierta (como la de la actividad 2) para exponer un problema y exigir una solución. Primero, en parejas, elegid uno de los siguientes ámbitos (u otro) y comentad qué problemas creéis que existen en ese ámbito.

- nuestro país
- un barrio de nuestra ciudad
- nuestra ciudad
- nuestra escuela

- *¿Elegimos nuestra ciudad?*
- *Vale.*
- *¿Qué problemas crees que tiene?*
- *Muchos. Las calles están muy sucias, hay demasiado ruido...*
- *Ah, sí, lo de la suciedad es un problema grave.*

B. Ahora, preparad las ideas que vais a exponer en vuestra carta.

- A quién os dirigís (persona o personas responsables)
- Por qué escribís la carta y quién la firma
- Cuál es el problema y cuáles son sus consecuencias
- Qué pedís y qué solución o soluciones proponéis

C. Escribid la carta. Podéis distribuiros los párrafos. Luego ponedlos en común, revisadlos y corregid lo que sea necesario.

Para evaluar

→ ¿Se presentan las ideas de forma ordenada? ¿Se identifica claramente qué se expone en cada párrafo?
→ ¿Se expone claramente cuál es el problema y sus posibles soluciones?
→ ¿Se usan estructuras adecuadas para expresar deseos, reivindicaciones y proponer soluciones?
→ ¿Se utiliza un registro adecuado (en las fórmulas de tratamiento, en el léxico...)?
→ ¿Se estructura bien el discurso con marcadores?

Apreciada señora alcaldesa:

Nos dirigimos a usted para manifestarle nuestra preocupación por el estado de suciedad de las calles de nuestra ciudad. Hace ya unos años que el centro de la ciudad se ha convertido en un lugar...

D. Exponed todas las cartas y buscad...

- cuál aporta buenas soluciones.
- cuál es la más original.
- cuál es la más convincente.
- cuál firmaríais todos.

Vídeo

DISPONIBLE EN campus difusión

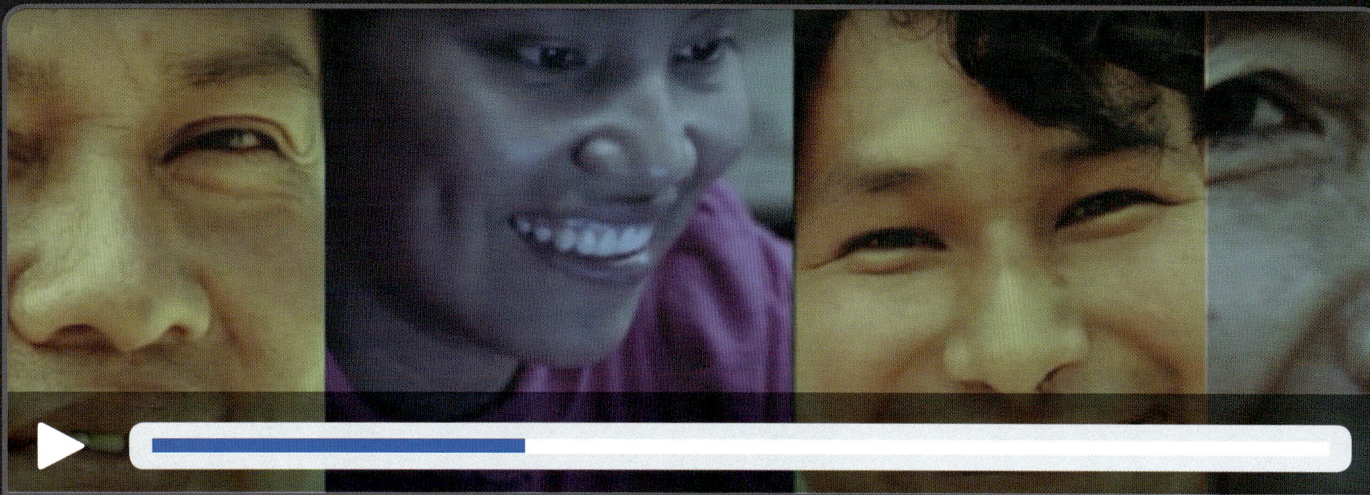

12. ALT|DIGITAL ¿QUIÉNES SON LOS PUEBLOS INDÍGENAS?

VEMOS EL VÍDEO

A. ▶ 8 Ve el vídeo hasta el minuto 00:54 y escribe las respuestas a las siguientes preguntas.

1. ¿Cuántos pueblos indígenas existen en Perú? ....

2. ¿Cuántas lenguas originarias se hablan? ....

3. ¿Quiénes son los pueblos indígenas? ....

....

4. ¿Dónde viven en Perú? ....

5. ¿Con qué otros nombres se los conoce? ....

B. ▶ 8 Ahora ve hasta el minuto 01:28. En el vídeo se dice que los pueblos indígenas tienen derechos distintos porque tienen una cultura distinta que el Estado tiene que respetar. Toma nota de los ejemplos que se dan de esa cultura distinta.

- conocimiento de plantas medicinales, ...

....

C. ▶ 8 Ve el vídeo hasta el minuto 02:10. ¿En qué se nota la brecha de desigualdad que afecta a los pueblos indígenas? Toma nota en tu cuaderno y, luego, coméntalo en clase.

D. ▶ 8 Ve el resto del vídeo. ¿Qué debe hacer el Estado para mejorar la situación de los pueblos indígenas? Toma nota en tu cuaderno y, luego, coméntalo en clase.

DESPUÉS DE VER EL VÍDEO

E. ¿Conoces otros pueblos o culturas con reivindicaciones parecidas a las de los pueblos indígenas del Perú? ¿Cuáles? ¿Qué reivindican? Prepara una presentación para la clase.

7 MENSAJES

1

Nicolás Rojas
Ayer a las 16:30
Excelente servicio, felicitaciones
Me gusta · Comentar · Compartir

Isabel Ríos
Ayer a las 22:15
Me encantaron todos los platos. 100% recomendable. L@s camarer@s, superamables. Buena relación calidad / precio
Me gusta · Comentar · Compartir

2

3

Yo no viajo
por llegar.
Viajo por ir.

-E. Galeano-

5

Comentarios

fotowave qué buena pintaaaaaa! 😍
1sem · 3 Me gusta · Responder

jordi_na Qué hambre!!!!
1sem · 3 Me gusta · Responder

juanmavi 📷 👌
1sem · 1 Me gusta · Responder

martapati Ay, mi Asturias! 🧡🧡🧡
1sem · 3 Me gusta · Responder

martapati Vamos a comer cachopo, @julie-creativa ?
1sem · 5 Me gusta · Responder

conecta2 😮 😍 Yo también quierooooooo
1sem · 2 Me gusta · Responder

6

Me gusta · Comentar

Ver comentarios anteriores

Fito Luz Joooo, qué penita 😢 1
Me gusta · Responder · 1d

Tino Mora Casal Mucho ánimo! 2
Me gusta · Responder · 1d

Paloma Vez lo siento mucho, qué pena... la mejor perrita del mundo 🐶💜❤️ Un beso fuerte 3
Me gusta · Responder · 1d

Susisisu Lo siento mucho 😢 todo el ánimo del mundo! 1
Me gusta · Responder · 1d

Juan Hurtado Lo siento mucho, Lidia. Una pena, se va un trocito de nosotres. Fuerza! Un besito 😘
Me gusta · Responder · 1d

AUDIOS, VÍDEOS, DOCUMENTOS ALTERNATIVOS, ETC., DISPONIBLES EN **campus difusión**

EN ESTA UNIDAD VAMOS A

CREAR Y TRANSMITIR DIFERENTES TIPOS DE MENSAJES

RECURSOS COMUNICATIVOS

- desenvolvernos por teléfono y en videollamadas
- tomar y dejar recados por teléfono
- transmitir mensajes
- transmitir órdenes, peticiones y consejos

RECURSOS GRAMATICALES

- estilo indirecto: **me ha dicho que...** / **me ha pedido que...** / **me ha preguntado si...** / **me ha preguntado cuándo** / **dónde** / **por qué...**

RECURSOS LÉXICOS

- verbos que resumen la intención de un mensaje (**preguntar**, **recomendar**, etc.)
- tipos de mensajes (carta, mensaje, correo electrónico, etc.)
- los verbos **pedir** y **preguntar**

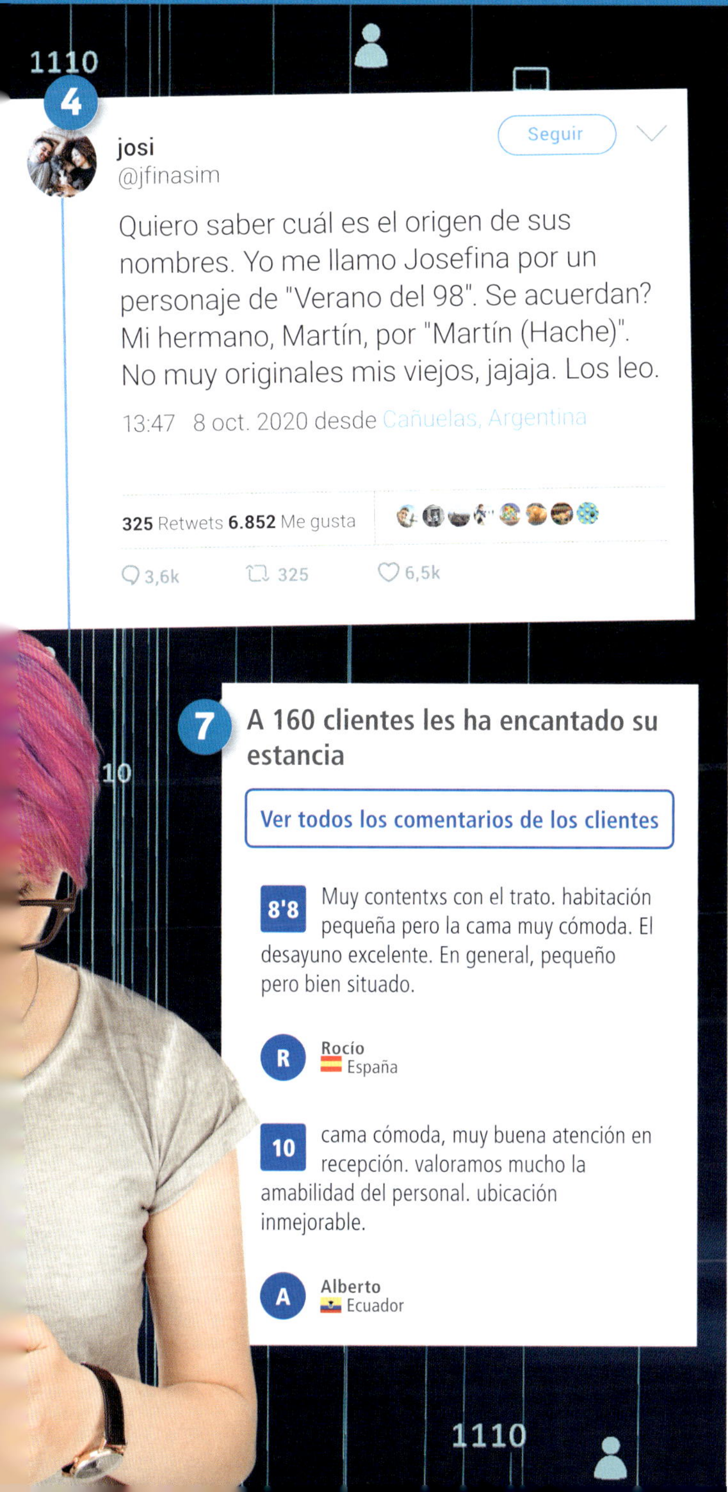

Empezar

1. ABRO HILO

A. Lee estos fragmentos de publicaciones en redes sociales o páginas de internet y di qué hacen las personas que escriben en cada caso.

comentar una foto · criticar · quejarse · mandar mensajes de apoyo · abrir un hilo de Twitter · publicar una cita · dar su opinión sobre algo · hacer una encuesta

B. ¿Tú también haces las cosas de A? ¿En qué redes sociales o plataformas las haces?

Para comunicar

→ escribir críticas / comentarios / citas / un tuit...
→ comentar fotos / estados de otras personas
→ hacer encuestas
→ quejarme / criticar...
→ dar mi opinión sobre...
→ publicar una cita / un estado
→ tuitear / retuitear (algo)

- *Yo, normalmente, escribo críticas de los hoteles o albergues a los que voy.*
- *Yo no suelo abrir hilos, pero si veo algún contenido interesante, lo retuiteo.*

2. UNA NOTA, UNA POSTAL /MÁS EJ. 1-4

A. Mira los mensajes que ha recibido Paco. ¿Qué tipo de mensajes son?

- ◯ una nota
- ◯ un correo electrónico
- ◯ una tarjeta de agradecimiento
- ◯ una postal
- ◯ una felicitación
- ◯ una invitación
- ◯ un mensaje de móvil

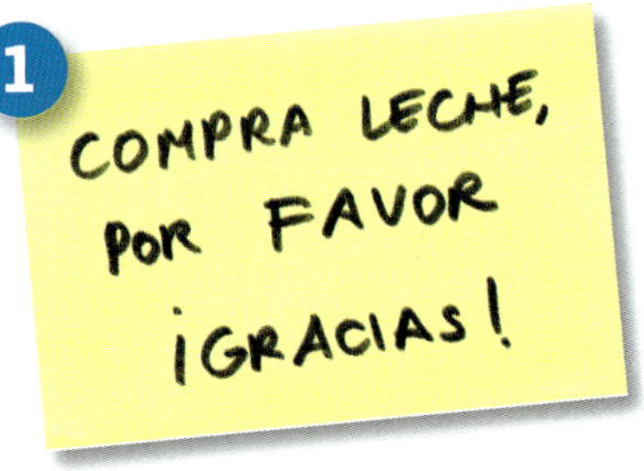

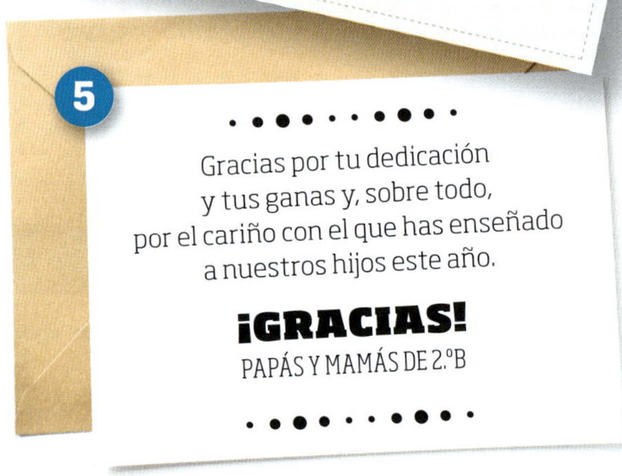

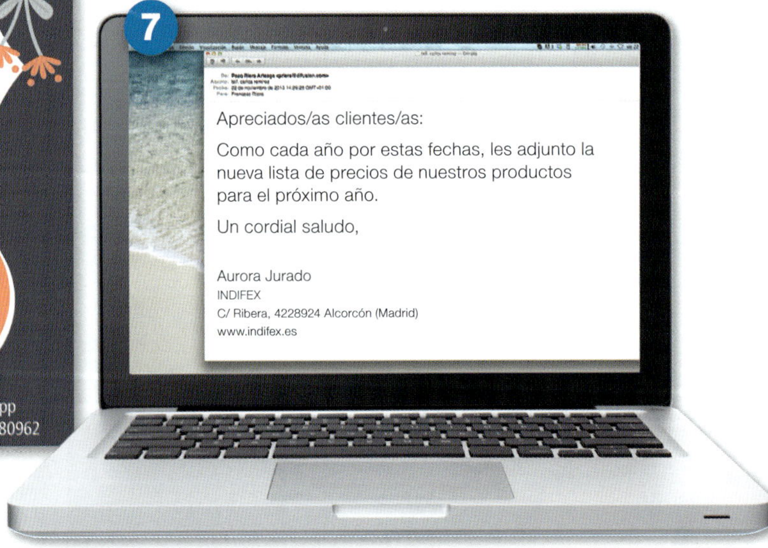

B. ¿De quién crees que son los mensajes que ha recibido Paco? ¿Con qué intención se los han mandado?

- *La nota puede ser de su compañero de piso para recordarle que tiene que comprar leche.*
- *Sí, o de su pareja...*

Para comunicar

→ invitarlo a...
→ saludar
→ recordarle algo
→ felicitarlo / darle las gracias por...
→ informarlo sobre...
→ proponerle (hacer) algo

C. ¿Qué textos de A son formales? ¿Cuáles son informales? Marca en qué lo notas. Fíjate en estos aspectos.

- Fórmulas para saludar y despedirse
- Uso de **tú** o **usted**

CÁPSULA DE ORTOGRAFÍA 5

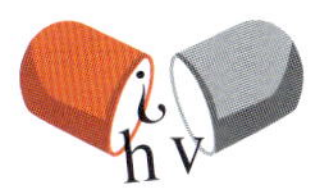

Los dos puntos

D. ¿Qué tipos de texto escribes o recibes con más frecuencia? Coméntalo con otras personas de la clase.

- *Yo, sobre todo, escribo correos electrónicos de trabajo. Y también recibo muchas* newsletters.
- *Yo escribo postales cuando voy de viaje. También recibo postales de mis amigos y familiares. Me gusta coleccionarlas.*
- *Pues yo nunca he escrito una postal... ¡pero escribo muchos tuits!*

Construimos el léxico

¿Con qué personas te comunicas con más frecuencia? Completa una tabla como esta.

Con / De quién	Cómo	Por / Para qué
amigos/as	- por teléfono (mensajes) - por correo electrónico	- quedar, charlar, comentar noticias... - compartir fotos
mis padres	- en persona - por teléfono (llamadas)	- charlar - pedirles algo

3. JORDI Y XOÁN

A. A Jordi y a Xoán hoy les han dicho cosas muy bonitas. Cuando han llegado a casa, se lo han contado a su familia. Fíjate en que, cuando transmiten lo que les han dicho, en los dos casos se producen cambios. ¿Qué cambios son?

Toma, las llaves de mi piso, así puedes venir cuando quieras.

Buen trabajo. Y recuerda que tienes que traerme el informe terminado mañana a primera hora.

Esta tarde Ana me ha dado las llaves de su piso y me ha dicho que puedo ir cuando quiera.

Mi jefe me ha felicitado por mi trabajo, pero me ha recordado que tengo que llevarle el informe mañana a primera hora.

las llaves de **mi** piso	las llaves de **su** piso
puedes venir cuando quieras	**puedo ir** cuando quiera
tienes que **traerme** el informe	**tengo** que **llevarle** el informe

B. Imagina que esta mañana has hablado con algunos/as estudiantes del centro donde estudias español y te han dicho estas cosas. Cuéntaselo a tu profesor/a.

"He llegado tarde porque se me ha averiado la moto y han tardado mucho en venir a repararla".
Julie

"Me gusta Julie, pero no sé si ella está interesada en mí".
Manfred

"Se me ha olvidado traerte la novela... Esta tarde te la llevo a casa, que me queda cerca del trabajo".
Jade

"No puedo ir a la excursión del viernes porque viene mi mejor amigo de visita y voy a pasar el fin de semana con él".
Sasha

4. HA DICHO QUE MARI NO VA /MÁS EJ. 5, 7

A. Hoy Alfonso ha recibido algunos mensajes y después se lo ha contado a otra persona. ¿A quién se refiere en cada caso?

1. "**Ha preguntado si** Gabi va a ir a la fiesta".
2. "Nos ha mandado un mensaje **para invitarnos a** su fiesta de cumpleaños".
3. "**Ha dicho que** Mari no va a la fiesta porque se va de viaje".
4. "**Ha preguntado qué** hay que llevar".

B. Fíjate en las frases 1 y 4. ¿Por qué crees que en una dice "Ha preguntado **si**..." y en la otra, "Ha preguntado **qué**..."?

C. Ahora imagina que formas parte de este grupo y que Victoria te ha hecho hoy estas preguntas. ¿Cómo lo cuentas? Escríbelo en tu cuaderno.

1. ¿Te apetece ir a la fiesta?
2. ¿Cómo vas a ir a la fiesta?
3. ¿Quién va a ir a la fiesta?
4. ¿Sara va a ir a la fiesta?
5. ¿Dónde es la fiesta?
6. ¿Vas a ir en coche a la fiesta?

5. NOTAS /MÁS EJ. 8-9

A. 29 Carlota se ha olvidado el móvil en casa y llama a Juan, que vive con ella, para que escuche él los mensajes y se los transmita. Escucha y completa lo que dice Juan.

"Alberto dice que, por favor, lo llames ...."

"También ha llamado Rita, de Contabilidad. Dice que no te olvides de ...."

"Y te ha dejado un mensaje Patricia. Hoy tenéis la cena con los alemanes. Dice que la recojas y que te lleves ...."

B. Fíjate en la estructura **que** + subjuntivo de lo que dice Juan en el apartado A. ¿Transmite una información o una petición?

C. Imagina que te han pedido estas cosas. Transforma las peticiones u órdenes a estilo indirecto.

1. Tu hermano/a: "¿Me dejas tu camiseta azul?". → *Mi hermano/a me ha pedido que...*
2. Tu compañero/a de piso: "¿Vas al bar a por comida? ¿Me traes un bocadillo, por favor?".
3. Tu jefe/a: "Concéntrate, que últimamente te veo muy despistado/a".
4. Un/a dependiente/a: "Lo siento, tiene que dejar la bolsa en la entrada".

6. ME HA FELICITADO POR... /MÁS EJ. 10

A. ¿Qué verbo resume el contenido de cada mensaje?

1. Toni: "Me han dicho que has tenido un hijo. ¡Enhorabuena!".
2. Raquel: "Esta noche hay una fiesta en casa de Marina. ¡Ven conmigo!".
3. María: "Adiós. ¡Hasta mañana!".
4. Yago: "Voy a llegar un poco tarde, lo siento".
5. Tu madre: "Tenéis que ir a ver esta película".
6. Tu compañero de piso: "Dejas siempre los platos sin fregar. ¡Ya está bien!".
7. Félix: "¿Por qué no vamos a Córdoba en lugar de a Sevilla?".
8. Anabel: "Muchas gracias por el regalo".
9. Nerea: "¿Me das una hoja de papel?".
10. Minerva: "Oye, ¿qué tal en tu nuevo trabajo? Cuéntame".
11. Montse: "Y ya sabéis: mañana tenemos examen".
12. Susana: "Venga, que ya falta menos para terminar. ¡Un último esfuerzo!".

- ◯ protestar
- ◯ despedirse
- ◯ avisar
- ◯ pedir
- ◯ animar
- ◯ felicitar
- ◯ recomendar
- ◯ dar las gracias
- ◯ proponer
- ◯ recordar
- ◯ invitar
- ◯ interesarse

B. Imagina que has recibido los mensajes de A. ¿Cómo se lo cuentas a otra persona? Escríbelo.

1. Toni me ha felicitado por el nacimiento de mi hijo.

Para comunicar

→ protestar / interesarse por (algo / alguien)
→ felicitar / dar las gracias (a alguien) por algo
→ despedirse de (alguien)
→ avisar (a alguien) de algo

C. Imagina estas situaciones y escribe los diálogos o mensajes originales.

1. Pascual y Valentina han dicho a sus invitados/as que están muy felices y les agradecen que hayan ido a su boda.

2. Julia ha pedido una sopa en el restaurante. Se la han llevado a la mesa y la ha probado. Protesta porque la sopa está fría.

3. La capitana del equipo que ha perdido ha felicitado a la capitana del equipo ganador.

4. Pablo le ha contado a Eloy que va a tener un hijo y Eloy le ha dado la enhorabuena.

5. Aroa le ha contado a Jana que le han ofrecido un trabajo en Italia. Jana ha felicitado a Aroa por su nuevo trabajo.

6. Ángel se ha despedido de su hija en la puerta del colegio. Le ha recordado que hoy va a recogerla su tía.

7. ¿DÍGAME? /MÁS EJ. 15-16

A. 30-35 Escucha seis conversaciones telefónicas y marca en cuáles pasan estas cosas.

	1	2	3	4	5	6
Alguien pregunta por otra persona.						
La persona que llama se identifica.						
El número al que llaman no es el correcto.						
Se pasa la llamada a otra persona.						
Alguien le deja un mensaje a otra persona.						
Se explica el motivo de la llamada.						

B. Clasifica en la tabla estas frases de las conversaciones de A según para qué se usan.

¿de parte de quién? | un momento, ahora se pone | de parte de... | ¿está...? | ¿diga? | le paso con... | ¿podría hablar con...? | ¿sí? | ¿con..., por favor? | yo misma | quería hablar con... | dígale que... | ¿dígame? | sí, soy yo

RESPONDER A UNA LLAMADA	IDENTIFICARSE	IDENTIFICAR A LA PERSONA QUE LLAMA

INDICAR LA PERSONA CON LA QUE SE QUIERE HABLAR	PASAR UNA LLAMADA	DEJAR UN MENSAJE

C. En parejas, escribid dos conversaciones telefónicas. En cada una tienen que pasar, al menos, dos de las cosas de A. Después, representadlas.

Léxico

TIPOS DE MENSAJES

un mensaje (de móvil)
un correo electrónico
una postal
una carta
una nota
una tarjeta de agradecimiento
una invitación
una felicitación
un tuit
un comentario

VERBOS RELACIONADOS CON LA COMUNICACIÓN

comentar: fotos, un estado
publicar: una cita, un comentario
hacer: una encuesta, una llamada
dar: tu opinión, tu punto de vista
mandar / recibir: un mensaje, una postal, un correo electrónico, una tarjeta, una carta
dejar: una nota, un mensaje
subir / colgar: una foto, un vídeo
compartir: una noticia, un meme, una publicación

PEDIR **Y** PREGUNTAR

Generalmente usamos **preguntar** cuando queremos conocer la respuesta a una pregunta. En cambio, utilizamos el verbo **pedir** para obtener de otra/s persona/s algo concreto o una acción.

Gloria: "¿A qué hora empiezas a trabajar?".
Gloria me ***ha preguntado*** *a qué hora empiezo a trabajar.*

Yago: "Camarero, un café, por favor".
Yago le ***ha pedido*** *un café al camarero.*

Sole: "Irene, ¿me prestas cinco euros?".
Sole le ***ha pedido*** *cinco euros a Irene.*

Bruno: "Ariadna, ¿puedes ayudarme con esta ecuación?".
Bruno le ***pidió*** *ayuda a Ariadna para resolver una ecuación.*

AL TELÉFONO

RESPONDER A UNA LLAMADA

¿Diga? */* ***¿Dígame?***
¿Sí?
Transportes Álvarez, ***buenos días****.*

En Latinoamérica existen también otras formas para responder al teléfono: **bueno**, **aló**, **pronto**, **hola**...

IDENTIFICARSE

- *Hola, ¿Matías?*
- ***Sí, soy yo****. /* ***No, se equivoca****.*

- *¿Irene Marín?*
- ***Yo misma****.*

IDENTIFICAR A LA PERSONA QUE LLAMA

- *¿Está Fabián?*
- *Sí, un momento.* ***¿De parte de quién?***
- ***(De parte) de*** *Martina.*

INDICAR LA PERSONA CON LA QUE SE QUIERE HABLAR

Hola, ***¿está*** *Javier****?***
Hola, ***quería hablar con*** *César.*
Hola, buenos días. ***¿Puedo / Podría hablar con*** *Pedro Aragón****?***
¿Podría ponerme con *el señor Ramírez****?***
Buenas tardes. ***Con*** *Tomás Jonson****, por favor****.*
¿La señora García / Pilar García, ***por favor?***

PASAR UNA LLAMADA

- *Hola, buenos días. Quería hablar con Andrea.*
- *Sí, un momento, ahora* ***te / le paso con*** *él / ella.*

- *¿Está Thaïs?*
- *Sí, un momento,* ***ahora se pone****.*

TOMAR Y DEJAR UN MENSAJE

- ***¿Quieres / Quiere dejar algún mensaje / recado?***
- *Sí,* ***dile / dígale que*** *ha llamado Javier.*

OTROS RECURSOS

- *Hola, ¿Javier?*
- *No,* ***creo que se equivoca (de número)****.*
- ***¿No es el*** *94 567 38 94?*
- *No, lo siento.*

TRANSMITIR MENSAJES DE OTRAS PERSONAS

/MÁS EJ. 6, 11-14 P. 299

TRANSMITIR UNA INFORMACIÓN

Me ha dicho **que**...
Me ha contado **que**...
Me ha comentado **que**...

Félix: "Me voy a Venecia el viernes y vuelvo el domingo".
*Félix **me ha dicho que** se va de fin de semana a Venecia.*

Ismael: "El mes pasado dejé la empresa. He encontrado un trabajo mejor".
*Ismael **me ha comentado que** ha cambiado de trabajo.*

TRANSMITIR UNA PREGUNTA

Me ha preguntado **si**...
Me ha preguntado **qué** / **dónde** / **cuál** / **por qué** / **cómo** / **cuándo** / **cuánto**...

Gina: "¿De dónde eres? Español, ¿verdad?".
*Gina me **ha preguntado si** soy español.*

Rubén: "¿Cuándo os casáis?".
*Rubén me **ha preguntado cuándo** nos casamos.*

En un registro coloquial, podemos añadir la partícula **que**.

*Me ha preguntado **(que) si** soy español.*
*Me ha preguntado **(que) cuándo** nos casamos.*

TRANSMITIR ÓRDENES, PETICIONES Y CONSEJOS

Transmitimos las órdenes, peticiones, consejos, etc., mediante la estructura **que** + presente de subjuntivo.

*Le ha dicho a Pedro **que pase** esta tarde por su casa.*

*Le ha pedido a Maribel **que le ayude** a hacer los ejercicios.*

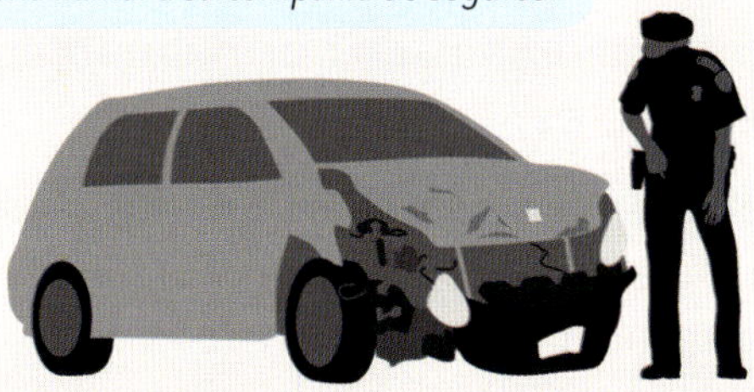

*El agente me ha sugerido **que llame** a la compañía de seguros.*

TRANSMITIR UNA INTENCIÓN

Para transmitir un mensaje, podemos utilizar verbos que resumen la intención del hablante.

dar las gracias (**a** alguien **por** algo)
proponer (algo **a** alguien)
felicitar (**a** alguien **por** algo)
invitar (**a** alguien **a** algo)
recomendar (algo **a** alguien)
preguntar (**por** alguien / algo **a** alguien)
pedir (algo **a** alguien)
despedirse (**de** alguien)
protestar (**por** algo)
recordar (algo **a** alguien)
sugerir (algo **a** alguien)
saludar (**a** alguien)

Jimena: "Oye, ¿estás libre el sábado? Es que he invitado a unos amigos a cenar y… creo que lo pasaremos bien".

*Jimena me ha llamado para **invitarme a** cenar.*

Vicente: "¿No está el hermano de Susi? Bueno, decidle adiós de mi parte. Ya lo veré en otra ocasión".

*Ha llamado Vicente para **despedirse de** tu hermano.*

El padre de Hugo: "Hola, ¿está mi hijo por aquí?".
*Hugo, ha pasado tu padre. Me **ha preguntado por** ti.*

*Rita **me ha dado las gracias por** el regalo.*

Practicar y comunicar

8. LO SIENTO, NO ME ODIES

¿Qué canales se usan normalmente para hacer estas cosas? ¿Qué es apropiado en tu cultura y qué no lo es?

- ofrecerte para un trabajo
- felicitar a alguien por su cumpleaños
- comunicar algo importante sobre ti
- anotar cosas que tienes que hacer
- romper una relación sentimental
- felicitar a alguien por un éxito en el trabajo
- pedir la revisión de un examen o de una calificación
- hacer una reclamación en una administración pública

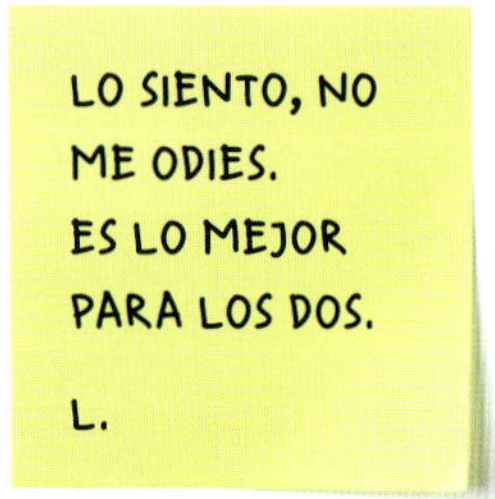

- *Yo creo que lo más habitual para ofrecerte para un trabajo es mandar un correo con el CV.*
- *Sí, y una carta de presentación.*
- *Sí, pero también puedes mandar un videocurrículum. Cada vez lo hace más gente, ¿no?*

9. ALT|DIGITAL TENGO UN MENSAJE PARA TI

A. Escribe una nota para la persona que te indique tu profesor/a. Puedes informarle de algo, proponerle algo, agradecerle, pedirle o preguntarle alguna cosa. No olvides firmar la nota. Luego, entrégasela a tu profesor/a.

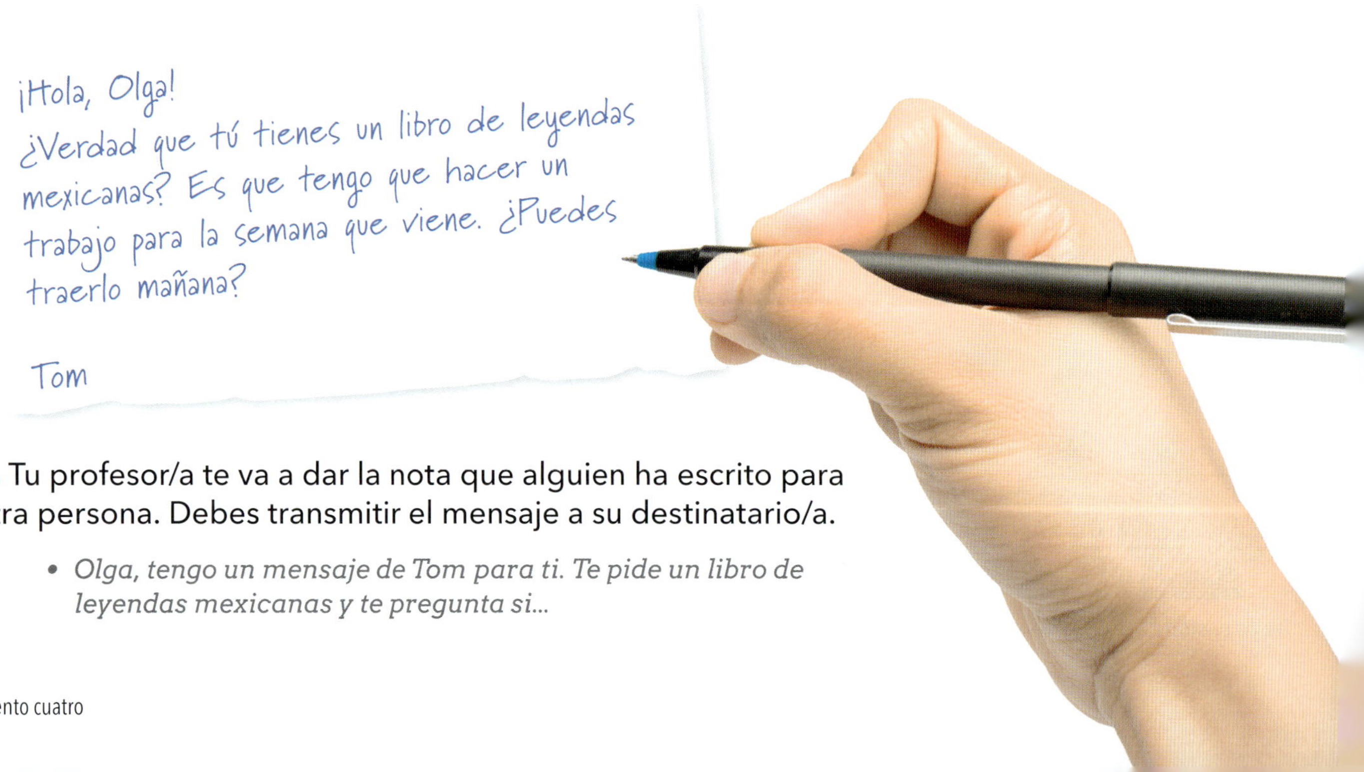

B. Tu profesor/a te va a dar la nota que alguien ha escrito para otra persona. Debes transmitir el mensaje a su destinatario/a.

- *Olga, tengo un mensaje de Tom para ti. Te pide un libro de leyendas mexicanas y te pregunta si...*

10. ¿TIENE USTED EXPERIENCIA?

A. 36-37 Hace 15 días, Sandra vio un anuncio de trabajo en internet. Ese mismo día, llamó por teléfono para informarse sobre el puesto. Unos días más tarde, tuvo una entrevista. Vamos a dividir la clase en dos grupos: A y B. Leed lo que tenéis que hacer.

Grupo A

1. Vais a oír la conversación telefónica de Sandra y a tomar notas de todo lo que sucede: con quién habló, qué le preguntaron, qué le dijeron, etc.

2. El grupo B escucha la entrevista. Mientras tanto, vosotros/as esperáis fuera de la clase.

Grupo B

1. El grupo A escucha la conversación telefónica de Sandra. Mientras tanto, vosotros/as esperáis fuera de la clase.

2. Vais a oír la entrevista y a tomar notas de todo lo que sucede: con quién habló, qué le preguntaron, qué le dijeron, etc.

B. En parejas formadas por un miembro del grupo A y otro del B, vais a poner en común toda la información que tenéis. ¿En qué consiste el trabajo? ¿Os gustaría hacerlo?

11. ¡TE ECHAMOS DE MENOS!

A. En grupos, vais a grabar un vídeo para otra persona o para algún colectivo. Para ello, pensad para quién y con qué intención.

agradecerle algo a alguien
despedirse de alguien
invitar a alguien a algo
animar a alguien que lo necesita
anunciar algo importante
felicitar a alguien por algo
criticar algo o protestar por algo

- *¿Qué os parece si grabamos un vídeo para animar a Pierce? Todavía tiene que estar unas semanas más en el hospital...*
- *¡Sí, buena idea! Podemos decirle que lo echamos de menos y también le podemos contar que...*

B. Elaborad el guion y grabad el vídeo.

Practicar y comunicar

12. ME VOY A VIVIR A AUSTRALIA /MÁS EJ. 17-18

A. En grupos, elegid una de estas situaciones (o pensad otra) y pensad en qué tipo de mensajes se pueden mandar o recibir, como en el ejemplo.

- irse a vivir a otro país
- abrir un negocio
- celebrar tu 30 cumpleaños
- estar esperando un bebé
- casarse

B. Entre todas las personas del grupo, escribid los mensajes que habéis pensado en A.

Whatsapp grupal a amigas y amigos
Tengo que deciros una cosa muy importante! Sabéis la beca que pedí para ir a estudiar a Australia? Me la han dado!!!!!!!!
En un par de meses me voy. Organizamos una fiesta antes de irme?

Para evaluar

→ Adecuación (al destinatario y a la finalidad):
¿El tipo de texto es el ideal?
¿El registro es adecuado?

→ Estructura:
¿El formato es el típico o normal en estos textos?
¿Las ideas se estructuran de forma coherente?

→ Léxico y gramática:
¿Usa palabras adecuadas al registro?
¿El léxico es variado?
¿El texto es correcto gramaticalmente?

13. ESTOY FUERA

ANTES DE VER EL VÍDEO

A. ¿Con qué finalidad crees que alguien puede dejar una nota a sus hijos/as en la cocina de casa? Coméntalo con otras personas de la clase.

VEMOS EL VÍDEO

B. ▶ 9 Ve el corto y responde.

1. ¿Quién deja la primera nota? ¿A quién? ¿Qué le pide? ....

2. ¿Quién deja la segunda nota? ¿A quién? ¿Qué le pide? ....

3. ¿Quién deja la tercera nota? ¿A quién? ¿Qué le pide? ....

C. ▶ 9 Ve el corto de nuevo y, con ayuda de tus respuestas de B, resume el argumento.

D. En parejas, analizad las tres notas que aparecen en el cortometraje. ¿Qué podéis decir en cuanto a los siguientes aspectos? ¿Os sorprende alguna cosa?

- Los vocativos utilizados para dirigirse al destinatario
- La corrección ortográfica
- La variante lingüística

DESPUÉS DE VER EL VÍDEO

E. Fíjate de nuevo en las notas que se dejan en el vídeo. En vuestra cultura o en vuestra familia, ¿estas notas serían parecidas? ¿En qué serían diferentes?

F. ¿Qué piensas de cómo actúan las tres personas que dejan notas en el cortometraje? ¿Crees que hay algo criticable en su actitud? ¿Cuál de las tres te parece más "culpable"?

8 / EL TURISTA ACCIDENTAL

Colombia

El Amazonas

Destino ideal para los turistas que quieren estar en contacto con la naturaleza, para los interesados en la fauna y la flora, y para los que desean conocer la cultura de las comunidades indígenas.

Bogotá

La capital de Colombia es un destino perfecto para los amantes del arte, ya que cuenta con importantes museos y festivales (como el famoso Festival Iberoamericano de Teatro). La ciudad tiene también una amplia oferta de restaurantes, bares y discotecas.

Cartagena de Indias

Esta ciudad, declarada Patrimonio de la Humanidad por la UNESCO, es el destino predilecto de los amantes de la arquitectura colonial. En la región hay playas increíbles y la ciudad cuenta con todos los servicios para los turistas que buscan placer y descanso.

EN ESTA UNIDAD VAMOS A

CONTAR ANÉCDOTAS REALES O INVENTADAS

RECURSOS COMUNICATIVOS

- recursos para contar anécdotas
- recursos para mostrar interés al escuchar un relato
- hablar de causas y consecuencias

RECURSOS GRAMATICALES

- algunos conectores para hablar de causas y consecuencias: **como**, **porque**, **así que**, **o sea que**, etc.
- el pretérito pluscuamperfecto de indicativo
- combinar los tiempos del pasado en un relato (pret. perfecto, indefinido, imperfecto y pluscuamperfecto)

RECURSOS LÉXICOS

- viajes y turismo
- anécdotas

5 destinos turísticos de moda

Cañón de Chicamocha

Se encuentra en Santander, una región de montañas y ríos situada en el noreste del país. El cañón de Chicamocha es el más largo de América del Sur y es el destino idóneo para los amantes del *rafting*.

"Triángulo del café"

Aquí se cultiva el mejor café del mundo. Un lugar con bellos paisajes, en el que los amantes del café podrán hospedarse en haciendas tradicionales, pasear por las plantaciones, ver el proceso de producción del café y conocer la cultura cafetera.

Empezar

1. DESTINOS TURÍSTICOS DE COLOMBIA /MÁS EJ. 1-2

A. MAP ALT Esta web destaca cinco destinos turísticos de Colombia. ¿Cuáles de los siguientes tipos de turismo crees que se pueden hacer en cada uno? ¿Por qué?

- turismo de aventura
- turismo de sol y playa
- turismo cultural
- turismo rural
- turismo gastronómico
- turismo urbano
- turismo deportivo

• *¿Dónde se puede hacer turismo deportivo?*

○ *Aquí, en el cañón de Chicamocha se puede practicar* rafting.

B. 38-40 ALT Vas a escuchar a tres personas que fueron de viaje a Colombia. ¿A cuál de los destinos crees que fueron?

1. ....

2. ....

3. ....

2. MANERAS DE VIAJAR /MÁS EJ. 3

A. MAP Completa este cuestionario sobre tu manera de viajar. Puedes marcar más de una opción. Luego, compara tus respuestas con las de otra persona y toma nota de las suyas.

Parque Nacional del Aconcagua, Argentina
Hotel de lujo en Tenerife, España

1. Cuando decides hacer un viaje, ¿qué haces?
- Voy a una agencia de viajes y comparo precios.
- Busco en internet y lo organizo yo.
- Pregunto a amigos o a personas conocidas.
- Siempre voy de vacaciones al mismo sitio.

2. Cuando preparas un viaje, quieres...
- planificarlo todo con mucha antelación.
- que otra persona organice el viaje. Tú te adaptas.
- tener las cosas organizadas, pero no todo.
- poder decidir las cosas sobre la marcha e improvisar.

3. Prefieres viajar...
- con un grupo numeroso.
- con la familia.
- con amigos/as.
- solo/a.

4. ¿Qué sueles comprar en tus viajes?
- Productos típicos (artesanía, gastronomía, ropa...).
- Música.
- *Souvenirs*.
- No me gusta comprar nada.

5. ¿Qué es lo que más te gusta hacer en tus vacaciones?
- Perderme por las calles; descubrir cómo vive la gente.
- Salir de noche y conocer la vida nocturna.
- Descansar cerca del mar o en la montaña.
- Visitar museos, iglesias, monumentos.

6. ¿Qué tipo de alojamiento prefieres?
- Acampar en plena naturaleza.
- Alquilar un apartamento.
- Hospedarme en una casa rural.
- Alojarme en un hotel.

7. Lo que nunca falta en tu maleta es...
- un buen libro.
- una buena cámara.
- una libreta y un boli.
- un botiquín.

8. ¿Qué te gusta comer cuando viajas?
- Como las cosas típicas, pero solo en buenos restaurantes.
- Lo mismo que en mi país.
- Pruebo la comida del lugar y como de todo.
- Me llevo la comida de casa.

B. Interpreta las respuestas de tu compañero/a e intenta explicar al resto de la clase cómo es.

- independiente
- imprudente
- original
- previsor/a
- aventurero/a
- organizado/a
- valiente
- tradicional
- curioso/a
- deportista
- prudente
- familiar

- *Tengo la impresión de que Gina es muy previsora, siempre prepara los viajes con muchísima antelación y...*

3. VACACIONES /MÁS EJ. 4

A. Adrián se ha ido de vacaciones una semana a Menorca. Mira las imágenes y comenta con el resto de la clase cómo crees que es este lugar y qué cosas crees que se pueden hacer allí.

- *Parece que es un lugar tranquilo.*
- *Sí, con ciudades antiguas...*

B. 41-43 Escucha los mensajes que ha mandado Adrián a su familia durante las vacaciones y escribe qué actividades ha hecho.

Ha ido mucho a la playa.

C. 41-43 Escucha de nuevo los mensajes de Adrián y escribe dos datos sobre cada una de estas cosas.

las playas | los restos arqueológicos

los pueblos | la comida

D. ¿Te gustaría ir de vacaciones a Menorca? Puedes buscar información adicional para justificar tu respuesta. Después, coméntalo con otras personas de la clase.

Construimos el LÉXICO

¿Qué experiencias has tenido o te gustaría tener en un viaje?

Experiencias vividas

- Alojarme en un spa exclusivo
- Subir al Kilimanjaro

Deseos

- Recorrer Europa en tren
- Ver la erupción de un volcán

4. ¿BUEN VIAJE? /MÁS EJ. 5-6

A. MAP Lee estas anécdotas y relaciona cada una con la frase o frases correspondientes.

Emilio 27 jun

El año pasado contraté un viaje a Roma a través de vuelatours.com. Habíamos reservado un hotel de cuatro estrellas en el centro (en la web parecía muy bonito), pero cuando llegamos, nos llevaron a uno de dos estrellas que estaba a unos 15 kilómetros del Coliseo. Además, el hotel estaba en condiciones lamentables: no había calefacción y las habitaciones daban a una calle muy ruidosa. Cuando volvimos a España, hicimos una reclamación a la agencia, pero no quisieron asumir ninguna responsabilidad.

Beatriz 28 jun

En un viaje de negocios a Estocolmo, la compañía aérea, Airtop, perdió mi equipaje. Cuando fui a reclamar, descubrieron que, por error, habían enviado mi maleta a China, pero prometieron enviármela a la mañana siguiente al hotel. La maleta no llegó ni aquel día ni nunca; o sea que tuve que ir a trabajar con la misma ropa que el día anterior. Además, no recibí ninguna indemnización.

Bruno 12 jul

En agosto fuimos de luna de miel a Zanzíbar. No nos gustan los viajes organizados, pero aprovechamos una oferta que nos pareció interesante. Todo funcionó de maravilla: las excursiones salieron puntuales y el guía era encantador. Del hotel, ninguna queja: lo habían reformado unos meses antes y todo estaba como nuevo. Además, el servicio era excelente.

Marta y Sofía 22 ago

Como viaje de fin de curso, contratamos un viaje con Surman Tours para hacer una ruta por Marruecos. Se trataba, en teoría, de un viaje organizado específicamente para nosotros con un guía. Una vez allí, nos encontramos con un autocar viejo e incómodo, y con treinta personas más. El guía no hablaba ni francés ni árabe y, encima, al tercer día se puso enfermo y tuvimos que hacer el resto del viaje solos. Fue lamentable.

Montse 28 ago

Hace dos años, mi novio y yo fuimos de vacaciones a Nueva York. Llegamos con el tiempo justo al aeropuerto y ya habían empezado a embarcar. Como resulta que había *overbooking*, la compañía decidió cambiar de sitio a algunos pasajeros. Al final, hicimos el viaje en *business* y no en turista. Fue el viaje más cómodo de mi vida.

1. El viaje estuvo muy bien organizado.
2. El alojamiento no era como les habían prometido.
3. Le perdieron las maletas y nunca las recuperó.
4. Tuvieron suerte con el hotel.
5. Tuvieron suerte con el guía.
6. Las condiciones reales del viaje no eran las que se anunciaban.
7. Estuvieron a punto de perder el avión.
8. Tuvieron suerte con el vuelo.
9. Hicieron una reclamación, pero no recibieron compensación.

B. Y tú, ¿has tenido experiencias parecidas alguna vez?

- *A mí, una vez, también me subieron de clase porque había* overbooking.
- *¿Ah, sí? ¡Qué suerte! Pues yo...*

C. Lee estas frases de los textos y marca si la acción expresada por los verbos en negrita es anterior o posterior a lo que expresa el verbo subrayado.

	Antes	Después
1. **Habíamos reservado** un hotel de cuatro estrellas en el centro, pero cuando <u>llegamos</u>, nos llevaron a uno de dos estrellas.		
2. Cuando <u>fui a reclamar</u>, descubrieron que **habían enviado** mi maleta a China.		
3. Lo **habían reformado** [el hotel] unos meses antes y todo <u>estaba</u> como nuevo.		
4. <u>Llegamos</u> con el tiempo justo al aeropuerto y ya **habían empezado** a embarcar.		

D. Los verbos en negrita de las frases de C están en pretérito pluscuamperfecto. ¿Sabes cómo se forma este tiempo? Completa la tabla para obtener la conjugación completa de este nuevo tiempo.

	PRETÉRITO IMPERFECTO DE HABER	+ PARTICIPIO
(yo)	hab**ía**	
(tú)	....	
(él / ella, usted)	hab**ía**	reserv**ado** perd**ido** sal**ido**
(nosotros/as)	....	
(vosotros/as)	....	
(ellos/as, ustedes)	hab**ían**	

5. EL VUELO YA HABÍA SALIDO /MÁS EJ. 7

Lucía cuenta lo que les pasó a ella y a Olivia en sus últimas vacaciones. Completa la narración con verbos conjugados en imperfecto, en indefinido o en pluscuamperfecto.

junio Unos amigos les recomiendan cuervoviajes.com. **1 de julio** Contratan unas vacaciones a Orlando con cuervoviajes.com. **3 de agosto** Hacen la primera escala en Ámsterdam. » Al llegar a Ámsterdam les dicen que hay *overbooking*. » Esperan dos horas. » Consiguen embarcar y vuelan a Detroit, donde tienen que hacer la segunda escala. » Sale el vuelo de Detroit a Orlando. » Llegan a Detroit. » Tienen que coger el próximo vuelo a Orlando. Consecuencia: pierden un día de estancia en Orlando y una noche de hotel. **15 de agosto** Reclaman a la agencia y a la compañía aérea. » La agencia no quiere hacerse responsable de nada y la compañía aérea no asume ninguna responsabilidad.

"Hace unos meses (1) . . . un viaje a Orlando con cuervoviajes.com porque unos amigos nos lo (2) . . . . A la ida teníamos que hacer dos escalas. Cuando (3) . . . a Ámsterdam, nuestra primera escala, nos dijeron que (4) . . . *overbooking*. (5) . . . que esperar más de dos horas, pero, al final, (6) . . . embarcar. Cuando (7) . . . a Detroit, la segunda escala, (8) . . . nuestra conexión porque el vuelo a Orlando ya (9) . . . . Así que tuvimos que esperar en el aeropuerto y tomar el siguiente avión a Orlando. A la vuelta, (10) . . . a la agencia y a la compañía aérea. Les dijimos que por culpa de estos incidentes (11) . . . un día de estancia en Orlando y una noche de hotel, y que queríamos una indemnización. Pero la agencia no (12) . . . hacerse responsable de nada y la compañía aérea no (13) . . . ninguna responsabilidad".

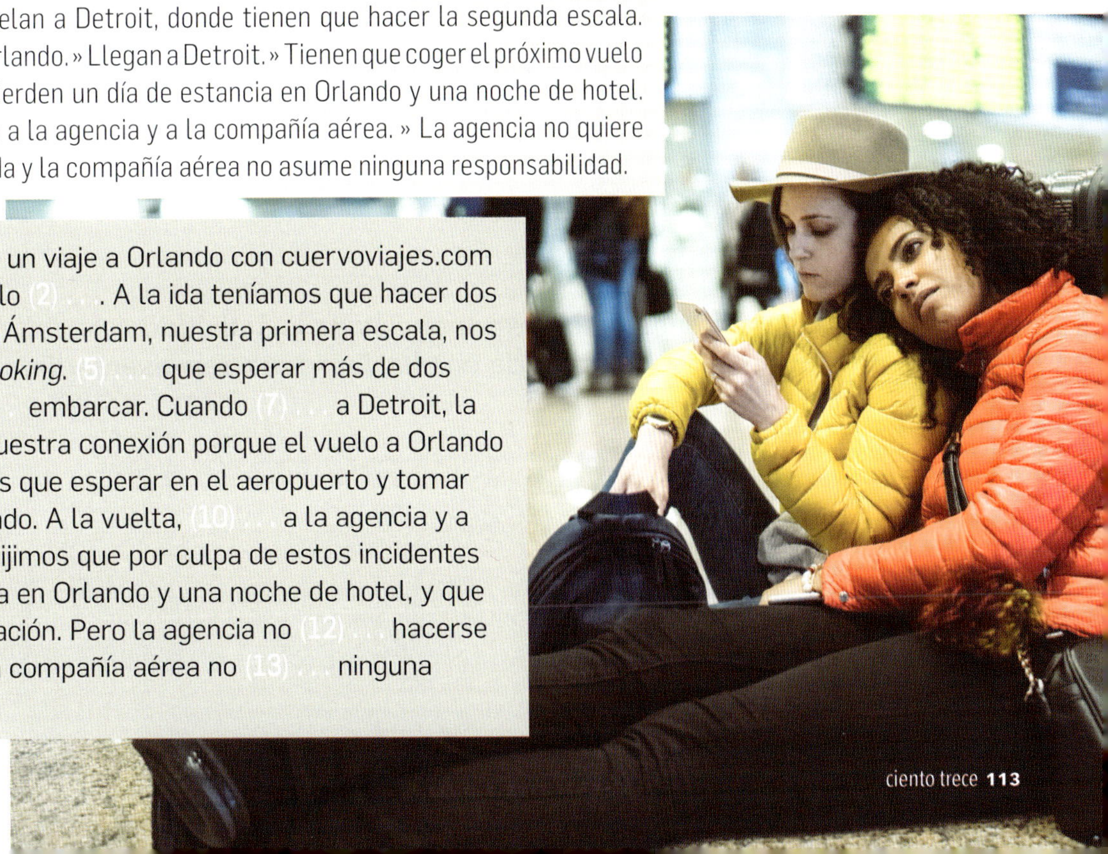

Explorar y reflexionar

6. ALT|DIGITAL ¿Y QUÉ HICISTE? /MÁS EJ. 8-12

A. 44 Teresa le cuenta a Paula una anécdota de un viaje. Escucha y responde.

- ¿Qué tipo de viaje era? ¿Con quién lo hizo?
- ¿Qué ocurrió cuando llegó al aeropuerto?
- ¿Qué pasó con su equipaje?
- ¿Qué hizo hasta que lo recuperó?

B. Fíjate en los recursos que utiliza Paula en la conversación de A e indica para qué se usan. Si lo necesitas, trabaja con la transcripción.

- ◯ ¿Ah, sí? ¡Qué rabia!, ¿no?
- ◯ ¡Qué rollo!
- ◯ ¡A Cuba!
- ◯ ¿Y qué hiciste?
- ◯ ¿Tres días? ¡Qué fuerte!
- ◯ Ya, claro. Eso o ir desnuda.
- ◯ ... ibas todo el día disfrazada, ¿no? ¡Menos mal!

1. Reacciona expresando sentimientos como sorpresa, alegría...
2. Hace preguntas y pide más información.
3. Repite las palabras de la interlocutora.
4. Da la razón o muestra acuerdo.
5. Acaba las frases de la interlocutora.

CÁPSULA DE FONÉTICA 3
La entonación de partículas narrativas

C. Trabaja con la transcripción y fíjate ahora en estos recursos para organizar el relato. Clasifícalos en la tabla.

una vez | resulta que | bueno... pues... | ¿no? | ¿sabes? | al final | total, que

EMPEZAR O PRESENTAR UNA INFORMACIÓN NUEVA	TERMINAR O PRESENTAR EL RESULTADO DE LO RELATADO	MANTENER LA ATENCIÓN O EL TURNO DE PALABRA

D. En parejas, elegid una de las experiencias de la actividad 4 y preparad una conversación basada en ella. Después, representadla.

- Tú has estado en Roma, ¿verdad? ¿Qué tal? ¿Te gustó?
- Bueno, la ciudad sí, claro. La experiencia...
- Uy... ¿Qué pasó?
- Pues es que tuve problemas con el alojamiento. Resulta que reservamos un hotel de cuatro estrellas en el centro, pero...

Para comunicar

→ ¿Qué (dices)?
→ ¡Menos mal!
→ ¿Y qué hiciste / pasó?
→ Ya...
→ ¡No!
→ ¿Ah, sí? ¿Y (eso) por qué?
→ ¡Qué mala suerte!

7. COMO HABÍA MUCHA COLA... /MÁS EJ. 14

A. MAP Jon va a viajar a Nueva York y le ha preguntado algunas cosas a Ada, una compañera que estuvo hace poco. Lee las respuestas. ¿Qué le gustó más? ¿Qué le gustó menos?

De: Ada Suárez <asuarez@defemail.com>
para mí

Jon, copio tus preguntas y respondo:

¿Visitaste TODOS los museos? ¡Ha, ha, ha! Todos los museos es imposible. No estuve muchos días, o sea que tuve que elegir... Fui al MoMa y al Museo Whitney, que había oído que está muy bien. Me gustó mucho. El MoMa... bueno... Es una opción.

¿Vale la pena subir al Empire State? Tú fuiste, ¿no? Quería ir, pero como había mucha cola, lo dejé para otro día y al final no tuve tiempo. Creo que sí que vale la pena...

¿Fuiste a algún bar de jazz? ¿Son muy caros? Sííí. Eso tienes que hacerlo. Yo fui al Cornelia Street Café. Me habían recomendado otro, pero ese día estaba cerrado, así que busqué uno por la misma zona. Está en el Greenwich Village. No me pareció nada caro. ¡Fui dos días seguidos!

¿Qué tipo de alojamiento me recomiendas? ¿Hotel, airbnb...? A ver, yo había reservado un airbnb, pero al final acabé en un hotel porque me avisaron dos semanas antes de ir de que el apartamento no estaba disponible... La verdad es que el hotel no era gran cosa, pero hay muchas ofertas. Yo lo reservé con muy poco tiempo.

Espero haberte ayudado. Si tienes más preguntas, ya sabes. ;)

B. Lee de nuevo el correo de Ada y escribe las razones por las que hizo estas cosas.

- Visitar solo dos museos.
- No ir al Empire State Building.
- Ir al Cornelia Street Café.
- Alojarse en un hotel.

C. Ahora, fíjate en los conectores **o sea que**, **como**, **así que** y **porque** que aparecen en el correo y completa la regla.

1. Para presentar la causa de una acción, usamos .... y ....

2. Para presentar la consecuencia de una acción, usamos .... y ....

D. Algunas personas que están de viaje han mandado mensajes a sus familiares y amigos/as. Léelos y reescríbelos usando **así que**, **como**, **o sea que** y **porque**. Utiliza uno diferente cada vez.

1

No hicimos la excursión. Hacía mucho calor y Juan no se encontraba bien... Al final nos quedamos en el hotel.

2

¡Hemos llegado tarde y no hemos podido ver la catedral! ¡La habían cerrado! ¡Luis está muy enfadado!

3

Quería comprar artesanía, pero no tenía mucho espacio en la maleta. Al final, no compré nada.

4

Ayer cerraron las pistas. Hicimos una excursión por la montaña. ¡Fue genial!

Léxico

PREPARAR UN VIAJE /MÁS EJ. 15

- **hacer**: una reserva | la maleta | un viaje
- **sacar**: el visado | el billete
- **buscar**: alojamiento | vuelos
- **facturar**: las maletas | el equipaje
- **cancelar**: una reserva | un vuelo
- **reservar**: una habitación de hotel
- **contratar**: un/a guía | un seguro de viaje

DE VIAJE /MÁS EJ. 16-19

- **hacer**: escala (en) | el *check in / out* | autostop
- **perder**: el equipaje | las maletas | el avión
- **haber**: *overbooking*
- **llevar**: equipaje de mano
- **salir**: con retraso | puntual
- **viajar**: en primera (clase) | en (clase) turista / en *business*

VIAJES

TIPOS DE TURISMO	TIPOS DE VIAJE	TIPOS DE ALOJAMIENTO
de aventura	un viaje organizado	un hotel (de lujo / de una, dos… estrellas)
de sol y playa	un viaje de negocios	un albergue
de bienestar	un viaje de placer	un apartamento
cultural	un viaje de fin de curso	una casa rural
rural	un viaje de fin de semana	un refugio
gastronómico	la luna de miel	un *camping*
enológico	un crucero	
urbano	un safari	
deportivo		
solidario		

RECURSOS PARA CONTAR ANÉCDOTAS /MÁS EJ. 13

EMPEZAR UNA ANÉCDOTA

Para empezar a narrar la historia, usamos **resulta que** o **una vez**.

Resulta que *un día estábamos en Lugo y queríamos visitar...*
Yo ***una vez*** *me quedé dos horas encerrado en el baño de un avión.*

Para situarla en el tiempo, utilizamos:

Un día / Una noche **Ayer / El mes pasado**	**Hace unos meses** **El otro día / La otra tarde**

Un día*, en Islandia, nos quedamos sin gasolina y…*
Hace unos meses *fui a Lisboa a visitar a unos amigos.*

También solemos usar el verbo **pasar**.

Hace tiempo me ***pasó*** *una cosa increíble. Estaba de vacaciones en...*

Para referirnos a un momento que ya se ha mencionado, o que se conoce por el contexto, podemos utilizar:

Aquel día / año **Al día / año siguiente** **El mes / verano anterior**	**Aquella mañana / tarde** **A la mañana siguiente** **La noche / semana anterior**

- *¿Qué hiciste el lunes después del partido?*
- ***Aquella noche*** *estuve estudiando.* ***Al día siguiente*** *tenía examen.*

TERMINAR UNA ANÉCDOTA

Para terminar una anécdota, presentando el resultado de lo relatado anteriormente, solemos usar recursos como **al final** y **total, que**.

Al final *fuimos en tren porque no había plazas en el avión.*

Total, que *se fueron todos y yo me quedé esperando mi maleta.*

MOSTRAR INTERÉS AL ESCUCHAR UNA ANÉCDOTA

El interlocutor suele cooperar dando muestras de atención y de interés, y reacciona haciendo preguntas, pidiendo detalles.

¿Y qué hiciste?	**¿Qué pasó?**	**¿Y cómo terminó?**

Dando la razón o mostrando acuerdo.

Claro.	**Normal.**	**Lógico.**	**Ya.**

O con expresiones de sorpresa, alegría…

¿Ah, sí? **¡No!** **¡Menos mal!**	**¡No me digas!** **¡Qué rabia / horror / rollo / pena / bien / mal / extraño...!, (¿no?)** **¡Qué mala / buena suerte!, (¿no?)**

También podemos mostrar interés mediante la expresión facial, repitiendo las palabras del otro o acabando las frases del que habla (normalmente con otra entonación).

Gramática y comunicación 8

NARRAR ACONTECIMIENTOS PASADOS P. 282

PRETÉRITO PLUSCUAMPERFECTO

Este tiempo se forma con el verbo auxiliar **haber** conjugado en imperfecto, más el participio del verbo principal.

	PRETÉRITO IMPERFECTO DE HABER	**+ PARTICIPIO**
(yo)	hab**ía**	
(tú, vos)	hab**ías**	viaj**ado**
(él / ella, usted)	hab**ía**	perd**ido**
(nosotros/as)	hab**íamos**	sal**ido**
(vosotros/as)	hab**íais**	
(ellos/as, ustedes)	hab**ían**	

En un relato, el pluscuamperfecto de indicativo nos permite presentar una situación pasada indicando que es anterior a otra situación pasada.

*Jimena: "Fui a despedirme de Manuel a la estación, pero cuando **llegué**, su tren ya **había salido**."*

11:15 h *Sale el tren.*

11:17 h *Jimena llega a la estación.*

PRETÉRITO INDEFINIDO Y PRETÉRITO IMPERFECTO P. 279

Fuimos al aeropuerto en autobús. — ***Había** mucho tráfico.*

Llegamos muy tarde. — *El aeropuerto **estaba** lleno de gente.*

Perdimos el avión. — ***Había** overbooking.*

El pretérito indefinido presenta acciones y situaciones completas sucedidas en el pasado. Cuando lo usamos, nuestro interlocutor "visualiza" un principio y un fin de esas acciones. Si en un relato aparecen verbos en indefinido, entendemos que forman una serie de acciones sucesivas, presentadas en el orden en que ocurrieron.

***Subimos** al avión y **me senté** en mi lugar. **Vi** una película bastante larga y luego **dormí** durante 3 horas.*

El pretérito imperfecto presenta situaciones pasadas sin mostrar cuándo empezaron ni cuándo terminaron. En un relato, suele utilizarse para describir lugares, personas o acciones habituales, y también para dar explicaciones secundarias sobre las acciones que se cuentan.

*Subimos al avión y me senté en mi lugar, que **estaba** en la fila 23. Vi una película bastante larga, **era** francesa y **trataba** de un asesino en serie; luego dormí durante tres horas, aunque el asiento **era** muy estrecho y **había** un niño que **lloraba** cada cinco minutos.*

! Si un relato presenta acciones recientes, próximas al presente, en España puede usarse el pretérito perfecto en lugar del indefinido. Este uso del perfecto es muy poco frecuente en el español de América.

*(Hoy) **hemos ido** al aeropuerto en autobús, pero había mucho tráfico. **Hemos llegado** muy tarde y el aeropuerto estaba lleno de gente. Al final no **hemos embarcado** porque había* overbooking.

HABLAR DE CAUSAS Y CONSECUENCIAS P. 273

Para presentar la causa, usamos **como** y **porque**.

***Como** no tenía mucho dinero, viajé con una compañía* low cost.

*Elegimos ese hotel **porque** nos lo habían recomendado.*

Para presentar las consecuencias, usamos **o sea que** o **así que**.

*No reservé con tiempo, **o sea que** me quedé sin plaza.*

*Estábamos agotados, **así que** decidimos quedarnos en el hotel.*

Practicar y comunicar

8. LA VIDA DE VICENTE FERRER /MÁS EJ. 22

A. MAP Vicente Ferrer fue un cooperante y activista español. En parejas, leed los siguientes datos y completad las frases. Usa el pretérito pluscuamperfecto, como en el ejemplo.

VICENTE FERRER

- Vicente Ferrer luchó en la Guerra Civil con el bando republicano y, tras la derrota, estuvo en el campo de concentración de Argelès-sur-Mer.
- En 1944 entró en la Compañía de Jesús.
- En 1952 se fue a vivir a la India. Era la primera vez que viajaba como misionero.
- Vicente Ferrer aprendió hindi, telugu y maratí; eso le ayudó a acercarse a la población india.
- Lo expulsaron de la India en 1968 porque algunas personas influyentes no estaban de acuerdo con su labor. Más de 30 000 personas hicieron una marcha de 250 km de Manmad hasta Bombay para protestar por su expulsión y exigir su regreso. Indira Ghandi reconoció la importante labor de Vicente Ferrer y le permitió regresar al país.
- En 1970 dejó la Compañía de Jesús. Ese mismo año se casó con la periodista Anne Perry.
- En 1996 creó con su mujer la Fundación Vicente Ferrer.

1. Con menos de 20 años, estuvo en el campo de concentración de Argelès-sur-Mer (en Francia) porque *había luchado en el bando republicano de la Guerra Civil.*
2. Llegó a la India en 1952, como misionero jesuita. Nunca antes ....
3. Tuvo que volver a España en 1968 porque ....
4. Unos meses después logró volver a la India, gracias a la presidenta Indira Ghandi, que ....
5. En 1996 creó la Fundación Vicente Ferrer con la periodista Anne Perry, con quien ....
6. Construyó muchos hospitales, escuelas y viviendas con la fundación que ....
7. Como .... logró comunicarse mejor con la población.

B. Busca más información sobre Vicente Ferrer y compártela con la clase.

9. ALT|DIGITAL PARA TODOS LOS GUSTOS /MÁS EJ. 20-21

A. En grupos, elegid un tipo de turismo y buscad tres destinos en países hispanos.

de aventura | de sol y playa | cultural | rural | gastronómico | urbano | deportivo | otros

B. Presentad vuestros destinos turísticos al resto de la clase. Podéis acompañar la presentación con imágenes.

- *Nosotras vamos a presentar tres destinos para el turismo de sol y playa. El primero es Puerto Rico, un destino ideal para descansar y para viajar en familia. Hay playas fabulosas y...*

C. ¿A cuál de los destinos que han presentado los otros grupos te gustaría ir?

10. CUENTA, CUENTA

Averigua si a otras personas de la clase les han pasado estas cosas. En caso afirmativo, hazles preguntas para conocer más detalles de la historia.

- Perder un avión / tren…
- Comprar un vuelo a última hora
- Ponerte enfermo/a
- Dormir en el aeropuerto
- Encontrar algo de valor
- Quedarte tirado/a en la carretera
- Perderte

• *¿Alguna vez habéis perdido un avión o un tren...?*
○ *Yo un par de veces.*
• *¿Adónde ibas?*
○ *Pues una de las veces iba a Lyon desde París…*

Para comunicar

→ ¿Cuándo fue?
→ ¿Dónde / Con quién estabas?
→ ¿Adónde ibas?
→ ¿Por qué?
→ ¿Qué pasó después / al final?
→ ¿Qué habías hecho antes?

11. EL VIAJERO Y LOS OTROS

A. Lee este fragmento de un cuento de Augusto Monterroso. ¿Qué crees que harán los indígenas con fray Bartolomé? Comentadlo en grupos y escribid un posible final para el texto.

El eclipse

Cuando fray Bartolomé Arrazola se sintió perdido aceptó que ya nada podría salvarlo. La selva poderosa de Guatemala lo había apresado, implacable y definitiva. Ante su ignorancia topográfica se sentó con tranquilidad a esperar la muerte. Quiso morir allí, sin ninguna esperanza, aislado, con el pensamiento fijo en la España distante (…).

Al despertar se encontró rodeado por un grupo de indígenas de rostro impasible que se disponían a sacrificarlo ante un altar, un altar que a Bartolomé le pareció como el lecho en que descansaría, al fin, de sus temores, de su destino, de sí mismo.

Tres años en el país le habían conferido un mediano dominio de las lenguas nativas. Intentó algo. Dijo algunas palabras que fueron comprendidas.

Entonces floreció en él una idea que tuvo por digna de su talento y de su cultura universal y de su arduo conocimiento de Aristóteles. Recordó que para ese día se esperaba un eclipse total de sol. Y dispuso, en lo más íntimo, valerse de aquel conocimiento para engañar a sus opresores y salvar la vida.

—Si me matáis —les dijo—, puedo hacer que el sol se oscurezca en su altura.

B. Busca el cuento en internet y lee el final. ¿Es como te lo imaginabas?

C. ¿Cuál crees que es el mensaje del cuento? Resúmelo en unas líneas.

12. ALT|DIGITAL VACACIONES INFERNALES

A. En parejas, vais a imaginar unas vacaciones desastrosas. Mirad el programa de este viaje a San Martín (un lugar imaginario) y escribid un texto contando todo lo que salió mal.

DÍA 1	DÍA 2	DÍA 3	DÍA 4
09:00 Traslado al aeropuerto en autobús **12:00** Salida del vuelo 765 **17:00** Llegada y traslado al hotel en coche típico de la zona **18:30** Cóctel de bienvenida en el hotel Tortuga Feliz (4 estrellas) **20:00** Baño nocturno en la piscina **22:00** Cena al aire libre	**08:00** Desayuno **10:00** Excursión en camello **12:00** Visita comentada de las ruinas de Santiago **14:00** Comida en el oasis de Miras. Alimentos naturales: cocos, dátiles... **17:00** Paseo por las dunas de Fraguas **19:00** Vuelta al hotel en furgoneta **21:00** Cena	**09:00** Desayuno **10:00** Actividades lúdicas: gimnasia acuática con instructor, masajes con barro caliente del desierto de Fraguas **12:00** Paseo a camello por el desierto **14:00** Comida. Degustación de productos de la zona: dátiles, hormigas, flores... **TARDE LIBRE**	**09:00** Desayuno **10:00** Excursión a las playas de Lama (se recomienda llevar antimosquitos) **14:00** Comida en la playa **17:00** Visita en helicóptero al gran cañón de Santa Cruz para ver sus impresionantes puestas de sol **20:00** Cena de despedida en el hotel

B. Compartid vuestros textos con el resto de la clase. ¿Quién tuvo las peores vacaciones? Podéis hacer una votación.

13. COSTA RICA, LA PERLA DE CENTROAMÉRICA

ANTES DE VER EL VÍDEO

A. Busca imágenes de Costa Rica en internet y escribe qué palabras e ideas te sugieren. Comparte tu lista con el resto de la clase. ¿Os evocan las mismas cosas?

VEMOS EL VÍDEO

B. ▶ 10 Ve el vídeo y responde estas preguntas.

1. ¿Desde dónde viaja Mariel? ¿Cuánto dura el trayecto? ....

2. ¿En qué consiste el *tour* que contrató? ....

....

3. ¿Qué ocurre durante su visita al volcán Poás? ....

....

C. ▶ 10 Vuelve a ver el vídeo y escribe qué dicen sobre estas cosas.

San José | el café costarricense | el volcán Poás | las cataratas de la Paz

D. ¿Qué tipos de turismo ha practicado Mariel durante su viaje a Costa Rica?

DESPUÉS DE VER EL VÍDEO

E. ¿Qué cosas del viaje a Costa Rica que aparecen en el vídeo te gustan más y cuáles te gustan menos? ¿Te gustaría ir? ¿Se lo recomendarías a alguien? Coméntalo con otras personas de la clase.

- *Para mí, lo más atractivo del viaje es...*

9 / TENEMOS QUE HABLAR

AUDIOS, VÍDEOS, DOCUMENTOS ALTERNATIVOS, ETC., DISPONIBLES EN campus difusión

EN ESTA UNIDAD VAMOS A

REPRESENTAR UNA DISCUSIÓN

RECURSOS COMUNICATIVOS

- expresar intereses y sentimientos
- hablar de relaciones
- mostrar desacuerdo en diversos registros
- suavizar una expresión de desacuerdo
- contraargumentar

RECURSOS GRAMATICALES

- **me fascina** / **me encanta** / **odio** / **no aguanto**… **que** + subjuntivo
- **me fascina/n** / **me encanta/n** / **odio** / **no aguanto**… + sustantivo / infinitivo

RECURSOS LÉXICOS

- verbos para expresar intereses, sentimientos y sensaciones
- manías
- recursos para mostrar desacuerdo

Empezar

1. COMIDA DE NAVIDAD /MÁS EJ. 1

A. Lee las viñetas y completa las frases con los nombres de los personajes del cómic.

1. .... y .... no aguantan a ....
2. .... encuentra aburridas las historias de ....
3. .... no soporta las bromas de ....
4. .... cree que .... es muy pesada con algunos temas.
5. .... no entiende cómo .... soporta a ....

B. ¿Y a ti? ¿Te gustan las reuniones familiares? ¿Te lo pasas bien? ¿Por qué?

Comprender

2. MANÍAS /MÁS EJ. 2-3

A. MAP ALT Lee este texto sobre las manías y contesta a las peguntas.

- ¿Qué es una manía? ¿Cuál es la diferencia entre una manía y una obsesión?
- ¿Tienes alguna de las manías que se mencionan u otras parecidas? ¿Conoces a personas que las tengan?
- ¿Qué sienten las personas con esas manías según el texto? ¿Qué más crees que pueden sentir?

NUESTRAS PEQUEÑAS MANÍAS

Arturo ordena siempre su ropa en el armario por tipo de prenda y por colores. Él dice que es una costumbre, que siempre lo ha hecho así y que le gusta tener las cosas ordenadas. El problema es que se enfada muchísimo cuando alguien le cambia algo de lugar. La gente piensa que Arturo es un maniático… ¿Lo es?

Todos tenemos manías, acciones que repetimos porque nos hemos acostumbrado a ellas y nos hacen sentir bien. A algunas personas les parecen costumbres absurdas e incluso molestas. Aunque es normal tener manías, no deben transformarse en obsesiones que no nos dejen vivir y que dificulten nuestra relación con los demás. Estas son algunas de las manías más comunes.

1. Manías de orden y posición. Algunas personas necesitan tener las cosas en un orden determinado para sentirse bien: colocar los objetos de forma simétrica en el escritorio, clasificar la comida en el frigorífico, poner los zapatos siempre en el mismo lugar... Otras tienen que sentarse siempre en el mismo sitio. Les da ansiedad entrar en el autobús o en el metro y ver que está ocupado el lugar en el que se sientan habitualmente. No soportan que alguien se siente en el lugar de la mesa en el que ellos comen y necesitan dormir siempre en el mismo lado de la cama… ¿Le suena alguna de estas manías?

2. Manías de comprobación. ¿No ha tenido nunca la necesidad de comprobar varias veces que ha apagado las luces, que ha cerrado bien el coche o que ha apagado el fuego de la cocina?

A las personas con manías de comprobación les da miedo pensar que podría suceder alguna desgracia por haber olvidado algo. Algunos incluso necesitan comprobar también si los demás (familiares, compañeros de trabajo, amigos, etc.) han hecho bien esas cosas.

3. Manías higiénicas. Seguramente conoce a gente a la que le da asco comer cosas que otros han tocado antes con las manos, que no tocan nunca la barra del metro o del autobús, que limpian su silla antes de sentarse o que friegan la bañera cada vez que se duchan. Son personas con miedo a contagiarse. Generalmente, se lavan con mucha frecuencia o van al médico mucho más a menudo de lo habitual.

4. Manías de contar. Tener que contarlo todo (el número de camisetas guardadas en el armario, los bolígrafos que llevamos en el estuche, el número de peldaños de las escaleras, etc.) puede parecer absurdo, pero a muchas personas les tranquiliza hacerlo.

5. Manías relacionadas con la superstición. En casi todas las culturas se dice que ciertas cosas traen mala suerte (romper un espejo, cruzarse con un gato negro, abrir el paraguas antes de salir a la calle...) y hay personas que las evitan a toda costa. Pero, además, algunas personas tienen sus propias supersticiones. Creen que un día tuvieron suerte porque hicieron algo y necesitan repetirlo. Piensan que, de lo contrario, les puede suceder algo malo y eso les da miedo. Por eso se ponen una determinada camisa para los exámenes o no quieren viajar en una fila determinada cuando viajan en avión, etc.

B. 45-47 ALT Vas a escuchar a varias personas que hablan de sus manías. Toma nota de las que mencionan. ¿Por qué las tienen? ¿En qué categoría de las que habla el artículo las clasificarías?

Manía:

Por qué la tiene:

Tipo de manía:

Manía:

Por qué la tiene:

Tipo de manía:

Manía:

Por qué la tiene:

Tipo de manía:

C. 45-47 ALT Vuelve a escuchar y marca en la tabla qué emociones menciona cada una de esas personas. ¿Cuándo sienten estas cosas?

	MIEDO	ANSIEDAD	ASCO	NERVIOS	RABIA	TRANQUILIDAD	ENFADO
1.							
2.							
3.							

D. En parejas, investigad qué manías tienen algunas personas famosas. Luego, compartid con otras personas de la clase lo que habéis encontrado.

Construimos el LÉXICO

Haz una lista con algunas emociones, las que han salido en las actividades 1 y 2, y otras que conoces. Luego, asocia cada una de ellas con un color y con una palabra.

Emociones	Color asociado	Palabra asociada
(el) miedo	negro	un accidente

Explorar y reflexionar

3. MIS EMOCIONES /MÁS EJ. 4-5

A. Mira este texto. ¿Cuál es su objetivo? ¿Crees que es fácil reconocer las emociones? ¿Para qué crees que puede ser útil saber hacerlo?

B. ¿Entiendes las palabras y expresiones relacionadas con las emociones que aparecen en el texto de A? ¿Cómo dirías lo mismo en tu lengua? Usa internet o el diccionario si lo necesitas.

C. 48 Vas a escuchar varias personas hablando. ¿Con cuál de las emociones de A relacionas lo que dicen? Coméntalo con otra persona.

D. 48 Vuelve a escuchar y marca cómo crees que termina cada frase.

- ○ ¡Qué rabia!
- ○ ¡Qué pena me da!
- ○ ¡Qué miedo!
- ○ ¡Qué alegría!
- ○ ¡Qué aburrimiento!
- ○ ¡Qué extraño!
- ○ Qué cansado/a estoy de todo esto...

E. 49 Escucha y comprueba tus respuestas de C y de D.

F. Piensa en cosas que te provoquen las emociones de la infografía de A. Escríbelo y luego compáralo con otras personas. ¿Coincidís en algo?

Me irritan las personas que no paran de hablar.
Me hace feliz pasar tiempo con mis hijos.

4. ODIO MENTIR A MIS AMIGOS /MÁS EJ. 6-12

A. ¿Compartes algunas de estas opiniones? Márcalas. Puedes señalar varias sobre cada tema.

Estoy harto/a de las relaciones superficiales.
No me interesa hacer nuevas amistades; ya tengo bastantes amigos.
Me apasiona conocer gente nueva.

Me da mucha rabia que alguien de otro país critique el mío.
Me horroriza la gente que no acepta opiniones y costumbres distintas a las suyas.
Me fascina conocer a personas de otras culturas.

No me gustan las personas demasiado sinceras.
Odio mentir a mis amigos. Nunca lo hago.
Me sienta fatal que un amigo me mienta. Eso no lo perdono.

Me da pereza hacer fiestas en mi casa.
Me encantan las fiestas grandes, con mucha gente.
No me gusta que me inviten a una fiesta si no conozco a nadie.

Me da miedo viajar solo/a.
Me sienta mal que mis amigos se vayan de vacaciones y que no me pregunten si quiero ir con ellos.
No soporto los viajes con grupos grandes de amigos.

Me encanta hacer regalos. Soy muy detallista.
No me gusta nada tener que hacer regalos.
No me importa que se olviden de mi cumpleaños. Yo no recuerdo casi ninguno.

B. Compara tus respuestas con las de un/a compañero/a. ¿Coincidís en muchas cosas?

C. Fíjate en las expresiones que aparecen en negrita en las frases anteriores.
Observa en qué casos van seguidas de **que** + subjuntivo. ¿Entiendes por qué?

D. ¿Qué sientes en estas situaciones? Completa estas frases en tu cuaderno y, luego, coméntalo con otras personas de la clase. ¿Coincidís en algo?

1. En el trabajo o en la escuela, no me importa...
2. En el cine, me da mucha rabia...
3. Cuando estoy durmiendo, me da miedo...
4. Cuando estoy viendo la tele, me encanta...
5. En el metro o en el bus, no me gusta...
6. En clase de español, me da pereza...
7. En reuniones familiares, no soporto...

5. ¿ESTÁ ENFADADA?

A. Lee estas conversaciones. ¿Qué situaciones son formales? ¿Cuáles informales? ¿Qué recursos usa Gloria para mostrar que no está de acuerdo con lo que le dicen?

CÁPSULA DE FONÉTICA 4

La entonación de las preguntas eco

B. 50 Ahora escucha las conversaciones de A y fíjate en la entonación de los recursos usados para mostrar desacuerdo.

C. ¿Cómo te parece que reacciona Gloria ante los comentarios que le hacen? (Es directa o no, expresa sus sentimientos o no, es educada o no, etc.). ¿Cómo reaccionarías tú en tu lengua en las situaciones de A? ¿Qué dirías?

D. En parejas, escribid conversaciones para cada una de estas situaciones y, luego, representadlas. Pensad de qué maneras se puede expresar desacuerdo ante las siguientes acusaciones o reproches.

- **Un/a profesor/a a un/a estudiante:** "¡Siempre llegas tarde a clase!".
- **Un/a estudiante a otro/a estudiante:** "Siempre comes chicle en clase. ¿No sabes que está prohibido?".
- **Un/a estudiante a otro/a estudiante:** "¡Chis! Silencio, por favor. ¡Siempre estás hablando en clase!".

– ¡Siempre llegas tarde a clase!
– Bueno, eso no es del todo cierto...

6. PERO SI... /MÁS EJ. 13

A. 51 Escucha dos conversaciones de una pareja y completa estas frases.

1.

- Él propone ....
- Ella acepta, pero le sorprende porque ....
- Ella propone ....
- Él dice que ....

2.

- Ella dice que le gusta mucho ....
- Él responde que ....
- Ella no lo entiende porque ....

B. Lee estos fragmentos de las conversaciones. ¿Para qué sirven las expresiones en negrita? Completa la tabla.

1. ● No me apetece mucho ir al cine esta tarde. ¿Qué te parece si vamos a cenar?
○ ¡**Pero si** fuiste tú el que dijiste que querías ir!

2. ● Me encanta esta mesa.
○ **Pues** a mí no, no me gusta nada esta madera.

	PUES...	PERO SI...
Introduce una idea o argumento que contrasta con algo que nos acaban de decir y muestra sorpresa (porque contradice lo que esperábamos).		
Introduce una idea o argumento que contrasta con algo que nos acaban de decir.		

C. Ahora imagina una reacción posible en las siguientes situaciones.

1. ● Eva se queja siempre de que no tiene dinero.
○ ¿Eva? Pero si ....

2. ● He leído que van a subir los impuestos.
○ Pues ....

3. ● Mía cree que Tina está triste por algo.
○ ¿Sí? Pues ....

4. ● Leo está embarazada.
○ ¿Sí? Pero si ....

Léxico

EMOCIONES Y SENTIMIENTOS /MÁS EJ. 14

(EL) ABURRIMIENTO	(EL) ENFADO	(LA) PENA
Me aburren *las personas que hablan siempre de su trabajo.* ***Estoy aburrido****, no sé qué hacer.*	*Rompimos sin querer un jarrón y mi tía* ***se enfadó*** *mucho.* *Martín* ***está enfadado*** *porque no lo han invitado a la fiesta de Julia.*	***Me da pena*** *dejar a mi hijo de cinco meses en la guardería.*
(LA) ALEGRÍA	**(LA) ILUSIÓN**	**(LA) PEREZA**
Me alegra *ver a mis hijos jugando juntos.* *Maia* ***está*** *muy* ***alegre*** *porque ha aprobado el examen.*	***Me ilusiona*** *mucho abrir una tienda.* ***Me hace ilusión*** *ver a mis primos.* *Pedro* ***está ilusionado*** *con sus nuevas clases de dibujo. Le encanta dibujar.*	***Me da pereza*** *revisar las facturas.* *Marco* ***es*** *muy* ***perezoso****, nunca quiere hacer nada.*
(EL) ASCO	**(EL) MIEDO**	**(LA) TRANQUILIDAD**
Me da asco *sentarme en el metro con pantalones cortos.* ***Me parece asqueroso*** *compartir el cepillo de dientes.*	***Tengo miedo*** *de la oscuridad.* ***Me da miedo*** *la oscuridad.* *Marcos* ***es*** *muy* ***miedoso****, siempre cree que le va a pasar algo.*	***Me tranquiliza*** *saber que mi hijo ha llegado ya a Londres.* ***Me da tranquilidad*** *tener mi ropa ordenada por colores.*
(LA) ANSIEDAD	**(LOS) NERVIOS / (EL) NERVIOSISMO**	**(LA) TRISTEZA**
Me da ansiedad *saber que voy llegar tarde a algún lugar.* ***Tengo ansiedad*** *cuando estoy en lugares cerrados.* *Cuando me acuesto no puedo dormir porque* ***estoy ansioso****.*	*Me* ***pongo nervioso**** *cuando tengo que hablar en público.* ***Estoy nervioso*** *porque mañana tengo el examen para sacarme el carné de conducir.*	***Estoy triste*** *porque un amigo mío se va a vivir al extranjero y no lo voy a ver tanto.* *Cuando veo a alguien llorando siempre* ***me pongo triste.****
(LOS) CELOS	**(LA) RABIA**	**(LA) SORPRESA**
Axel ***tiene celos*** *de su hermanito pequeño.* *Laura* ***se pone celosa*** *cuando quedo con una amiga.* *Axel* ***está*** *un poco* ***celoso*** *de su hermano.*	***Me da rabia*** *perder el tren.*	***Me sorprende*** *verte, pensaba que estabas en Alemania.* ***Estoy*** *muy* ***sorprendido****, no sabía que Darío cantaba tan bien.*

* **Ponerse nervioso/a**, **triste**, etc., significa pasar de otro estado emocional al estado de nerviosismo, tristeza, etc.

dar: miedo, rabia, asco, ansiedad, pereza, vergüenza, pánico, pena *

ponerse: nervioso/a, triste, contento/a, celoso/a

sentar: bien, mal, fatal

sentirse: bien, mal, triste

* **Dar pena** en España significa provocar tristeza. En México, Colombia y otros países de América Central significa **dar vergüenza**.

INTENSIFICAR CON QUÉ + ADJETIVO, ADVERBIO O NOMBRE

Me da mucha pena. → ¡**Qué** pena me da!

Me da mucha rabia. → ¡**Qué** rabia!

Me parece un rollo. → ¡**Qué** rollo!

Me pone muy contento/a. → ¡**Qué** alegría!

Estoy muy harto/a. → ¡**Qué** harto/a estoy!

Estoy muy cansado/a. → ¡**Qué** cansado/a estoy!

Me siento muy mal. → ¡**Qué** mal me siento!

Gramática y comunicación 9

EXPRESAR INTERESES Y SENTIMIENTOS

P. 266, 295-296

La mayoría de los verbos o expresiones que, como **encantar**, sirven para expresar intereses, sentimientos o sensaciones, pueden funcionar con estas estructuras.

Me encanta mi trabajo	(+ sustantivo singular)
Me encantan los gatos	(+ sustantivo plural)
Me encanta vivir aquí*	(+ infinitivo)
Me encanta que me regalen flores	(+ **que** + subjuntivo)

*Usamos infinitivo (y no **que** + subjuntivo) si la persona que experimenta la sensación (**encantar**) y la que realiza la acción (**vivir**) son la misma. Usamos **que** + subjuntivo si son dos personas diferentes.

Entre otros muchos, los siguientes verbos funcionan de la misma manera que encantar: **molestar**, **interesar**, **gustar**, **apasionar**, **importar**, **asustar**, **fascinar**, **fastidiar**, **entusiasmar**, **horrorizar**, **irritar**, **sentar bien** / **mal**, **poner nervioso** / **triste**..., **hacer ilusión** / **gracia**..., **dar miedo** / **pereza**...

Con todos ellos es necesario usar los pronombres personales **me** / **te** / **le** /**nos** / **os** / **les**. Hay que tener en cuenta que el sujeto gramatical del verbo es la cosa o acción que produce el sentimiento.

	SUJETO
Me molesta	**la gente** impuntual.
Te molestan	**las personas** impuntuales.
Le molesta	**tener que** esperar.
Os molesta	**que la gente** sea impuntual.

Con los verbos **odiar**, **(no) soportar**, **(no) aguantar**, **adorar**, **estar cansado** / **harto de**..., etc., el sujeto es la persona que experimenta la sensación.

Muchos de estos verbos no aceptan gradativos porque ya tienen un significado intensificado:

me encanta ~~mucho~~ adoro ~~mucho~~ odio ~~mucho~~
me apasiona ~~mucho~~ no soporto ~~mucho~~

MOSTRAR DESACUERDO

Una manera de expresar desacuerdo es repetir, en forma de pregunta, lo que ha dicho nuestro interlocutor. Este recurso sirve para mostrar sorpresa, incredulidad o enfado.

- *Silvia, ayer no apagaste las luces al salir...*
- ***¿Que no apagué las luces al salir?***

También podemos retomar, en forma de pregunta, solo una parte del enunciado.

- *Fran, estás un poco distraído, ¿no?*
- ***¿Distraído?*** *Ay, no sé...*

En general, las preguntas **¿Qué?** y **¿Cómo?** expresan rechazo a lo que nos acaban de decir.

- *No sé qué te pasa, pero estás de muy mal humor.*
- ***¿Cómo?*** / ***¿Qué?*** *Y ahora dirás que tú estás de muy buen humor, ¿no?*

En un registro coloquial, algunas fórmulas sirven para expresar un rechazo total, incluso agresivo.

- *Sandra, creo que tu actitud no ha sido muy correcta.*
- ***¡(Pero) qué dices!*** *Me he comportado perfectamente.*

Otras expresiones coloquiales sirven para negar con énfasis una afirmación.

- *¿Has estado en la playa? Tienes buen color.*
- ***¡Qué va!*** *He estado todo el fin de semana en casa.*

SUAVIZAR UNA EXPRESIÓN DE DESACUERDO

Es habitual usar diferentes recursos para suavizar nuestro desacuerdo. En general, estos recursos presentan nuestra opinión como algo "personal y subjetivo" y, no como afirmaciones absolutas.

- *Alba, tu hermano está muy antipático, ¿no?*
- ***Yo no diría eso****. Lo que pasa es que está en un mal momento.*

- *Creo que no nos han dado el premio porque no somos famosos.*
- ***A mi modo de ver****, ese no es el problema.* ***Lo que pasa es que...***

- *En general, Oswaldo no hace bien su trabajo.*
- ***Hombre, yo no estoy del todo de acuerdo con*** *eso.*

CONTRAARGUMENTAR

P. 274

Para introducir una idea o un argumento y contrastarlo con lo que acabamos de oír, usamos **pues** o, para mostrar nuestra sorpresa, **(pero) si**.

- *Los informes que me diste ayer no son muy completos.*
- ***Pues*** *al jefe de Ventas le han parecido perfectos.*

- *Ya no tienes detalles conmigo: no me llamas al trabajo...*
- *¡**(Pero) si** tú me prohibiste llamarte al trabajo!*

7. EL JUEGO DE LA VERDAD /MÁS EJ. 15-19

A. En parejas, pensad cómo son en sus relaciones de pareja las personas que tienen las siguientes características. Luego, compartidlo con el resto de la clase.

- celosas
- modernas
- románticas
- tolerantes
- intolerantes
- posesivas
- independientes
- dependientes
- abiertas
- detallistas

- *A las personas celosas les molesta, por ejemplo, que su pareja se lleve bien con sus ex.*
- *Sí, y no soportan que su pareja no les conteste enseguida a sus mensajes.*

Para comunicar

→ A las personas celosas / tolerantes…
→ les molesta (que)…
→ no les importa (que)…
→ les irrita (que)…
→ les da miedo (que)…
→ les da rabia (que)…

→ Las personas celosas / tolerantes…
→ no soportan (que)…
→ no aguantan (que)…
→ odian (que)…
→ adoran (que)…

B. 52-53 ALT|VE Leo y Ana llevan tres años juntos. Un amigo les ha hecho preguntas, por separado, sobre su vida de pareja. Anota en la tabla qué cuenta cada uno de ellos.

	¿Qué le gusta de su pareja?	¿Qué no le gusta de su pareja?	¿Qué cree que le gusta a su pareja de él / ella?	¿Qué cree que no le gusta a su pareja de él / ella?
1. Leo habla de Ana				
2. Ana habla de Leo				

C. ¿Crees que se conocen bien? ¿Por qué?

D. ¿Con cuál o cuáles de los adjetivos de carácter de A definirías a Leo y a Ana? ¿Por qué?

8. ALT|DIGITAL NO SOPORTO QUE... /MÁS EJ. 20

A. En pequeños grupos, elegid uno de estos temas u otro y haced una lista de ocho cosas que os molestan...

- de los/as vecinos/as
- de otros/as conductores/as
- a los/as que no tenéis hijos/as de los que sí los tienen
- a los/as que tenéis hijos/as de los que no los tienen
- en un vuelo
- en las redes sociales
- en el gimnasio
- en bares, restaurantes u hoteles
- en un espectáculo (teatro, cine, concierto...)

B. Con las ideas de A, haced un póster de las cosas que os molestan. Podéis buscar fotografías o hacer dibujos para ilustrar las ideas.

C. Mirad los pósters que han hecho los otros grupos y comentad en clase: ¿os molestan las mismas cosas? ¿Os molestan otras? ¿Hacéis alguna de esas cosas que molestan?

- *A mí también me molesta que me sirvan y que justo después me digan que el bar cierra.*
- *Pues la verdad es que yo soy camarera y no soporto que lleguen clientes y me digan...*

Practicar y comunicar

9. TRAPOS SUCIOS /MÁS EJ. 21-23

A. En parejas, vais a grabaros representando una discusión. Primero, pensad qué roles vais a asumir (una pareja, compañeros/as de piso, compañeros/as de trabajo, amigos/as, padre o madre e hijo/a…).

- *¿Hacemos una discusión de pareja?*
- *Vale. ¿Cómo se llaman?*
- *Pues no sé… ¿Sara y Samuel? Tú puedes ser Sara y yo, Samuel.*

B. Decidid cuál va a ser el tema sobre el que vais a discutir. Aquí tenéis algunas sugerencias.

EL TRABAJO (LOS HORARIOS, LA DEDICACIÓN, EL SALARIO…)

LA FAMILIA (LOS PADRES, LOS CUÑADOS/AS, EL TIEMPO QUE PASÁIS CON ELLOS/AS…)

LAS TAREAS DE CASA (EL REPARTO DE TAREAS, EL ORDEN, LA LIMPIEZA…)

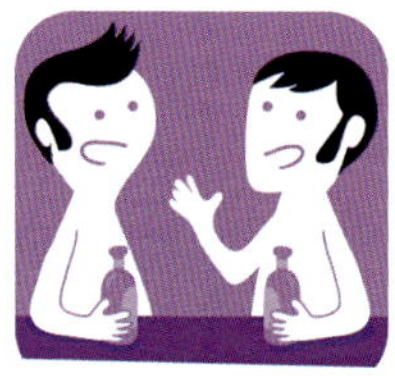

LOS/AS AMIGOS/AS (EL TIEMPO QUE PASÁIS CON ELLOS/AS, A CUÁLES VEIS MÁS…)

LAS VACACIONES (DÓNDE LAS PASÁIS, EN QUÉ MOMENTO DEL AÑO, CON QUIÉN…)

C. Negociad qué problemas vais a tratar y poneos de acuerdo sobre qué vais a decir.

- *Sara le dice a Samuel que no puede soportar que no haga nada en casa.*
- *Sí. Y, además, le dice que lo peor es que ni se da cuenta de que…*

D. Ahora grabaos en vídeo representando la discusión que habéis preparado.

E. Cada pareja ve el vídeo de otra pareja de la clase y evalúa cómo lo ha hecho.

Para evaluar

- → ¿Se entiende bien cuál es el tema de la discusión?
- → ¿El registro es el adecuado?
- → ¿El léxico y las expresiones que usan son correctos?
- → ¿La entonación es adecuada?

10. EL FÚTBOL ES MI MODA

VEMOS EL VÍDEO

A. ▶ 11 Ve este vídeo hasta el minuto 00:36. ¿Adónde va a ir la pareja? ¿Qué le sorprende a ella?

B. ▶ 11 Ve ahora la discusión que tienen, hasta el minuto 04:04. En parejas, una persona anota cuáles son los argumentos de ella y la otra, los argumentos de él. Luego, contrastad lo que habéis escrito con otras parejas de la clase.

C. ▶ 11 Ve el resto del vídeo. ¿Van al cine al final? ¿Qué van a hacer?

DESPUÉS DE VER EL VÍDEO

D. Trabaja con la transcripción del vídeo: marca qué recursos usan para mostrar desacuerdo y para contraargumentar.

E. En clase, comentad el vídeo: ¿os ha gustado el vídeo? ¿Por qué? ¿Qué os ha provocado? (¿Os ha hecho reír? ¿Os ha hecho reflexionar?...)

F. En la conversación del vídeo están están implícitas las siguientes opiniones. ¿Qué piensas sobre ellas? Coméntalo con otras personas de la clase.

- No querer ir con alguien a un lugar porque no te gusta su forma de vestir es una forma de discriminación.
- Hay ropa que no es adecuada para algunas situaciones.

10 DE DISEÑO

DISEÑOS DE *Martín Azúa*

NOVEDADES | NUESTROS DISEÑADORES | QUIÉNES SOMOS | BLOG

CESTA MOCHILA

MÁS INFORMACIÓN

MANCHA NATURAL

MÁS INFORMACIÓN

REBOTIJO

MÁS INFORMACIÓN

CASA BÁSICA

MÁS INFORMACIÓN

AUDIOS, VÍDEOS, DOCUMENTOS ALTERNATIVOS, ETC., DISPONIBLES EN campus difusión

EN ESTA UNIDAD VAMOS A

HACER UN PÓSTER CON LOS OBJETOS QUE NECESITAMOS

RECURSOS COMUNICATIVOS

- describir las características y el funcionamiento de algo
- opinar sobre objetos

RECURSOS GRAMATICALES

- los superlativos en **-ísimo/a/os/as**
- las frases exclamativas: **¡qué... tan / más...!**, etc.
- las frases relativas con preposición
- indicativo y subjuntivo en frases relativas

RECURSOS LÉXICOS

- vocabulario para describir objetos (formas, materiales...)
- vocabulario para valorar el diseño de objetos
- superlativo y otros gradativos

BUSCAR

NEW MANANTIAL

MÁS INFORMACIÓN

LA VIDA EN LOS OBJETOS

MÁS INFORMACIÓN

Empezar

1. DISEÑO CONTEMPORÁNEO

A. Observa las fotografías de los diseños de Martín Azúa. ¿Sabes qué son esos seis objetos? ¿Para qué crees que sirven? Coméntalo con tus compañeros/as.

- *Supongo que esto sirve para sentarse...*
- *Sí, parece una...*

B. 54 Vas a escuchar un fragmento de un programa de radio en el que hablan de los diseños de Martín Azúa. ¿Para qué sirve cada objeto?

C. 54 Vuelve a escuchar. ¿Qué diseños integran la vida de la gente con la naturaleza? ¿Cuáles se inspiran en objetos tradicionales españoles?

D. ¿Qué te parecen los diseños de Martín Azúa? Coméntalo con tus compañeros/as.

útil práctico/a bonito/a feo/a elegante sencillo/a incómodo/a poco útil poco práctico/a ...

- *A mí me parece que la cesta mochila es original y puede ser práctica para...*

Comprender

2. ¡QUÉ HORROR! /MÁS EJ. 1

A. 55-60 Vas a escuchar seis conversaciones en las que se habla de un objeto. ¿Sabes a cuál de estos se refieren en cada caso? Márcalo.

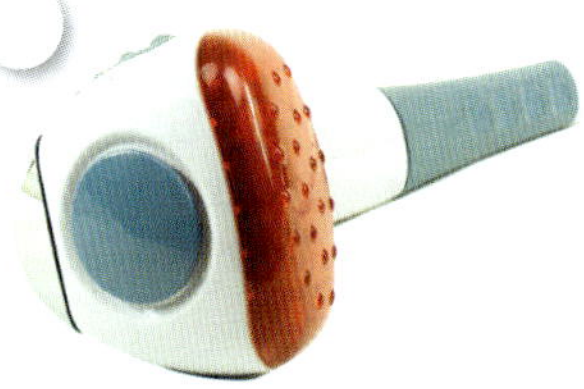

B. 55-60 Escucha de nuevo las conversaciones y anota en tu cuaderno para qué sirven los objetos de A y si los valoran positivamente o negativamente.

C. Subraya en la transcripción de las conversaciones las expresiones usadas para valorar positivamente o negativamente.

Construimos el LÉXICO

Piensa en tres objetos importantes para ti. Luego escribe qué puedes decir de cada uno de ellos.

Mis objetos	Forma	Color	Material	Utilidad	Adjetivos
1. una prenda de ropa:					
2. un objeto de decoración:					
3. un electrodoméstico:					

3. RESTAURANTES DE DISEÑO /MÁS EJ. 2-3

A. ¿Cómo son los restaurantes o bares que te gustan? ¿En qué te fijas?

en la comida · en el ambiente · en la iluminación · en la decoración · en los colores
en el servicio · en la música · en la situación · en el tamaño del local · ...

- *Para mí, lo más importante son la comida y los precios, pero también me fijo mucho en la iluminación. No me gustan las luces blancas, muy intensas.*

B. MAP ALT Lee este artículo sobre restaurantes de diseño en Ciudad de México e identifica en las imágenes lo que se menciona (partes, muebles, materiales, colores...).

Restaurantes para amantes del diseño en Ciudad de México

Muchas personas buscan restaurantes con un diseño interior bonito, que invite a quedarse durante horas charlando y disfrutando de la comida. Si eres una de ellas, tienes que conocer estos restaurantes de Ciudad de México.

El Chapulín

Situado en Polanco, es uno de los más prestigiosos restaurantes de gastronomía mexicana. Es un espacio contemporáneo y a la vez inspirado en las tradiciones de México, en el que predominan los materiales de la naturaleza. Los muros, hechos de piezas de barro negras de Oaxaca, combinan a la perfección con el techo de madera de formas geométricas. Las sillas de mimbre se inspiran en la artesanía de las culturas prehispánicas.

Lardo

En la colonia Condesa se encuentra este espacio diseñado por el arquitecto Jaime Serra, con un aire *vintage*, que evoca los típicos bares o restaurantes de barrio, de toda la vida. Un lugar acogedor, sencillo y de fácil acceso. Destacan la barra, de mármol, y el piso, de madera y azulejos.

- *Aquí se ve el muro de barro negro.*

C. Mira las imágenes de los restaurantes. ¿Qué sensación te transmiten a ti?

- *A mí el restaurante Lardo no me parece un restaurante de barrio porque...*

D. ¿Hay algún local (bar, restaurante, tienda, club, etc.) que te guste especialmente por su diseño o decoración? Pon ejemplos de muebles, materiales, formas o colores que te gustan.

CÁPSULA DE FONÉTICA 5

La entonación de las parentéticas

Explorar y reflexionar

4. ¿QUÉ ES? /MÁS EJ. 4-6

A. Escribe a qué se refieren estas descripciones.

1. Es un mueble **en el que** guardas la ropa y que normalmente tiene puertas. ....
2. Es una herramienta **con la que** puedes cortar papel, tela, pelo... ....
3. Son unas semillas **de las que** se obtiene aceite. ....
4. Son unos lugares **a los que** vas a ver películas. ....
5. Es algo **con lo que** te peinas. ....

B. Mira el ejemplo y contesta a las siguientes preguntas. Luego, contesta las mismas preguntas sobre las demás frases de A.

Armario: guardas la ropa **en** ese mueble. → Es un mueble **en el que** guardas la ropa.

1. Fíjate en la palabra en rojo: ¿qué tipo de palabra es? ¿A qué palabra se refiere?
2. Fíjate en la preposición (marcada en verde): ¿por qué aparece?

C. Forma frases relativas con los siguientes elementos. Fíjate en las preposiciones en negrita.

Un sombrero es ....
....
....

a. una prenda de vestir
b. te cubres la cabeza **con** esa prenda

Un jarrón es ....
....
....

a. un objeto de decoración
b. pones flores **en** ese objeto

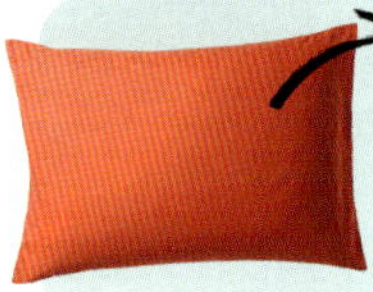

Una almohada es ....
....
....

a. una bolsa de tela rellena
b. colocas la cabeza **sobre** esa bolsa cuando duermes

D. En parejas, describid un objeto sin decir de qué se trata. Después, leed vuestra descripción al resto de la clase, que deberá decir a qué hace referencia.

- *Es una prenda con la que te proteges el cuello del frío.*
- *Una bufanda.*

5. ¿QUE TIENE O QUE TENGA? /MÁS EJ. 7-9

A. Fíjate en estas frases. ¿Cuándo usamos el indicativo y cuándo el subjuntivo? Completa la regla y luego coméntalo con tus compañeros/as.

Utilizamos el .... para referirnos a algo concreto que conocemos o que sabemos que existe.

Usamos el .... para referirnos a algo que desconocemos o que no sabemos que existe.

B. Relaciona cada frase con su posible continuación.

a. Estoy buscando un hotel que tiene restaurante.	◯ ¿Sabes si hay alguno por aquí?
b. Estoy buscando un hotel que tenga restaurante.	◯ Creo que está en esta calle.
c. Quiero una chaqueta que tiene capucha.	◯ Es de color rojo. La vi ayer en su web.
d. Quiero una chaqueta que tenga capucha.	◯ ¿Tenéis alguna no muy cara?

C. Imagínate que te encuentras en las siguientes situaciones. ¿Qué dices?

1. Quieres comprar unos pantalones vaqueros azules de 40 euros. Estuviste ayer en la tienda y te los probaste, pero no los compraste. ¿Qué le dices al dependiente o a la dependienta?

Busco unos pantalones vaqueros que ....

2. Quieres comprar una chaqueta de piel marrón. No te quieres gastar más de 100 euros. Entras a una tienda y le preguntas al dependiente si tiene algo así. ¿Cómo lo dices?

Estoy buscando una chaqueta que ....

6. LLEVA UN VESTIDO SUPERORIGINAL /MÁS EJ. 10

A. Mira las imágenes en B. ¿Sabes quiénes son estas personas? ¿Qué te parece la ropa que llevan? Coméntalo con otras personas de la clase.

B. 61-63 En una tertulia hablan de lo que llevaron estas personas en la gala de los Premios Grammy Latino de 2019. Escucha y escribe cómo intensifican los adjetivos de los cuadros.

Rosalía

- Es elegante: Es superelegante
- Es bonito: ....
- Es moderno: ....
- Está guapa: ....

Lali

- Es arriesgado: ....
- Es atrevido: ....
- Es llamativo: ....
- Es brillante: ....

Camilo Echeverry

- Es elegante: ....
- Es sencillo: ....
- Es delicado: ....
- Es fino: ....

C. En parejas, comparad lo que habéis escrito en B. ¿Qué recursos se usan para intensificar? Marcadlos.

D. ¿Estáis de acuerdo con las opiniones del audio de B?

7. ¿ES DE METAL? /MÁS EJ. 11-12

A. Lee estos tuits que responden a la pregunta "¿Cuál es el objeto más extraño o curioso que tenéis en vuestras cocinas?". ¿Te comprarías alguno de estos objetos? ¿Hay alguno que no comprarías nunca? ¿Por qué?

Lima Limón
@limita33
Seguir

Escurridor adaptable. Se usa para escurrir la pasta, o lo que sea, sin tener que usar una tapa. Es muy fácil de ajustar a cualquier tipo de olla o bol. Se lava en el lavavajillas.

13:47 22 oct. 2020 desde Bilbao, España

Antonio Cepeda
@cepe1970
Seguir

Sujeta bolsas. Va muy bien si usas bolsas para guardar o congelar salsas u otros líquidos. Sujeta la bolsa abierta en posición vertical y te permite poner la sal dentro sin ensuciar nada.

Para mí, que cocino mucha pasta y siempre hago salsa para varios días, es una maravilla. Además, es barato y no ocupa nada: se puede guardar en cualquier sitio.

15:20 22 oct. 2020 desde Torrevieja, España

Ángel Andrés
@angelito1616
Seguir

Deshuesador de aceitunas. Me lo regalaron y la verdad es que no lo uso casi. Funciona manualmente y sirve para quitar el hueso de las aceitunas... Puede ir bien si te gustan mucho las aceitunas o las cerezas... Pero usarlo es pesado y laborioso y para mí no vale la pena.

11:36 23 oct. 2020 desde Pamplona, España

Juan Martín
@juanin82
Seguir

Enfriador de cubitos para botellas. Es una cubitera con la que se pueden hacer cubitos de hielo largos, que caben en las botellas.

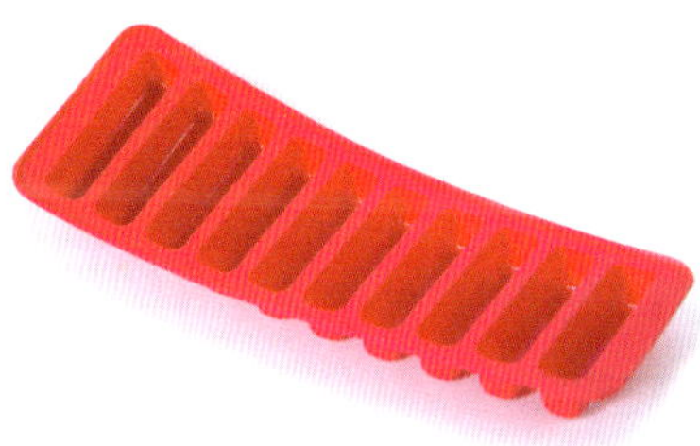

15:40 22 oct. 2020 desde Móstoles, España

Mar
@mar1881
Seguir

Tapas para bolsas. Sirven para todo tipo de bolsas y son muy prácticas porque así lo que hay dentro no se estropea ni se pierde por el armario. No ocupan mucho espacio y son fáciles de lavar porque se pueden meter en el lavavajillas. ¡Yo tengo unas cuantas y me han durado mucho tiempo!

14:14 23 oct. 2020 desde Vigo, España

- *Yo me compraría las tapas para bolsas. Me parecen muy prácticas porque...*

B. Fíjate en las frases subrayadas en A. ¿Las entiendes? Tradúcelas a tu lengua.

C. ¿Tienes algún objeto o aparato en tu cocina que te parece poco útil y no usas casi nunca? Coméntalo con tus compañeros/as. Después, decidid cuál es el objeto más inútil que habéis presentado.

- *Yo tengo una licuadora que hace unos zumos muy buenos, pero que ocupa mucho, es difícil de lavar y no uso casi nunca, porque solo sirve para hacer zumos.*

Léxico

DESCRIBIR OBJETOS /MÁS EJ. 13-15

OBJETOS

ADJETIVOS

lujoso/a	blando/a	llamativo/a
sencillo/a	duro/a	extravagante
alegre	sólido/a	delicado/a
colorido/a	frágil	suave
útil	precioso/a	rugoso/a
práctico/a	horroroso/a	inteligente
reversible	cómodo/a	

MATERIALES

de madera	de metal
de hierro	de lana
de piedra	de algodón
de plástico	de poliéster
de cristal / vidrio	de cerámica

FORMAS

cuadrado/a	alargado/a
redondo/a	estrecho/a
rectangular	**con forma de...**
triangular	rombo /
ovalado/a	círculo…

HABLAR DE LA UTILIDAD, DEL FUNCIONAMIENTO Y DE OTRAS CARACTERÍSTICAS DE UN OBJETO

Sirve para lavar las verduras.
Se usa para cubrirse las orejas cuando hace mucho frío.
Es fácil / difícil de usar...
Va / Funciona genial / (muy) bien / (muy) mal / fatal…
Va / Funciona con pilas / electricidad / energía solar…
(No) Se arruga / estropea / rompe / encoge…
Cabe en cualquier sitio.
Ocupa mucho / bastante / poco (espacio).

COMBINACIONES CON DISEÑO Y MODA /MÁS EJ. 20

- **diseño** → gráfico / industrial / de moda / de interiores
- casa / ropa → **de diseño**
- estar → **de moda**
- pasar → **de moda**
- seguir → **la moda**
- ir → **a la moda**

SUPERLATIVOS Y OTROS GRADATIVOS /MÁS EJ. 16-17

feo	caro	rico	rápido
muy feo	**muy** caro	**muy** rico	**muy** rápido
fe**ísimo**	car**ísimo**	riqu**ísimo***	rapid**ísimo**

* A veces hay cambios ortográficos: ri**c**o – ri**qu**ísimo.

Para intensificar una cualidad, en lengua coloquial, a veces usamos el prefijo **super**.

*Es un aparato **super**práctico.*

Con adjetivos que expresan una gran intensidad, es frecuente usar **realmente** o **verdaderamente** para insistir en la cualidad.

*Es **realmente** / **verdaderamente** fantástico / horrible...*

Otros gradativos:

Es **demasiado** / **excesivamente** llamativo.
Es **(muy) poco*** práctico.
Es **un poco**** caro. (= Es caro).
No es **nada** interesante.

* Recuerda que **poco** se usa para rebajar la intensidad de una cualidad que, generalmente, se considera positiva.

** Recuerda que **un poco** se utiliza con cualidades que, generalmente, se consideran negativas.

Gramática y comunicación **10**

FRASES RELATIVAS

P. 297-298

Las frases relativas sirven para añadir información explicativa sobre un sustantivo o para indicar alguna característica.

*Este anillo, **que perteneció a mi abuela**, es de oro blanco.*
*Esta es la novela **que me compré ayer**.*

CON INDICATIVO O CON SUBJUNTIVO

Utilizamos el indicativo para referirnos a algo específico, es decir, algo concreto que conocemos o que sabemos que existe.

*Hola... Quería ver una cámara **que cuesta** unos 300 €. Me la enseñó usted ayer.* (= Sabe que la tienen y que cuesta 300 euros).

Usamos el subjuntivo para referirnos a algo no específico, es decir, algo que desconocemos o que no sabemos que existe.

*Hola... Quería ver una cámara **que cueste** unos 300 €.* (= No sabe si tienen cámaras de ese precio).

En las frases relativas, algunas palabras y expresiones suelen ir seguidas de subjuntivo:

- Las que llevan verbos como **necesitar**, **buscar**, **desear** o **querer**, cuando se refieren a cosas no específicas:

***Necesito** una intérprete que me acompañe a la reunión de mañana.*

- La negación (**no**, **nadie**, **nada**, **ningún/a**, etc.), cuando dejamos abierta la posibilidad de que exista (o no) aquello de lo que se habla:

***Nadie** que lo conozca diría eso de él.*

- Los cuantificadores indefinidos (**alguien**, **algo**, **algún/a**, etc.), en frases interrogativas, cuando dejamos abierta la posibilidad de que exista (o no) aquello de lo que se habla:

*¿Hay **alguien** que quiera un café?*

CON PREPOSICIÓN

Cuando las frases relativas llevan preposición, el artículo (**el** / **la** / **lo** / **los** / **las**), que va entre la preposición y el pronombre **que**, concuerda en género y en número con la palabra a la que se refiere.

*Este es el coche en **el** que fuimos a Cartagena.*

*¿Es esta la llave con **la** que cerraste la puerta?*

*Necesito algo con **lo** que pueda abrir esta lata.*

*Los hoteles en **los** que nos alojamos eran muy buenos.*

*Allí están las chicas de **las** que te hablé.*

Cuando nos referimos a lugares, podemos usar **donde** en lugar de **en el** / **la** / **lo** / **los** / **las que**.

*Esta es la casa **en la que** nací. = Esta es la casa **donde** nací.*

Cuando nos referimos a personas, podemos usar preposición + **quien** / **quienes** en lugar de preposición + **el** / **la** / **lo** / **los** / **las que**.

*Esa es la chica **con la que** fui a la fiesta. = Esa es la chica **con quien** fui a la fiesta.*

VALORAR

(Yo) **Lo encuentro** / **veo** muy bonit**o**.
(Yo) **La encuentro** / **veo** muy bonit**a**.
(Yo) **Los encuentro** / **veo** muy bonit**os**.
(Yo) **Las encuentro** / **veo** muy bonit**as**.

(A mí) **Me parece/n** muy **bonito/a/os/as**.

VALORACIONES NEGATIVAS

(A mí) **No me desagrada, pero** yo no lo compraría.
No está mal, pero no es lo que estoy buscando.
(A mí) **No me convence.** / **No me acaba de convencer.**
La verdad, para mí es excesivamente moderno.
Es bonito, **pero, francamente / sinceramente**, no le veo ninguna utilidad.

FRASES EXCLAMATIVAS /MÁS EJ. 18

¡**Qué** horror / maravilla...!

¡**Qué** (vestido **tan**) bonito!
= ¡**Qué** (vestido **más**) bonito!

8. ALT|DIGITAL UNA NUEVA VIDA PARA UN OBJETO TRADICIONAL

A. En grupos, pensad en un objeto tradicional característico de vuestro país y escribid cómo explicaríais a una persona extranjera para qué sirve.

Es un objeto que se usa para refrescarse cuando hace mucho calor. Tiene una tela y unos palitos de madera para mantener la tela abierta. Se usa con la mano para dar aire.

B. Ahora, cread un objeto moderno a partir de ese objeto tradicional (como hace el diseñador Martín Azúa) y dibujadlo. Luego, presentadlo a la clase.

- *Nosotros hemos creado un ventilador con forma de abanico tradicional japonés. Es...*

9. ¿ALGUIEN TIENE...?

A. Individualmente, piensa si tienes en clase alguna de estas cosas. Luego, comparte lo que has escrito con el resto de la clase.

- Algo que funcione con pilas: ....
- Algo que esté de moda: ....
- Algo que quepa en el bolsillo y que sea de madera: ....

- *Yo no tengo nada que funcione con pilas.*
- *Yo sí, una linterna que siempre llevo en la mochila.*

B. Ahora, en parejas vais a escribir tres frases más como las de A. Luego, vais a buscar a alguien que tenga en clase esas cosas. Gana la pareja que consiga más cosas.

– Algo que no se rompa fácilmente.

– ...

- *¿Tienes algo que no se rompa fácilmente?*
- *Mmm... Sí, mira, esta piedra. Siempre la llevo, me da buena suerte.*

C. Presentad al resto de la clase los objetos que habéis obtenido. Decid quién os los ha dado y devolvédselos.

- *Nosotros hemos encontrado un objeto que no se rompe fácilmente: una piedra. Es de Mark. Toma, Mark, gracias.*

10. ALT|DIGITAL ESTÁ DE MODA

A. Haz estas preguntas sobre la ropa y la moda a un/a compañero/a y anota sus respuestas.

1. ¿Qué colores te gustan más para vestir?
2. ¿Sabes cuáles son los colores de moda este año? ¿Te gustan?
3. ¿Usas ropa de marca?
4. ¿Cuál es tu marca favorita?
5. ¿Crees que la manera de vestir refleja la personalidad?
6. ¿Cuánto tiempo sueles tardar en vestirte?
7. ¿Guardas alguna prenda de vestir desde hace muchos años? ¿La usas?
8. ¿Te gusta llamar la atención con la ropa?
9. ¿Qué tipo de ropa crees que te queda bien?
10. ¿Sigues a algún/a experto/a en moda o te gusta la forma de vestir de algún/a famoso/a?
11. ¿Gastas mucho dinero en ropa?
12. En español se dice que "para presumir hay que sufrir". ¿Estás de acuerdo?

B. Busca una prenda de vestir para regalarle a tu compañero/a en su cumpleaños. Muéstrala en clase y explica por qué la has elegido.

- *A Boris le voy a regalar esta chaqueta naranja porque le gustan los colores alegres y las prendas llamativas. Además, tiene un estilo deportivo y parece superpráctica...*

C. ¿Qué te parece la prenda que ha elegido tu compañero/a? ¿Te gusta?

11. ¿PUEDES USARLO EN LA COCINA?

A. Piensa en un objeto que tenga especial importancia en tu vida cotidiana. Luego, intenta responder mentalmente a las siguientes preguntas.

- ¿Es útil?
- ¿Es caro?
- ¿Para qué sirve?
- ¿Se arruga?
- ¿Se estropea?
- ¿Se rompe?
- ¿Funciona con pilas / electricidad?
- ¿Pasa de moda?
- ¿Es fácil de usar?
- ¿Dura mucho tiempo?
- ¿Ocupa mucho espacio?
- ¿Consume mucho?
- ¿Puedes usarlo en la cocina / en el salón?
- ¿Lo puedes llevar encima?

B. Ahora, tu compañero/a te va a hacer preguntas para adivinar en qué objeto has pensado. Tú solo puedes responder sí o no.

- *¿Lo puedes usar en la cocina?*
- *No.*
- *¿Sirve para...?*

12. ALT|DIGITAL ¿EXISTE ALGUNA COSA QUE...?

A. ¿Hay alguna cosa que necesites y que no exista o no encuentres? Escríbelo en un papel.

Yo necesito una mesa que se pueda regular, o sea, que pueda trabajar en ella sentado, pero también de pie. Porque paso muchas horas sentado y no me va bien para la espalda. No sé si existe, no la he buscado... (Ben)

Yo necesito un despertador que me despierte de verdad. Como duermo con tapones porque no soporto oír ruidos, por la mañana no oigo el despertador y no me despierto. He probado varios y no encuentro nada que me despierte. (Luna)

Yo tengo un problema cuando compro botas porque tengo el empeine muy alto y me cuesta mucho meter los pies. ¿Alguien conoce alguna marca que haga botas flexibles o para pies con empeine alto? (Kate)

B. Vuestro/a profesor/a recoge los papeles y va leyendo lo que habéis escrito. ¿Tenéis algún consejo para vuestros/as compañeros/as? ¿Sabéis dónde pueden encontrar lo que buscan?

- *Las mesas regulables existen. Mira, busco una en internet...*
- *Pues yo tengo un despertador que suena muy fuerte y que te envía unas luces rojas. Creo que podría servirte.*

C. Con todas vuestras ideas, vais a hacer un póster como este.

COSAS QUE NECESITAMOS

DESPERTADOR PARA DORMILONES

Este es un despertador para personas que tienen un sueño muy profundo y que no se despiertan fácilmente. Hace un ruido muy fuerte (113 decibelios) y emite luces rojas. Además, viene con un complemento que vibra, para poner debajo de la almohada.

UNA MESA REGULABLE

Es una mesa que se puede regular para subirla y bajarla. Es ideal cuando varias personas tienen que compartir la misma mesa, en diferentes momentos, pero tienen alturas muy diferentes. Y también para personas que quieren trabajar a veces sentadas, y otras, de pie.

13. ALT|DIGITAL MOOD STORE, BARCELONA

ANTES DE VER EL VÍDEO

A. Vas a ver un vídeo sobre una tienda de joyería. ¿Llevas joyas habitualmente? ¿Qué tipo de joyas te pones más (pendientes, pulseras, anillos, collares, relojes...)? ¿Cómo son?

VEMOS EL VÍDEO

B. ▶ 12 Ve el vídeo hasta el minuto 00:34. ¿Qué información da sobre la tienda Mood store?

C. ▶ 12 Ve todo el vídeo. ¿Por qué los anillos son personalizables? Toma nota de todo lo que dice sobre eso.

D. ▶ 12 Vuelve a ver el vídeo y contesta a las siguientes preguntas.

- ¿Para qué tipo de personas están diseñados los anillos?
- ¿Cómo es la base de los anillos? ¿Quién la diseñó?
- ¿Se hacen nuevos diseños? ¿Cada cuánto tiempo?

DESPUÉS DE VER EL VÍDEO

E. Crea un anillo para ti o para alguien que conoces bien. Piensa en el color, en los materiales, en las texturas, en si quieres grabados o no, etc. Luego, presenta tu anillo en clase.

- *Yo he diseñado un anillo con una base de color negro y una parte central de madera con...*

F. ¿Conocéis otras cosas personalizables? ¿Cuáles? Luego, en parejas, comentad qué otras cosas os gustaría poder personalizar.

11 UN MUNDO MEJOR

INICIATIVAS PARA UN MUNDO MEJOR

Todos podemos hacer algo para conseguir un planeta más verde y un mundo mejor ¡y más feliz! Aquí tenéis algunas ideas.

Compartir el coche... o la comida

Nacen páginas web para las personas que necesitan viajar en coche y quieren compartir los gastos con otros. E iniciativas, como Meal Sharing, para personas que, cuando viajan, quieren comer en casa de alguien en vez de hacerlo en un restaurante.

Plantar un huerto en casa o participar en un huerto urbano

La manera ideal de alimentarse bien: comer frutas y verduras ecológicas cultivadas en casa o en tu barrio.

Apoyar el comercio local

Las compañías de comercio electrónico están acabando con las pequeñas empresas y los negocios locales. Además, el transporte por carretera que conlleva este tipo de comercio tiene un enorme impacto ambiental. Piensa en comprar en tiendas locales o busca servicios o plataformas *online* que respeten el comercio local, como la española todostuslibros.com o ecolocalmarket.

AUDIOS, VÍDEOS, DOCUMENTOS ALTERNATIVOS, ETC., DISPONIBLES EN **campus difusión**

EN ESTA UNIDAD VAMOS A

PRESENTAR ALGUNOS PROBLEMAS Y PROPONER SOLUCIONES

RECURSOS COMUNICATIVOS

- valorar situaciones y hechos
- opinar sobre acciones y conductas

RECURSOS GRAMATICALES

- **es injusto / una vergüenza...** + infinitivo / **que** + presente de subjuntivo
- **está bien / mal** + infinitivo / **que...** + pres. de subjuntivo
- **me parece bien / mal / ilógico...** + inf. / **que** + presente de subjuntivo
- el condicional
- **esto / eso / lo + de** (**que**) + sustantivo / verbo

RECURSOS LÉXICOS

- acciones para un mundo mejor
- características y materiales de los objetos

Comprar productos reciclables y reciclados

Bolsas hechas de papel reciclado o a base de almidón de patata, anoraks hechos de plástico reciclado, copas de vidrio reciclado... Hoy en día, existen alternativas ecológicas y a buen precio a casi todos los productos que necesitamos.

Adoptar una mascota

Cada vez surgen más iniciativas para impulsar la adopción de mascotas. Si estás pensando en adquirir un animal, tienes alternativas. Infórmate y no compres, adopta.

Empezar

1. INICIATIVAS PARA UN MUNDO MEJOR /MÁS EJ. 2, 15

A. Una web ofrece ideas para vivir de manera más sostenible y participativa. ¿Qué te parecen las propuestas?

Para comunicar

→ A mí, lo de... me parece raro / interesante / bien / fatal...
(no) me parece (muy) buena idea.

- *A mí, lo de compartir la comida me parece una idea muy extraña...*
- *Pues a mí me parece muy buena idea. Es una oportunidad para conocer gente.*

B. ¿Crees que participar en estas iniciativas conlleva mucho esfuerzo?

C. ¿Qué otras ideas o propuestas del mismo tipo conoces?

Comprender

2. KM 0 /MÁS EJ. 1

A. Observa el título del texto y las imágenes. ¿A qué crees que se refieren los adjetivos **buena**, **limpia** y **justa**?

BUENA, LIMPIA... Y JUSTA

¿Es lógico que en los supermercados españoles encontremos a precios bajísimos legumbres producidas en Estados Unidos? ¿Es sostenible que en los restaurantes de Singapur se sirva agua embotellada en los Alpes? Para los creadores del movimiento slow food, la respuesta es no.

EL ORIGEN: *SLOW FOOD*. En 1986, Carlo Petrini crea *slow food* en Italia para defender la cocina local en todo el mundo. Para los seguidores de este movimiento, la alimentación debe ser buena, limpia y justa. Los alimentos deben tener buen gusto, deben ser producidos sin dañar el medioambiente ni nuestra salud, y los productores deben ser pagados de manera justa. El *slow food* se basa en la idea de la "ecogastronomía"; es decir, la conexión entre la comida, el paisaje local y el planeta. Y por eso apoya a productores de alimentos locales en todo el mundo.

Apoyar a los productores locales es una manera de que las materias primas no viajen miles de kilómetros, pero también de que sobrevivan variedades de vegetales y animales autóctonos. Es la manera de conservar para nuestros hijos el aceite de oliva producido a partir de olivos milenarios en Castellón o el amaranto de México.

KM 0. Esta idea de conservar los productos y las recetas tradicionales ha atraído en los últimos años a cocineros de todo el planeta, que han creado una red de restaurantes y de cocineros *slow food*. Para formar parte de la red es necesario que en la carta haya al menos cinco platos Km 0, que el restaurante separe y recicle los residuos y que el chef comparta las ideas del movimiento *slow food*.

ENEKO ATXA, chef del Azurmendi, restaurante Km 0 con 3 estrellas Michelin reconocido en 2018 como el restaurante más sostenible del mundo.

LOS PLATOS Y LOS RESTAURANTES. ¿Qué es un plato Km 0? Para recibir el sello "Km 0" es necesario que el ingrediente principal del plato y el 40 % de los ingredientes sean locales. Además, el restaurante debe comprarlos directamente al productor y deben estar producidos a menos de cien kilómetros del restaurante. Muchos restaurantes en España y toda América Latina forman parte de esta red. Cocineros y cocineras jóvenes y con enorme talento, a menudo en zonas rurales, llevan a la mesa las recetas de las abuelas y usan los productos "de toda la vida". Pero además tienen un buen ejemplo que seguir: el mejor restaurante del mundo de los años 2011, 2012 y 2013 es el danés Noma, un Km 0.

B. MAP Lee el texto. Luego, en parejas, responded las siguientes preguntas.

- ¿Qué es lo que no les parece lógico y sostenible a los creadores del movimiento?
- ¿Qué creéis que quiere conseguir el movimiento *slow food*?
- ¿Creéis que es una buena idea?
- ¿Os gustaría ir a un restaurante Km 0?

C. Buscad en internet restaurantes en España, América Latina o vuestro país que formen parte de la red Km 0. Presentad al resto de la clase uno que os parezca interesante.

3. ALT|DIGITAL UNA "CIUDAD VERDE"

A. ¿A qué se puede referir el concepto "ciudad verde"? En parejas, elaborad una lista de características.

- *Para nosotros, una ciudad verde es una ciudad con zonas verdes, que fomenta el uso de...*

B. MAP ALT Lee este texto sobre la ciudad de Medellín. ¿Menciona algunas de las características que habéis pensado en A?

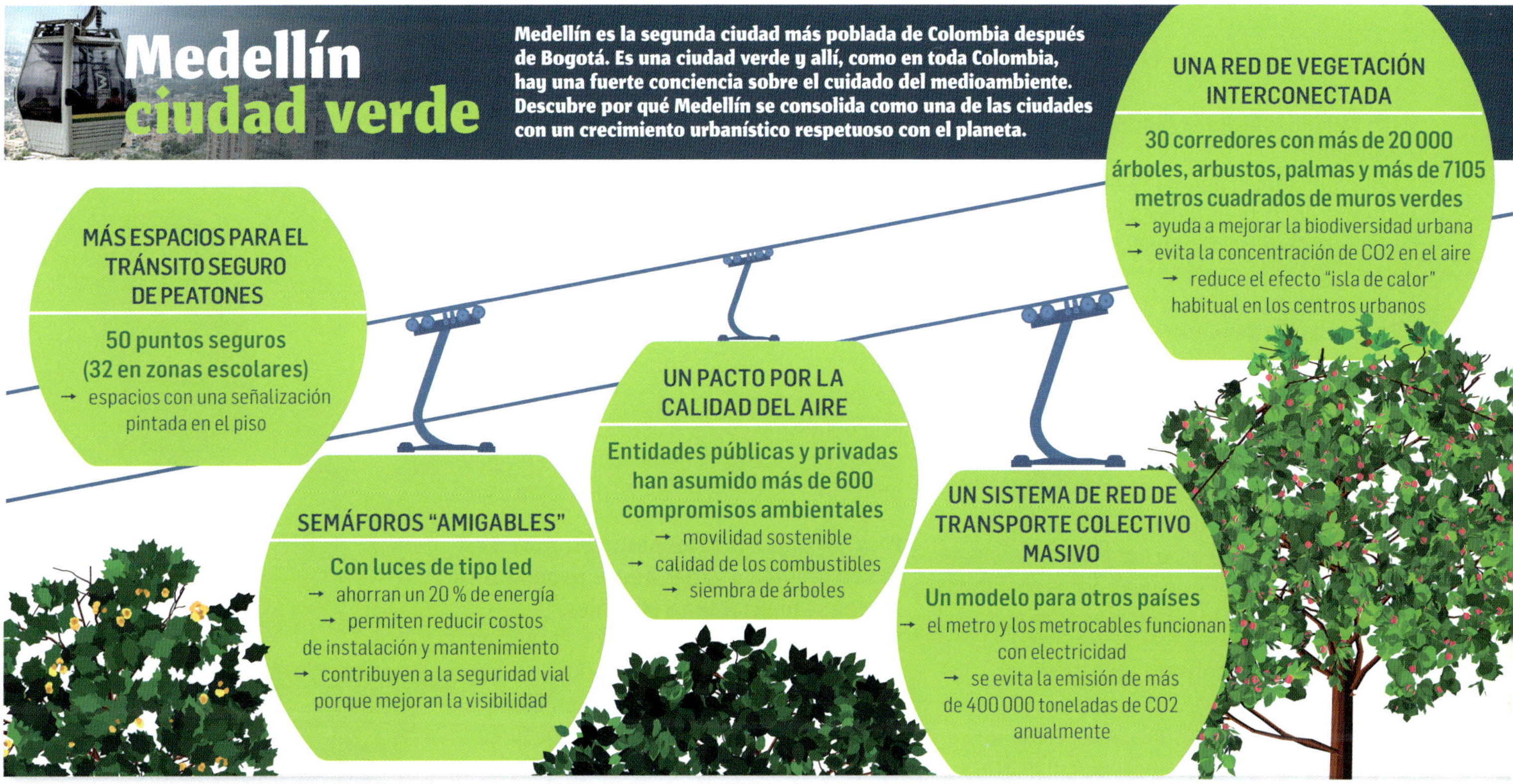

C. Piensa en tu ciudad. ¿Crees que es una ciudad verde? ¿Qué debería cambiar para serlo? Coméntalo con otras personas de la clase.

D. ¿Cuáles son las ciudades más verdes del mundo? Prepara una breve presentación sobre una.

Construimos el LÉXICO

Haz una lista de acciones que haces en tu día a día que, en tu opinión, ayudan a proteger el medioambiente.

Reciclar los residuos.
Usar la bici para ir a la universidad.

Explorar y reflexionar

4. UN MUNDO SOSTENIBLE /MÁS EJ. 3-4

A. MAP Lee esta entrevista y contesta las preguntas en tu cuaderno.

1. ¿Qué piensa el entrevistado sobre el maltrato animal? ¿Estás de acuerdo con su opinión?
2. ¿Qué casos de maltrato menciona?
3. ¿Qué soluciones propone? ¿Estás de acuerdo con esas soluciones? ¿Se te ocurren otras?
4. ¿Crees que en tu país se dan casos de maltrato contra los animales? ¿Cuáles?

«La gente sigue tratando mal a los animales»

¿En España todavía se maltrata a los animales?
Creo que hemos mejorado mucho en los últimos años, pero todavía hay mucha gente que se comporta de forma cruel con los animales.

Tu asociación denuncia cientos de casos cada año.
Sí, y es vergonzoso que, a estas alturas, algunas personas traten a los animales así, pero ocurre. Cada año denunciamos aproximadamente 500 casos de familias que abandonan a su perro o a su gato. Es inconcebible tratar así a animales indefensos. Deberíamos tener leyes más duras para todas las personas que cometen esos crímenes.

Ante un caso de maltrato ¿qué debemos hacer?
Ante un caso que presenciamos, como un perro atado sin comida ni cobijo, nuestra obligación es ponerlo en conocimiento de las autoridades y aportar pruebas si las tenemos. Si lo encontramos en internet, es importante no compartir ni divulgar las imágenes.

¿Cuál es la postura de tu asociación respecto a las corridas de toros?
Son un acto bárbaro que, además, muchos Gobiernos apoyan con dinero público. Es lamentable que en el siglo XXI todavía exista esta demostración de crueldad y creemos que debería aprobarse de inmediato una ley para prohibir las corridas en todas partes de España.

Pero hay algunos datos positivos, ¿no crees? Se han prohibido varias fiestas populares en las que se maltrataba a animales.
Es verdad que la situación actual es mucho mejor que la de hace algunos años. Es lógico también que las leyes cambien y que se prohíban costumbres primitivas. Es más, pensamos que habría que prohibirlas todas ya.

Raúl Santos es el presidente de APDA, una asociación para la defensa de los animales. Acaba de publicar un libro titulado *Atacados e indefensos.*

B. Observa las expresiones resaltadas en amarillo. En unos casos se construyen con infinitivo y, en otros, con **que** + subjuntivo. ¿Intuyes por qué?

C. Ahora, compara estas dos frases. ¿Por qué crees que en una se usa indicativo y en la otra el subjuntivo? Trata de completar la regla.

- Es verdad que la situación actual **es** mejor que la de hace dos años.
- No es verdad que la situación actual **sea** mejor que la de hace dos años.

1. Si queremos afirmar la veracidad o la evidencia de algo, usamos un verbo conjugado en ....

2. Si queremos negar algo que se ha dicho anteriormente, usamos un verbo conjugado en ....

5. LE PARECE FATAL /MÁS EJ. 6-7

A. 64 Vas a escuchar tres conversaciones en las que varias personas comentan asuntos relacionados con el medioambiente. Escucha y toma notas de los temas de los que hablan y de las valoraciones que hacen. Después, coméntalo con otras personas de la clase.

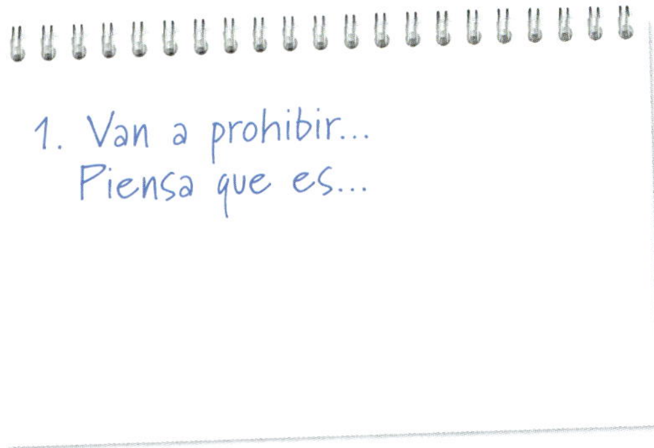

- *En la primera conversación hablan de prohibir...*

B. El verbo **parecer** también se usa para valorar situaciones y hechos. Expresa las valoraciones de A usando las estructuras de la tabla.

PARECER + **ADJETIVO, NOMBRE O** BIEN / MAL + **INFINITIVO**	PARECER + **ADJETIVO, NOMBRE O** BIEN / MAL + QUE + **SUBJUNTIVO**
1. Le parece...	
2.	
3.	

C. ¿Estás de acuerdo con las valoraciones de B? Coméntalo con otras personas de la clase.

Para comunicar

- Me parece (i)lógico / (in)necesario / (in)suficiente / (in)justo...
- Me parece un horror / una vergüenza...
- (No) me parece bien / mal / buena idea

CÁPSULA DE ORTOGRAFÍA 6

¿Ge o jota?

Explorar y reflexionar

6. ¿TÚ HARÍAS ESO? /MÁS EJ. 8-9

A. Aitor comenta con otra persona algunas ideas para vivir de una manera más sostenible y participativa. ¿De qué iniciativas crees que hablan?

1

2

3

- ¿Tú **invitarías** a comer a tu casa a personas desconocidas?
- ○ No sé, la idea está bien, pero creo que no lo **haría**.

- Yo esto sí que **podría** hacerlo, mira.
- ○ ¿Sí? ¿**Viajarías** en tu coche con un desconocido? Creo que a mí no me **gustaría**...

- Y mira esto. ¿Tú **usarías** algo así?
- ○ Pues sí, ¿por qué no? Parecen prácticas. Si son resistentes...

B. Los verbos en negrita de la conversación de A están en condicional. ¿Entiendes lo que expresamos con ese tiempo verbal?

C. ¿Recuerdas cómo se forma el futuro? El condicional es muy parecido. Completa las formas que faltan.

	FUTURO	CONDICIONAL		FUTURO	CONDICIONAL
(yo)	invitar**é**	invitar**ía**	(nosotros / nosotras)	invitar**emos**	....
(tú)	invitar**ás**	invitar**ías**	(vosotros / vosotras)	invitar**éis**	invitar**íais**
(él / ella, usted)	invitar**á**	....	(ellos / ellas, ustedes)	invitar**án**	....

D. La raíz de los verbos irregulares en condicional es la misma que la del futuro. Intenta conjugar la primera persona de estos verbos.

- hacer → haría
- saber → ....
- poner → ....
- poder → ....
- tener → ....
- querer → ....
- salir → ....
- decir → ....

7. Y LO QUE DICE SOBRE... /MÁS EJ. 12-14

A. Lee estos consejos para cuidar el medioambiente y piensa qué objetivos tiene cada uno. Luego, en grupos, poned en común vuestras ideas.

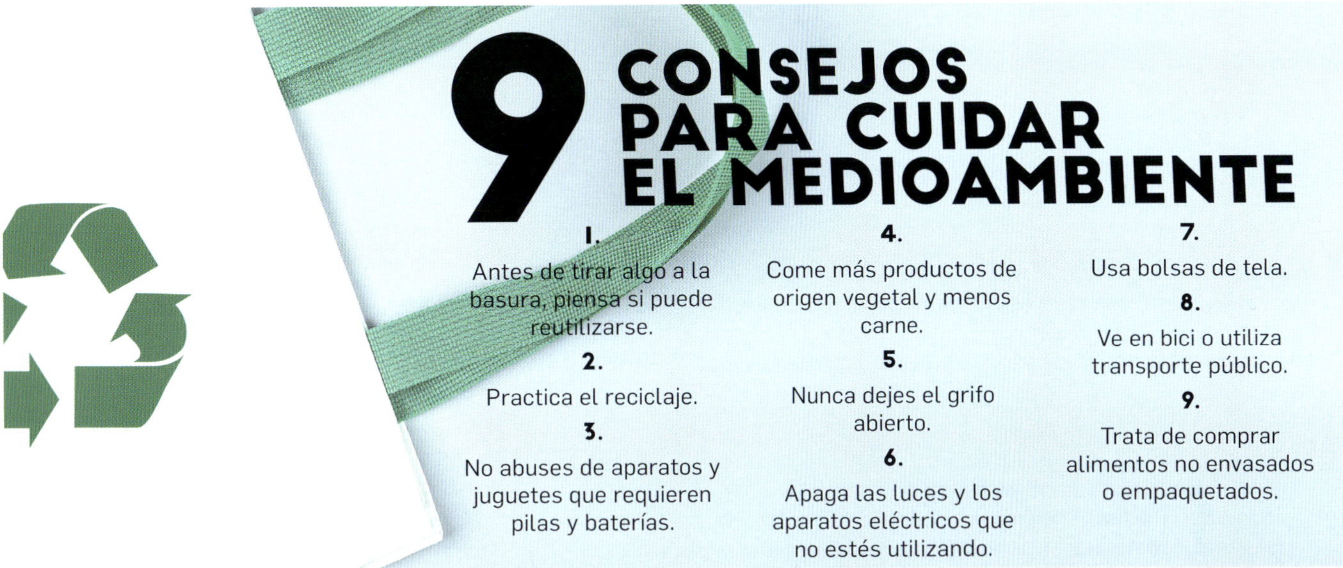

Consejo 1:
Reducir residuos
Practicar un consumo responsable

Para comunicar

- → incentivar el uso / consumo de...
- → evitar el desperdicio de...
- → ahorrar energía / agua...
- → reducir residuos / el tráfico...

B. Tres personas han reaccionado a los consejos de A. Lee lo que han dicho. ¿A qué consejo se refiere cada persona?

"**Daniela: Lo de** los envases lo tengo cada vez más en cuenta. Siempre que puedo, compro a granel."

"**Justo: Lo de que** no hay que dejar la luz encendida es bastante obvio, ¿no?"

"**Leonor: Esto de** comer menos productos de origen animal, no entiendo qué relación tiene con el medioambiente."

"**Paulina**: **Lo de** cerrar el agua siempre lo hago."

C. Fíjate en las estructuras en negrita de B y marca la opción correcta para completar la regla.

Usamos	**lo / esto / eso + de** + infinitivo **lo / esto / eso + de + el (del) / la / los / las** + sustantivo **lo / esto / eso + de que** + verbo	○ para introducir un tema nuevo en una conversación. ○ para introducir un tema familiar para las personas que hablan o que ha sido mencionado.

D. ¿Y tú? ¿Qué opinas sobre los consejos de A? ¿Los sigues? Coméntalo con el resto de la clase.

- *Yo hago lo de ir en bici. Siempre voy en bici a todas partes.*

Léxico

ADJETIVOS Y EXPRESIONES PARA VALORAR

/MÁS EJ. 16

Es →

(i)lógico	normal	un horror
(in)necesario	sorprendente	una vergüenza
(in)suficiente	importante	una tontería
(in)justo	intolerable	una locura
ético	estupendo	una maravilla
grave	terrible	una sorpresa
increíble*	absurdo	

* **Increíble** sirve tanto para hacer valoraciones positivas como negativas:
*Ayer vi un documental sobre Jane Goodall. Es **increíble** todo lo que ha hecho por los chimpancés y la vida salvaje.*
*Me parece **increíble** que exista tanta corrupción en este país y que no se haga nada al respecto.*

! El prefijo **in-** expresa, por lo general, el sentido contrario a la palabra que acompaña o su ausencia. **In-** pierde la letra **n** delante de palabras que empiezan por **l** (**lógico** → **ilógico**) o por **r** (en este caso la **r** se duplica: **relevante** → **irrelevante**). En cambio, delante de palabras que empiezan por **b** o por **p**, se trasforma en **im-** (**posible** → **imposible**).

ADJETIVOS Y EXPRESIONES PARA INDICAR VERACIDAD O EVIDENCIA (O AUSENCIA DE ESTA)

* **Es cierto** significa "es verdad". No significa "es seguro".

Es →

cierto*	una obviedad
verdad	de sentido común
evidente	mentira
obvio	falso
innegable	

Está → claro

ACCIONES PARA UN MUNDO MEJOR /MÁS EJ. 17

VERBO	SUSTANTIVO
reciclar	(el) reciclaje
reutilizar	(la) reutilización
comprar	(la) compra
consumir	(el) consumo
ahorrar	(el) ahorro
reducir	(la) reducción
fomentar	(el) fomento
luchar	(la) lucha

CARACTERÍSTICAS Y MATERIALES DE LOS OBJETOS

/MÁS EJ. 18-20

biodegradable
reutilizable
reciclable
reciclado/a
orgánico/a
vegano/a

apto/a para personas veganas
local / de proximidad
de un solo uso
de usar y tirar
de bajo consumo
de segunda mano

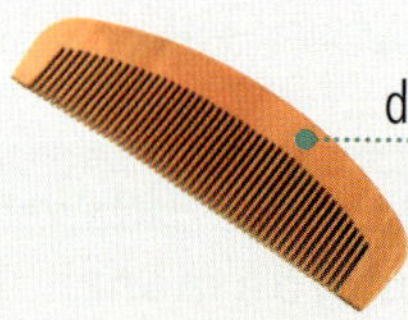

un peine de madera

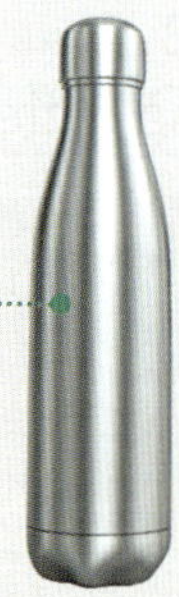

una botella de acero inoxidable

un cepillo de dientes de bambú

un envase de vidrio

una esponja vegetal

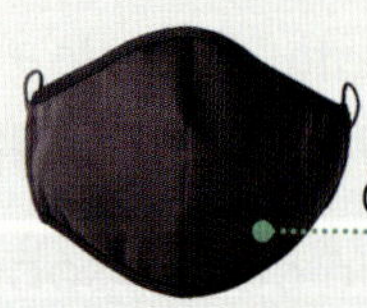

una mascarilla de tela / algodón

EL CONDICIONAL /MÁS EJ. 10-11

P. 285

	GASTAR	PERDER	VIVIR
(yo)	gastar**ía**	perder**ía**	vivir**ía**
(tú, vos)	gastar**ías**	perder**ías**	vivir**ías**
(él / ella, usted)	gastar**ía**	perder**ía**	vivir**ía**
(nosotros/as)	gastar**íamos**	perder**íamos**	vivir**íamos**
(vosotros/as)	gastar**íais**	perder**íais**	vivir**íais**
(ellos/as, ustedes)	gastar**ían**	perder**ían**	vivir**ían**

El condicional en español tiene varios usos: expresar deseos difíciles de realizar, opinar sobre acciones y conductas, evocar situaciones imaginarias, aconsejar, pedir de manera cortés que alguien haga algo…

EXPRESAR DESEOS

Especialmente con verbos como **gustar** y **encantar**.

- ***Me encantaría*** *ir en bici al trabajo, pero es que vivo muy lejos.*
- *Ya, a mí también* ***me gustaría****…*

OPINAR SOBRE ACCIONES Y CONDUCTAS

Yo nunca ***abandonaría*** *un animal. Me parece muy cruel.*

EVOCAR SITUACIONES HIPOTÉTICAS

- *¿Qué* ***harías*** *para mejorar la alimentación?*
- ***Aumentaría*** *los impuestos de los alimentos con grasas saturadas.*

ACONSEJAR, SUGERIR

Con verbos como **poder**, **deber** o **tener que**.

- *Yo a veces no reciclo porque no tengo espacio en casa…*
- *Pues yo creo que* ***deberías*** *empezar a hacerlo.* ***Podrías*** *comprarte una papelera de esas que están divididas y que no ocupan espacio.*

ESTO / ESO / LO + DE (QUE) + SUSTANTIVO / VERBO

P. 265

Cuando queremos hablar de un tema familiar para los interlocutores o que ha sido mencionado antes, usamos **esto** / **eso** / **lo de** (**que**).

Está muy bien ***lo de*** *compartir coche: ahorras, conoces a gente…*

- *¿Has leído* ***lo del*** *meal sharing?*
- *Es* ***eso de*** *invitar a gente a tu casa para comer, ¿no?*

¿Qué te parece ***lo de que*** *prohíban las corridas de toros?*

VALORAR SITUACIONES Y HECHOS

P. 297

(No) Es (No) Me parece	grave un horror una vergüenza …	+ **que** + subjuntivo + infinitivo
(No) Está (No) Me parece	(muy) bien / mal	+ **que** + subjuntivo + infinitivo

Es lógico que subán *el precio de las bebidas azucaradas. Son malas para la salud.*

A mí no me parece normal que *consumamos productos que vienen de la otra punta del mundo si también se producen aquí…*

Está muy bien que *en algunas tiendas hagan descuento si llevas envases para reciclar o reutilizar.*

! Usamos el infinitivo cuando la persona que habla lo hace de sí misma o queremos generalizar: ***Creo que es muy importante*** *concienciar a toda la población de los efectos del cambio climático.*

EXPRESAR VERACIDAD O EVIDENCIA (O AUSENCIA DE ESTA)

P. 297

Los adjetivos y las expresiones que indican veracidad o evidencia van seguidos de indicativo. Los que dudan o niegan esa veracidad o evidencia, generalmente van seguidos de subjuntivo.

Es	verdad, cierto, evidente, obvio, innegable	+ **que** + indicativo
Está	claro	
No es	cierto / verdad	+ **que** + subjuntivo*
No está	claro	
Es	mentira / falso	

* El uso del indicativo en estas construcciones es posible si la persona que habla está repitiendo una frase que alguien ha dicho antes:

- *María se ha separado de Rubén. Es evidente que ya no están enamorados.*
- *No es cierto que no están / estén enamorados, lo que pasa es que Rubén tiene un carácter muy complicado y no hay quien lo aguante.*

Practicar y comunicar

8. NOTICIAS

A. Imagina que estos titulares de periódico se han publicado hoy en tu país y que son reales. ¿Qué opinas? Coméntalos con otra persona de la clase.

Se prohíbe la fabricación de coches altamente contaminantes

Nueva "ecotasa": los turistas deberán pagar 100 euros para entrar al país

El Gobierno aumenta los impuestos a los aparatos que funcionan con pilas

Se conceden ayudas millonarias para impulsar la agricultura biológica

El Gobierno quiere plantar 1 millón de árboles frutales en las ciudades de todo el país

Los países productores acuerdan subir el precio del café para potenciar su desarrollo

- *A mí me parece muy bien que prohíban fabricar coches muy contaminantes. Hoy en día se pueden fabricar modelos que contaminen poco.*
- *No sé, ¿esos coches que contaminan menos no son más caros?*

Para comunicar

→ Es injusto / una tontería	prohibir / que se prohíba...
→ Me parece lógico / una locura	lo de las ayudas a...
→ Yo creo que está (muy) bien / mal	lo de ayudar...
	lo de que ayuden...

B. En parejas, escribid un titular imaginario. Luego, leedlo en voz alta. El resto de la clase lo comentará.

9. APLICACIONES PARA UN MUNDO MEJOR

A. Cada vez existen más aplicaciones que tienen el objetivo de hacer del mundo un lugar mejor. En grupos, buscad tres aplicaciones y preparad tres fichas con la siguiente información.

- Nombre de la aplicación
- Propósito
- Cómo funciona
- Ventajas
- Valoración

B. Presentad a la clase las tres aplicaciones. ¿Hay alguna que ya conocíais? ¿Os ha sorprendido alguna? ¿Hay alguna aplicación que os gustaría utilizar?

10. SIN RESIDUOS

A. En parejas, fijaos en estos objetos. ¿Sabéis los nombres de todos? ¿Los usáis a menudo? ¿Creéis que usarlos puede afectar al medioambiente? ¿Cómo?

1

2

3

4

5

6

7

8

9

10
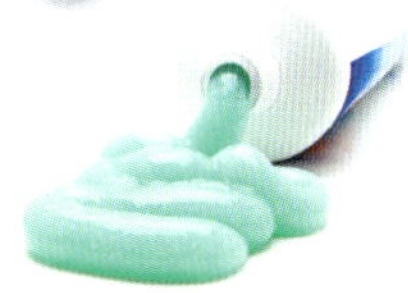

B. ▶ 13 Ve el videocatálogo de una tienda *online* y toma notas de las alternativas a los productos de A que ofrece. ¿Qué ventajas tienen estos productos alternativos?

C. Responde a estas preguntas y, luego, comenta tus respuestas con otras personas.

- ¿Te gustaría probar alguno de los productos del videocatálogo de la tienda Cero Residuo?
- ¿Alguno no te convence? ¿Por qué?
- ¿Usas o has usado productos como los que se ven en el vídeo? Si es así, ¿qué te parece el producto? ¿Lo recomendarías?

D. Piensa si en tu día a día usas productos de un solo uso o poco respetuosos con el medioambiente y haz una lista. ¿Sabes si existen alternativas más sostenibles? Comentadlo en grupos.

- *Yo cuando estoy resfriado uso muchos pañuelos de papel y creo que eso no es muy sostenible...*
- *Yo ahora uso pañuelos de tela. Al principio me parecía incómodo, pero ya me he acostumbrado a usarlos.*

Para comunicar

→ Yo tengo / uso (muchos/as / demasiados/as)...

→ A mí me gustaría empezar a usar / probar / comprar...
dejar de usar / comprar / consumir...

→ Yo preferiría..., pero me parece (que)...

Practicar y comunicar

11. ALT|DIGITAL ¿PODEMOS CAMBIAR LAS COSAS?

A. Vais a hablar de problemas relacionados con estos ámbitos y a proponer soluciones. Primero, entre toda la clase, ampliad la lista de temas relacionados con cada uno.

Los derechos de los animales

- Animales domésticos ilegales
- Experimentación con animales
- Otros: ....

....

La tecnología

- Las *fake news*
- El derecho al olvido
- Otros: ....

....

La alimentación

- Obesidad y otros problemas
- Comida rápida vs. *Slow Food*
- Otros: ....

....

El mundo del trabajo

- La conciliación entre vida laboral y familiar
- El acceso al trabajo
- Otros: ....

....

El consumo

- La esclavitud de la moda
- La obsolescencia programada
- Otros: ....

....

La desigualdad entre hombres y mujeres

- En el trabajo
- En la política
- Otros: ....

....

B. En grupos, elegid uno de los ámbitos de A y pensad en cosas ilógicas, injustas o perjudiciales. ¿Tenéis ideas o soluciones para mejorar esas situaciones?

- *Yo creo que no es lógico que mucha gente pase tanto tiempo cada día para ir al trabajo y volver. Ese tiempo se puede dedicar a la familia.*
- *¿Y qué se puede hacer?*
- *Hombre, los transportes podrían mejorar y...*

Para comunicar

→ Crear / fomentar / facilitar...
→ Evitar / reducir / prohibir...
→ Obligar a...
→ Dar ayudas para...

C. Presentad a la clase los problemas y vuestras propuestas.

12. MODA SOSTENIBLE

ANTES DE VER EL VÍDEO

A. Vas a ver un vídeo que habla sobre la moda lenta. Antes de verlo, escribe qué palabras o conceptos crees que van a aparecer en el vídeo. Piensa en lo que sabes de los movimientos *slow* e investiga en internet si lo necesitas.

VEMOS EL VÍDEO

B. ▶ 14 Empieza a ver el vídeo y responde a estas preguntas.

1. ¿Qué es Madrid Es Moda? ....

....

2. ¿Qué relación tiene esta edición de Madrid Es Moda con la moda lenta? ....

....

....

C. ▶ 14 Algunos diseñadores y diseñadoras cuentan qué es para ellos/as la moda lenta. Continúa viendo el vídeo y toma notas de lo que dicen. ¿Con qué definición estás más de acuerdo?

D. ▶ 14 Termina de ver el vídeo. ¿Cómo son las presentaciones de las colecciones de Madrid Es Moda? ¿Por qué son importantes?

DESPUÉS DE VER EL VÍDEO

E. ¿Qué relación ves entre la moda y el medioambiente? ¿Cuáles son los problemas que ocasiona o ha ocasionado en el planeta todo lo relacionado con el mundo de la moda? Haz un esquema o mapa mental y comparte con otras personas de la clase tus conclusiones.

12 / MISTERIOS Y ENIGMAS

AUDIOS, VÍDEOS, DOCUMENTOS ALTERNATIVOS, ETC., DISPONIBLES EN **campus difusión**

EN ESTA UNIDAD VAMOS A

ESCRIBIR UN BLOG SOBRE MISTERIOS DE LA CIENCIA

RECURSOS COMUNICATIVOS

- hacer hipótesis y conjeturas
- relatar sucesos misteriosos
- expresar grados de seguridad

RECURSOS GRAMATICALES

- algunos usos del futuro simple y del futuro compuesto
- construcciones en indicativo y en subjuntivo para formular hipótesis

RECURSOS LÉXICOS

- sucesos misteriosos y fenómenos paranormales
- psicología y ciencia
- **creer algo / creerse algo / creer en algo**
- los verbos **pensar** y **recordar**

Empezar

1. EN ESTE NÚMERO...

A. Mira la portada de la revista *Misterios y Enigmas* y lee los titulares. ¿Con qué ámbitos los relacionas?

- fenómenos paranormales
- psicología
- ciencia
- sucesos misteriosos

B. ¿Te interesan los temas de los que habla la revista? ¿Qué artículos crees que te podrían interesar?

C. Comenta con el resto de la clase qué sabes sobre esos temas.

- *Yo vi un reportaje sobre las esferas de Costa Rica. Son unas piedras redondas que...*

2. ALT|DIGITAL LAS LÍNEAS DE NAZCA /MÁS EJ. 1, 13-14

A. MAP ALT ¿Sabes qué son las "líneas de Nazca"? Lee la entradilla del artículo y, luego, comenta con otras personas quiénes crees que las hicieron y para qué.

- *Yo he leído que era un sistema de escritura antigua.*
- *¿Ah, sí? Pues yo no sabía que existían.*

Las líneas de Nazca

En la región de Nazca, al sureste del Perú, existen, desde hace más de 1500 años, unas espectaculares y misteriosas líneas trazadas en el suelo de hasta 250 metros de largo. Declaradas en 1994 Patrimonio Cultural de la Humanidad por la Unesco, representan uno de los legados más importantes de las culturas preincaicas. Las más espectaculares son las que reproducen animales marinos y terrestres.

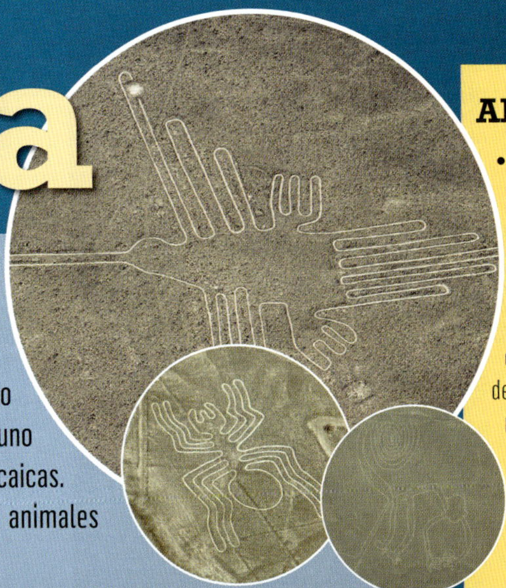

Desde que fueron redescubiertas en 1939 (los conquistadores españoles ya las describen en sus crónicas), el enigma de las líneas de Nazca no ha dejado de intrigar a arqueólogos, matemáticos y amantes de lo oculto. Pero ¿qué son en realidad?

Las líneas de Nazca son rayas y figuras, dibujadas sobre una llanura, que han permanecido intactas durante los años gracias a las particulares condiciones meteorológicas y geológicas del lugar. Las más impresionantes son, sin duda, las que representan animales. Entre las figuras representadas, hay un pájaro de 300 metros de largo, un lagarto de 180, un pelícano, un cóndor y un mono de más de 100 metros, y una araña de 42 metros. También hay figuras geométricas y algunas figuras humanas.

Teniendo en cuenta que los "dibujantes" probablemente nunca pudieron observar sus obras, ya que solo se pueden apreciar desde el aire o parcialmente desde algunas colinas, la perfección del resultado es asombrosa.

ALGUNAS HIPÓTESIS

- La primera teoría sobre el significado de estas figuras se remonta al siglo XVI. Los conquistadores españoles pensaron que las líneas eran **antiguas carreteras o caminos**.
- Paul Kosok, el primero en realizar una observación aérea, dijo que se trataba de **rutas o caminos para procesiones rituales**.
- La matemática alemana Maria Reiche pensaba que las líneas representaban un gigantesco **calendario astronómico**.
- El suizo Erich von Däniken afirmó que las líneas de Nazca fueron trazadas por extraterrestres para utilizarlas como **pistas de aterrizaje para sus platillos volantes**.
- Para los arqueólogos, el significado de estas figuras está relacionado con la importancia del agua en la cultura nazca. Según ellos, las líneas servían para **canalizar el agua o para marcar corrientes de agua subterránea**.
- Algunos historiadores mantienen que las líneas de Nazca representan un antiguo **sistema de escritura**.
- Otros estudiosos sostienen que son **dibujos realizados en honor al dios de la lluvia**.

B. Ahora, lee el resto del texto y comenta con otras personas con cuál de las hipótesis estás más de acuerdo.

Para comunicar

→ Para mí la explicación más lógica / convincente es la de...
→ Yo estoy de acuerdo con la teoría / lo de...

C. Comparte con la clase otros misterios o enigmas que conozcas.

- *En Inglaterra están las ruinas de Stonehenge. Dicen que servían como calendario solar.*
- *Pues cerca de donde viven mis padres hay una cueva en la que dicen que...*

3. EXPERIENCIAS PARANORMALES /MÁS EJ. 2-3

A. A veces pasan cosas que no tienen una explicación lógica. Aquí tienes algunas. En parejas, pensad más y escribidlas en vuestros cuadernos.

- Tener una premonición
- Tener sueños que se cumplen
- Tener telepatía
- Tener la impresión de que ya hemos vivido algo
- Notar una presencia
- Pensar en alguien y encontrárselo poco después

- *¿Sabes cuando vas a un lugar por primera vez y tienes la sensación de haber estado antes?*
- *Sí, me ha pasado alguna vez...*

B. Lee estos testimonios y relaciónalos con alguno de los fenómenos de la lista de A.

“**Beatriz (Madrid):** Me acabo de mudar y el otro día estuve decorando mi nuevo piso con una amiga. En un momento determinado, mi amiga cogió un póster y dijo: "Este lo puedes poner aquí". De repente, me di cuenta de que ya había vivido eso antes. En algún momento había visto a esa amiga colgando ese póster en la pared. ¿Pero cómo puede ser? ¿En qué momento fue si yo no había estado nunca en este piso? Quizás fue en algún sueño...”

“**Pedro (Ciudad Real):** A mí me ha pasado varias veces eso de que un día, de repente, empiezas a pensar en alguien que hace tiempo que no ves, un amigo o una amiga de la infancia, por ejemplo, y a lo largo del día hay pequeños detalles o cosas que te recuerdan a esa persona y te preguntas qué será de su vida, dónde estará, qué hará... Y al final, resulta que coincides con ella en algún lugar. Quizá sea solo pura casualidad, pero nunca deja de sorprenderme.”

C. 65 ALT|CU Ahora escucha esta historia. ¿Con qué fenómeno de A la relacionas?

D. Aquí tienes algunas opiniones sobre este tipo de experiencias. ¿Con cuáles estás más de acuerdo? Coméntalo con otras personas de la clase.

Yo creo que, cuando pasan estas cosas, se trata simplemente de una casualidad.

Seguro que dentro de unos años entenderemos cosas que ahora nos parecen inexplicables...

Lo que pasa es que quizá vemos lo que queremos ver...

Los animales y los hombres tenemos un sexto sentido que apenas hemos desarrollado.

Puede que existan formas de comunicación extrasensoriales.

Para mí, la casualidad no existe.

- *Yo también creo que, en el futuro, entenderemos...*

Construimos el LÉXICO

Piensa en fenómenos que no tienen una explicación lógica o científica y clasifícalos.

Me gustaría...	Me daría mucho miedo...
levitar	ver un fantasma

4. PUEDE QUE SEA... /MÁS EJ. 4

A. Aquí tienes una serie de opiniones e hipótesis sobre el misterio del Triángulo de las Bermudas y sobre el misterio del lago Ness. Marca a cuál se refieren en cada caso.

1. El Triángulo de las Bermudas

2. El lago Ness

	1	2
1. **Puede que** sea un animal prehistórico.		
2. **Igual** es un fraude para atraer el turismo.		
3. **A lo mejor** son algas que flotan en el agua.		
4. **Quizá** sea una base extraterrestre.		
5. **Es posible que** sea un campo electromagnético que afecta a los barcos y aviones que pasan por ahí.		
6. **Quizá** es un "agujero espaciotemporal".		
7. **Seguro que** son animales marinos que entran por canales subterráneos y luego vuelven a salir al mar.		
8. **Tal vez** los barcos y los aviones simplemente se hunden por razones mecánicas.		
9. **Tal vez** sea una entrada a la Atlántida, el continente desaparecido.		
10. **Es probable que** sea una leyenda que surgió cuando alguien contó que un gran animal lo había atacado.		

B. Las expresiones que están en negrita sirven para formular hipótesis. Agrúpalas según el modo del verbo que acompañan: indicativo, subjuntivo o ambos.

C. ¿Con cuál de las partículas de A expresamos más seguridad? Coméntalo con otras personas de la clase.

CÁPSULA DE ORTOGRAFÍA 7

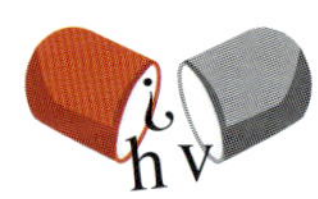

¿Be o uve?

5. EL PODER DE LA MENTE /MÁS EJ. 6

A. MAP ¿Has oído hablar de la ley de la atracción? Lee este texto y resume en qué consiste.

Jueves 30 de enero de 2021 | 15.50 h.

La ley de la atracción: cambia tu forma de pensar para transformar tu vida

Hace poco vi el documental *El secreto* y me empecé a interesar por la ley de la atracción. Es una teoría basada en los principios de la física cuántica. Según esta teoría, los pensamientos son una especie de antena. Cuando pensamos, generamos energía. Y esa energía atrae otras energías del mismo tipo. Es decir, si pensamos algo positivo, atraemos energía positiva y si pensamos algo negativo, la energía que atraemos es negativa. Lo interesante es que si controlamos nuestros pensamientos, podemos conseguir lo que realmente deseamos. Lo único que tenemos que hacer es repetir con nuestra mente —como un mantra— lo que deseamos. Si logramos cambiar nuestra manera de pensar, podremos tener o hacer lo que queremos. Yo lo estoy intentando y estoy muy contenta con los resultados. Probadlo y ya veréis. ¡Todo está en la mente!

B. MAP Asocia cada frase con uno o varios de los comentarios sobre el texto de A.

1. **Cree que** esta teoría es una tontería y un fraude.
2. **Está seguro/a de que** quien hizo el documental ha obtenido grandes beneficios.
3. **No cree que** sea una teoría científica.
4. **Cree que** esta teoría no tiene en cuenta el entorno de las personas.
5. **Cree que** es probable que la teoría funcione para ser más feliz.
6. **Considera que** esta teoría es peligrosa y culpabiliza a los pobres.
7. **Está convencido/a de que** una actitud optimista atrae acontecimientos positivos.

Comentarios

Yoli: ¿Basada en la física cuántica? No me lo creo. A mí estas teorías de "tienes el poder de cambiar tu vida" o "haz tus sueños realidad" me parecen tonterías. Eso sí, seguro que el autor del documental se ha hecho rico.

3345n: No creo que la ciencia respalde esa teoría, pero igual sirve para aprender a ser más optimistas y a tener confianza en uno mismo.

Juligar: Pues yo sí creo en esa teoría y en el poder de la mente. No todo lo que nos ocurre es pura suerte, es obvio que nuestra actitud hace mucho. Si vemos el futuro con optimismo es mucho más probable que nos pasen cosas buenas.

Milxx9: Sinceramente, yo creo que esta teoría considera que el individuo es lo único que existe e ignora por completo las circunstancias sociales. ¿Si naces en un lugar en el que hay miseria, no hay trabajo y se pasa hambre, resulta que si no consigues lo que quieres es porque tienes pensamientos negativos?

Luis: Estoy de acuerdo contigo. E incluso diría que me parece arriesgada porque, en el fondo, el mensaje es que si alguien tiene problemas él es el único culpable. ¿Y si pensamos así, qué pasa? ¿No hacemos nada para ayudar a los que tienen menos? ¿Ni para resolver las crisis?

C. Fíjate en las frases 1, 3, 4 y 5 del apartado B. ¿Cuándo usamos **creer** + indicativo y cuándo **creer** + subjuntivo?

D. ¿Y tú? ¿Qué piensas sobre esta teoría? Resume en unas frases tu opinión y léesela a tus compañeros/as. Puedes usar las expresiones en negrita del apartado B.

6. ¿ERES UNA PERSONA DESCONFIADA? /MÁS EJ. 7-8

A. MAP ¿Eres una persona desconfiada? Responde a este test y lee los resultados. ¿Te sientes identificado/a? Coméntalo con otras personas de la clase.

¿ERES UNA PERSONA DESCONFIADA?

1. Alguien del trabajo te hace un regalo cuando no es tu cumpleaños.
- Ⓐ ¡Qué raro! ¿Qué **querrá**? Seguro que quiere algo a cambio.
- Ⓑ Se **habrá** enamorado de mí.
- Ⓒ ¡Qué majo/a! Claro, como soy tan simpático/a...

2. Tu pareja no llega a casa.
- Ⓐ Me **estará** engañando con otro/a.
- Ⓑ **Habrá** ido a tomar algo con alguien del trabajo.
- Ⓒ **Estará** trabajando. Ya llegará.

3. Recibes una llamada de tu jefe/a para que te presentes inmediatamente en su despacho.
- Ⓐ Me **querrán** despedir. Seguro.
- Ⓑ Me **querrá** decir que he hecho algo mal.
- Ⓒ Bueno, puedo aprovechar para pedirle un aumento de sueldo.

4. Ves a un compañero/a de trabajo comiendo con tu jefe/a.
- Ⓐ **Estarán** saliendo juntos/as.
- Ⓑ Le **estará** haciendo la pelota para obtener un ascenso.
- Ⓒ **Estarán** hablando de trabajo.

5. Una persona se dirige a ti cuando vas por la calle.
- Ⓐ **Querrá** atracarme.
- Ⓑ **Tendrá** la intención de venderme algo.
- Ⓒ **Querrá** preguntarme una dirección.

6. Llamas a un/a amigo/a para quedar, pero te dice que no puede. Ya te lo ha dicho otras veces.
- Ⓐ No **querrá** verme, **estará** enfadado/a conmigo.
- Ⓑ **Tendrá** algún problema.
- Ⓒ **Habrá** hecho planes.

7. Te encuentras en la calle a una persona conocida, pero te saluda muy rápidamente y no se para a hablar contigo.
- Ⓐ No le **caeré** bien.
- Ⓑ No **tendrá** ganas de hablar conmigo.
- Ⓒ **Tendrá** un mal día.

RESULTADOS

Mayoría de A: Eres una persona muy desconfiada y un poco mal pensada. Ante el abanico de posibilidades que se te ofrecen, siempre escoges la más negativa. Si sigues así, puedes acabar sin amistades.

Mayoría de B: Intentas ser sociable, pero no te fías totalmente de la gente. No ves el lado perverso de las cosas, pero tampoco te dejas llevar siempre por el optimismo.

Mayoría de C: Estás seguro/a de ti mismo/a y nada de lo que ves te parece sospechoso. Eres una persona confiada.

B. Fíjate en las formas verbales destacadas en el test de A. Están en futuro. ¿Entiendes para qué sirven?

C. Lee estos diálogos y marca qué opción resume el significado de las frases con futuro simple y futuro compuesto.

1.	• Carlos llega tarde. ○ **Habrá perdido** el autobús.	○ Piensa que perderá autobús. ○ Piensa que ha perdido el autobús.
2.	• A la niña le duele la tripa. ○ **Habrá comido** demasiado.	○ Piensa que come demasiado. ○ Piensa que ha comido demasiado.
3.	• Petra no contesta. ○ **Estará** ocupada.	○ Piensa que está ocupada. ○ Piensa que más tarde estará ocupada.

D. ¿Sabes cómo se forma el futuro compuesto? Completa la tabla con las formas que faltan.

	FUTURO SIMPLE DE HABER			**+ PARTICIPIO**
(yo)	....	(nosotros/as)	....	trabaj**ado** perd**ido** **ido** **hecho**
(tú)	....	(vosotros/as)	....	
(él / ella, usted)	habr**á**	(ellos/as, ustedes)	habr**án**	

E. Luz es muy confiada y Pepa es muy desconfiada. Escribe lo que piensa cada una de ellas en estas situaciones, usando el futuro simple. Luego escribe lo que pensarías tú.

1. Está en casa y empieza a oler a quemado.
   Luz: "Algún vecino habrá quemado la comida". / Pepa: "¡Se estará quemando todo el edificio!"
2. Alguien del trabajo invita a todo el personal a su fiesta de cumpleaños menos a ella.
3. Hace tres años que no sabe nada de su ex, pero hoy le ha escrito un mensaje.
4. Su vecina, que siempre es muy antipática, se muestra muy amable con ella y la invita a su casa.
5. En un restaurante, le dan una carta en la que no están escritos los precios.

7. NO ME LO CREO /MÁS EJ. 9

A. Lee estos diálogos y completa la tabla con los significados de **creer** y **creerse**.

1
- ¿Sabes que un científico estadounidense ha descubierto una vacuna contra el miedo?
- ○ ¿En serio?
- Es broma, ¡**te lo crees** todo!

2
- ¿Tú **crees en** la reencarnación?
- ○ Bueno, **creo que**, de alguna forma, pasamos a ser otra cosa, que no desaparecemos del todo.

3
- He leído que hay gente que es capaz de controlar su mente y no sentir frío.
- ○ ¡Qué dices! ¡No **me lo creo**!

4
- ¿Tú **crees que** algún día los humanos nos alimentaremos solo con pastillas?
- ○ No **creo**, eso sería muy raro…

1. Con **creer que**…	**a.** … expresamos una creencia.
2. Con **creerse** (algo)…	**b.** … decimos que consideramos cierta una información.
3. Con **creer en**…	**c.** … expresamos nuestro grado de seguridad o una opinión.

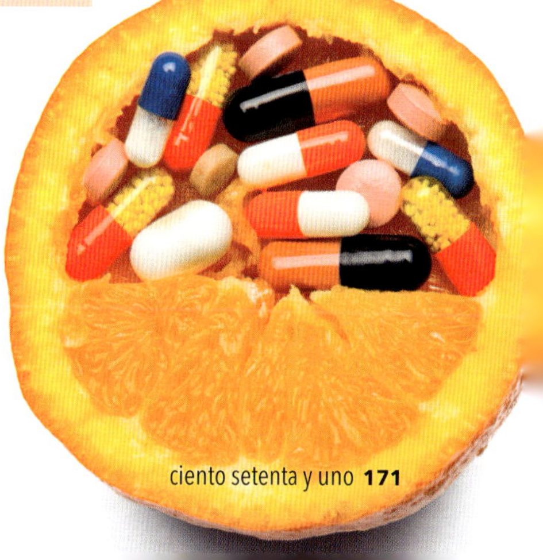

B. ¿Y tú? ¿Qué opinas sobre los temas de A? Reacciona con **creer que**, **creer en** y **creerse**.

Léxico

HABLAR DE UNA TEORÍA

Profesionales en la materia **piensan / creen que**...
Existe **la teoría de que**...
Recientes investigaciones **sugieren / indican que**...
Algunas personas **mantienen / sostienen / afirman que**...
Para la comunidad científica, **se trata de**...

SUCESOS MISTERIOSOS Y FENÓMENOS PARANORMALES /MÁS EJ. 12, 15-16

tener: una premonición / telepatía / sueños que se cumplen / una pesadilla / el presentimiento de que... / la sensación de que...

ver: un fantasma / un ovni

oír: voces extrañas

hacer: magia / viajes en el tiempo

leer: el pensamiento

viajar: en el tiempo

recordar: vidas anteriores / un sueño

notar / sentir: una presencia

DESCRIBIR SUCESOS

misterioso/a	impresionante
espectacular	inexplicable
asombroso/a	increíble*

* **Increíble** a menudo se usa para expresar sorpresa o admiración:
Ayer vi un documental sobre las líneas de Nazca. El tamaño y el detalle de las formas es ***increíble***. (= asombrosa)
Me gustaría hacer un viaje astral. Dicen que es una experiencia ***increíble***. (= difícil de explicar)
Me parece ***increíble*** *que haya gente que hace negocio con este tema.* (= sin sentido, indignante)

Para expresar que algo nos resulta muy difícil de creer solemos decir que algo **no** es **creíble**. Solemos usar verbos como **ser**, **parecer** o **resultar**.
No sé dónde has leído esa teoría, pero ***no*** *me parece nada* ***creíble***.

CREER, CREERSE, CREER EN /MÁS EJ. 5

Para expresar una opinión, podemos usar **creer que** + indicativo.
Yo ***creo que*** *existen otros planetas habitados.*

Para poner en duda una opinión o para rechazar una opinión o una afirmación previa, usamos **no creer que** + subjuntivo.
Yo ***no creo que*** *existan los extraterrestres.*

Para expresar una creencia, usamos **creer en**.
Los budistas ***creen en*** *la reencarnación, ¿no?*

Para expresar si una afirmación o una opinión nos parece verdad o mentira, usamos **(no) creerse (algo)**.
Dicen que hay gente que puede vivir sin comer, pero yo ***no me lo creo***.

! Todos los verbos que expresan opinión (**me parece que**, **pienso que**...) se construyen como **creer**:
Me parece que *la homeopatía funciona.* (Expresar opinión: indicativo.)
A mí ***no me parece que*** *existan los extraterrestres, ¿no?* (Duda o rechazo de una opinión: subjuntivo.)

PENSAR

Usamos **pensar en** para expresar que tenemos algo o alguien en la mente o que lo estamos recordando.

- *¿**En** qué **piensas**?*
- ***Pensaba en*** *el sueño que tuve anoche. Fue muy inquietante.*

Si queremos preguntar o dar la opinión acerca de una persona o cosa, usamos **pensar de**.
¿Qué ***piensas de*** *esta teoría? ¿Te parece creíble?*

Para introducir una opinión usamos **pensar que**: *Yo* ***pienso que*** *todos los sucesos paranormales tienen una explicación científica.*

También usamos **pensar** + infinitivo para hablar de intenciones:
¿Todavía ***piensas*** *ir a Escocia de vacaciones?*

RECORDAR

Usamos **recordar** y **acordarse** (**de**) para expresar que tenemos algo presente (o no) en la memoria.

Recuerdo *una vez que fuimos de excursión y, por la noche...*
No ***me acuerdo de*** *este lugar. ¿Seguro que hemos estado antes?*

Recordar a también se puede usar para decir que una persona o cosa se parece a otra o nos hace pensar en ella.

Esta mancha en la pared ***recuerda al*** *cuadro* El grito, *de Munch.*
Mi profesor me ***recuerda*** *mucho* ***a*** *mi abuelo cuando era joven.*

RECURSOS PARA FORMULAR HIPÓTESIS

/MÁS EJ. 10-11 P. 301

CON INDICATIVO

Estoy seguro/a de que **Seguro que** **A lo mejor** **Igual***	está bien. se han casado. fueron de vacaciones a París. estaban muy cansados/as.

* **Igual** se usa solo en la lengua coloquial.

CON SUBJUNTIVO

Lo más seguro es que **Es probable que** **Es posible que** **Puede que**	esté enfermo/a. tenga problemas. venga pronto.

CON INDICATIVO Y SUBJUNTIVO

Seguramente **Probablemente** **Posiblemente** **Tal vez** **Quizá(s)**	está / esté enfermo. viene / venga más tarde.

EL FUTURO SIMPLE

P. 283

Para formular hipótesis sobre el presente, podemos utilizar el futuro simple o, si nos referimos a una acción en desarrollo, la perífrasis **estar** (en futuro simple) + gerundio.

Afirmamos algo	*Pepe **está** trabajando.*
Invitamos a especular	*¿Dónde **estará** Pepe?* *¿Qué **estará haciendo** Pepe?*
Planteamos una hipótesis	***Estará** en el trabajo.* ***Estará trabajando**.*

Para expresar hipótesis sobre el presente, el futuro simple puede combinarse con adverbios.

- *¿Dónde estará Pepe?*
- ***Seguramente** estará en casa.*
- ***Probablemente** estará durmiendo.*

EL FUTURO COMPUESTO

P. 284

	FUTURO SIMPLE DE HABER	**+ PARTICIPIO**
(yo)	habr**é**	
(tú, vos)	habr**ás**	viaj**ado**
(él / ella, usted)	habr**á**	perd**ido**
(nosotros/as)	habr**emos**	sal**ido**
(vosotros/as)	habr**éis**	
(ellos/as, ustedes)	habr**án**	

Para formular hipótesis sobre acciones o situaciones terminadas, podemos utilizar el futuro compuesto.

Afirmamos algo	*Julia **se ha ido** a su casa.*
Invitamos a especular	*¿Por qué **se habrá ido** Julia?*
Planteamos una hipótesis	***Se habrá ido** a su casa.*

- *¿Dónde **habré puesto** las llaves? No las encuentro.*
- *Las **habrás dejado** en la puerta.*

- *¿Qué ha sido ese ruido? ¿Lo has oído?*
- ***Habrá sido** el viento...*

Para expresar hipótesis, el futuro compuesto puede combinarse con adverbios: ***Seguramente** se habrá ido a su casa.*

OTROS RECURSOS PARA EXPRESAR GRADOS DE SEGURIDAD

P. 297

Estoy convencido/a de	+ sustantivo + **que** + indicativo
No estoy muy seguro/a, pero creo (que) + indicativo	
He leído / visto / oído (no sé dónde) que + indicativo	
Dicen que + indicativo	

Estoy absolutamente convencida de... *... la existencia de los extraterrestres.*
*... **que** existen los extraterrestres.*

***He leído que** han descubierto siete planetas similares a la Tierra y **que** son habitables.*

***Dicen que** algún día se podrá viajar en el tiempo.*

8. ESOTERISMO /MÁS EJ. 17

Aquí tienes una serie de noticias sobre fenómenos paranormales. ¿Qué te parecen? ¿Puedes dar una explicación a alguna de las noticias? Coméntalo con otras personas de la clase.

SUCESOS DE HOY

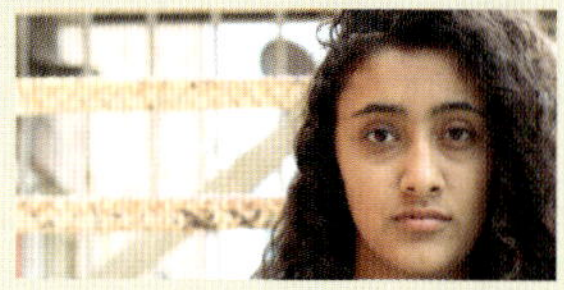

AVISTAMIENTO DE OVNIS EN MÁLAGA
Varias personas afirman haber visto ovnis la noche del pasado 23 de junio. Esta es la descripción de lo sucedido, según un testigo: "Cuatro puntos de luz muy intensos avanzaron muy lentamente y luego se alejaron a gran velocidad".

ACAMPAN EN UN BOSQUE Y AMANECEN EN UNA PLAYA
Un grupo de excursionistas de entre 17 y 20 años supuestamente acamparon la noche del pasado jueves en un bosque. A la mañana siguiente, despertaron en una playa de Asturias.

FALSAS POSESIONES
Fuentes del Vaticano han manifestado que, según sus especialistas, más de la mitad de los casos de exorcismos tratados el año pasado se deben a trastornos de la personalidad y no a posesión demoníaca.

PODEROSOS OJOS
En Cuzmel (México) una niña de 13 años sorprende a todos sus vecinos por su capacidad para mover objetos (algunos de hasta 50 kilos) con el poder de su mirada. "Solo tengo que abrir los ojos y concentrarme mucho", dijo.

- *Yo lo de los ovnis no me lo creo. Seguramente lo que vieron eran estrellas o aviones.*
- *Pues yo sí creo en los extraterrestres. No sé, tal vez no sean verdes y con antenas, pero...*

9. FICCIONES

A. El cine, la televisión o la literatura se inspiran a menudo en enigmas de la historia o en fenómenos paranormales. Piensa en obras que hablen de esos temas y toma notas sobre los aspectos sugeridos u otros que te parezcan relevantes.

- De qué misterio o fenómeno trata
- Desde qué perspectiva se trata ese tema: científica, misteriosa...
- Qué opinas sobre cómo se trata ese tema
- ¿Has visto o leído esa obra? ¿Te gusta?

La llegada (Denis Villeneuve, 2016) cuenta la llegada de unos alienígenas a la Tierra. El Gobierno contrata a una lingüista para que se comunique con ellos. Ella aprende su idioma y empieza a tener sueños y visiones, y va descubriendo qué hacen los extraterrestres en la Tierra, qué quieren...

B. Comenta con otras personas de la clase las obras que has pensado en A. ¿Las han visto o leído? ¿Están de acuerdo con tus consideraciones?

10. LA INTERPRETACIÓN DE LOS SUEÑOS /MÁS EJ. 18-19

A. ¿Habéis soñado alguna vez alguna cosa parecida a la que cuentan estas personas?

PSICOLOGÍA

¿CON QUÉ SUEÑAS?

Estoy teniendo bastantes pesadillas. Una pesadilla muy recurrente es que me están persiguiendo porque quieren matarme. Nunca me hacen nada porque me escapo, pero me paso todo el sueño sufriendo porque tengo la sensación de que están a punto de alcanzarme. Es horrible.

Eli

Yo últimamente he soñado varias veces con famosos. En cada sueño es un famoso diferente, pero la cuestión es que está por ahí conmigo y yo lo trato como a un amigo. ¿Qué puede significar?

Aitor

Yo sueño a veces que salgo a la calle desnuda o sin alguna prenda de ropa. Muy a menudo salgo descalza o en zapatillas. No recuerdo más detalles, solo sé que paso mucha vergüenza, pero las demás personas parecen no darse cuenta.

Covadonga

¿Qué significa soñar: que te pierdes y que no consigues llegar a tu destino? A mí me pasa mucho eso.

Manuel

B. Comenta con la clase cuál crees que es el significado de los sueños de A.

- *Yo creo que si sueñas con famosos es porque has visto una peli o has hablado de esa persona con alguien, ¿no?*
- *Pues yo he oído que eso quiere decir...*

Para comunicar

→ Yo he oído / leído que... eso significa...
→ Dicen que... quiere decir...
→ Seguramente / Probablemente...

→ Es probable que... eso signifique...
→ Puede que... quiera decir...

C. 66-69 Escucha ahora lo que cuenta un experto en interpretación de sueños y compáralo con tus respuestas de B.

D. Cuéntales un sueño a tus compañeros/as (que hayas tenido o inventado) y comentad posibles interpretaciones.

- *Yo una vez soñé que estaba en el gimnasio de mi colegio, pero el suelo de repente se convertía en una piscina gigante que iba desde un extremo a otro. Entonces yo caía al agua y...*

11. MISTERIOS SIN RESOLVER

A. Entre toda la clase vais a crear un blog titulado *Misterios sin resolver*. En grupos, decidid de qué tema queréis hablar. Podéis elegir uno de estos o proponer otro.

ASTROLOGÍA

¿La astrología tiene poder de predicción?

¿El movimiento y la situación de los planetas (especialmente el Sol, Marte y la Luna) influyen en nuestro comportamiento?

¿Los horóscopos son fiables?

ROBOTS

¿En el futuro podremos reproducirnos con robots?

¿Los robots sustituirán a los humanos en trabajos importantes?

¿Los robots del futuro tendrán inteligencia emocional?

VIDA EN OTROS PLANETAS

¿Estamos solos en el universo?

¿Hemos recibido visitas de los extraterrestres?

¿La NASA y la CIA tienen pruebas de que existen los ovnis, pero no las revelan?

¿En el futuro podremos construir ciudades en otros planetas?

SENTIMIENTOS

¿Los sentimientos tienen una explicación científica?

¿Algún día existirán medicamentos contra sentimientos como el miedo o el odio?

¿Somos infieles por naturaleza?

B. Cread vuestra publicación para el blog. Podéis escoger el tipo de documento que prefiráis (si queréis, buscad información en internet).

Tipos de documentos:

- Una entrevista
- Un reportaje
- Un vídeo
- Una noticia
- Un artículo de opinión

C. Publicad vuestras entradas en el blog. Luego, leed los textos de los otros grupos y escribid comentarios.

12. ALT|DIGITAL LOS PLANETAS ESPEJO

ANTES DE VER EL VÍDEO

A. Vas a ver un vídeo sobre el descubrimiento de los "planetas espejo". ¿Qué características crees que pueden tener? ¿Crees que es un descubrimiento real o ficticio?

VEMOS EL VÍDEO

B. ▶ 15 Ve el vídeo y responde estas preguntas en tu cuaderno.

1. ¿Cuándo tuvo lugar el descubrimiento de los planetas espejo?
2. ¿Cómo se hizo este descubrimiento? ¿Qué hizo posible descubrirlos?
3. ¿Qué son los planetas espejo y qué relación tienen con los misterios?
4. ¿Qué supuso el descubrimiento de los planetas espejo?
5. ¿Cuál es la última consecuencia del descubrimiento de los planetas espejo? ¿Por qué se produce?

DESPUÉS DE VER EL VÍDEO

C. ¿Cuál es la intención del cortometraje? ¿Qué idea pretende transmitir? ¿Te ha gustado?

D. ¿Qué misterios de la Humanidad te gustaría resolver con la ayuda de los planetas espejo?

¿Cómo se construyeron las pirámides de Egipto?
¿Qué pasó con el vuelo MH370 de Malaysia Airlines?
¿Qué le pasó a Amelia Earhart?

E. Comparte tus preguntas con otras personas de la clase y haced hipótesis.

Más ejercicios

Este es tu cuaderno de ejercicios. En él encontrarás actividades diseñadas para fijar y entender mejor cuestiones **gramaticales** y **léxicas**. Estos ejercicios pueden realizarse individualmente, pero también los puede usar el / la docente en clase cuando considere oportuno reforzar un determinado aspecto.

También puede resultar interesante hacer estas actividades con otras personas de la clase. Piensa que no solo aprendemos cosas con el profesor o la profesora; en muchas ocasiones, reflexionar con otro/a estudiante sobre cuestiones gramaticales te puede ayudar mucho.

PROHIBIDO PROHIBIR 1

1. ¿Cuáles de estas cosas son habituales en tu país? ¿Cuáles son poco comunes? ¿Hay cosas que no se hacen nunca? Clasifícalas en la tabla. Puedes añadir otras.

- Invitar a cenar a otras personas a casa (amistades, compañeros/as de trabajo…)
- Llegar tarde a una cita informal
- Dirigirse de manera informal a personas desconocidas
- Dejar propina en los restaurantes
- Rechazar una invitación sin poner una excusa
- Compartir comida
- Tocarse para saludarse

ES BASTANTE HABITUAL

ES POCO HABITUAL

NO SE HACE NUNCA

2. Escribe una posible norma para cada uno de estos lugares.

a. Un museo: ....

b. Un gimnasio: ....

c. Un supermercado: ....

d. Una escuela: ....

e. Un hospital: ....

f. Un teatro: ....

g. Una piscina: ....

h. Una oficina: ....

i. Una biblioteca: ....

j. Un hotel: ....

k. Un parque: ....

Un museo: Está prohibido tocar las obras de arte.

Más ejercicios

3. Imagina que vas a compartir piso. Escribe las ocho normas más importantes para una buena convivencia. Usa las estructuras del cuadro.

(No) Está/n prohibido/a/os/as...
(No) Está/n permitido/a/os/as...
(No) Se admite/n...
(No) Se puede / Se admite / Se prohíbe...

1. ....
....
2. ....
....
3. ....
....
4. ....
....
5. ....
....
6. ....
....
7. ....
....
8. ....
....

Está prohibido pisar la alfombra del comedor con zapatos.

4. Elige en cada caso la opción adecuada para completar estas frases. En algunos casos hay dos respuestas posibles.

1. Se prohíben ....
- **a.** la entrada a los menores de 18 años
- **b.** las pintadas
- **c.** fumar

2. Están prohibidos ....
- **a.** los teléfonos móviles
- **b.** las visitas
- **c.** hablar por teléfono

3. Están prohibidas ....
- **a.** hacer ruido
- **b.** los objetos metálicos
- **c.** las visitas

4. Se prohíbe ....
- **a.** la entrada a los menores de 18 años
- **b.** visitar a los enfermos
- **c.** los objetos metálicos

5. Es obligatorio ....
- **a.** el uso del casco
- **b.** ponerse el cinturón de seguridad
- **c.** la asistencia a clase

6. Es obligatoria ....
- **a.** el uniforme
- **b.** la asistencia a clase
- **c.** dejar propina

5. ¿Dónde crees que se podrían encontrar las indicaciones de la actividad 4? Escribe algunos ejemplos en tu cuaderno.

1. En el patio de una escuela, en...

6. ¿Qué cosas se pueden hacer en tu clase de español? Marca en la tabla la respuesta a estas preguntas.

	SÍ	NO
a. ¿Está prohibido usar el móvil?		
b. ¿Se puede comer?		
c. ¿Está permitido grabar audios o vídeos?		
d. ¿Está permitido quitarse los zapatos?		
e. ¿Es obligatorio hacer los deberes?		
f. ¿Se puede llegar tarde?		
g. ¿Es obligatorio estar siempre sentado?		
h. ¿Se puede hablar en otro idioma además de en español?		
i. ¿Está permitido usar el diccionario?		

7. 70-71 Dos personas hablan de sus trabajos. Escucha y marca las cosas que están prohibidas, las que están permitidas y las que son obligatorias en su trabajo.

RAQUEL	1	2	3
Llevar una bata blanca			
Maquillarse			
Ser puntual			
Comer			
RAÚL	**1**	**2**	**3**
Comer durante los servicios			
Llevar uniforme			
Afeitarse cada día			
Pintarse las uñas y llevar *piercings*			
Invitar a amigos a comer gratis			

1 Está prohibido **2** Está permitido **3** Es obligatorio

8. Lee los comentarios de varias personas sobre su infancia y su adolescencia. Reacciona según tu propia experiencia.

a. "Cuando tenía 15 años, mis padres no me permitían llegar a casa después de las nueve de la noche".

b. "Mis padres me dejaron ir de vacaciones solo al extranjero por primera vez a los 16 años".

c. "Hasta los 15 años, mis padres no me dejaron dormir en casa de mis amigos".

d. "Hasta que cumplí 12 años, no pude escoger qué ropa me ponía".

e. "Cuando iba a la escuela (hasta los 14 años), no podía llevar vaqueros a clase".

9. ¿Qué otras cosas no te permitían hacer cuando eras niño/a o adolescente?

Más ejercicios

10. Completa las frases con las terminaciones que faltan.

a. Hoy en día, poc.............. gente se casa.

b. Casi tod.............. mis amigos comparten piso con otras personas.

c. En mi país, poc.............. personas de mi edad tienen estudios superiores.

d. Much.............. personas que conozco no tienen televisor en casa.

e. Tod.............. mis compañeras de trabajo practican algún deporte.

f. Ningun.............. de mis vecinos tiene coche.

g. En mi trabajo, tod.............. la plantilla suele tener vacaciones en agosto porque la empresa cierra.

h. Algun.............. de mis compañeras de clase quieren estudiar en una universidad francesa.

11. ¿Qué se suele hacer en tu país o en tu cultura en las siguientes situaciones? Escribe frases en tu cuaderno usando las expresiones **es normal**, **es (poco) habitual**, etc.

- Cuando es el cumpleaños de un/a amigo/a
- Si te invitan a una fiesta
- Si se instalan vecinos nuevos
- Si visitas a alguien que está en un hospital
- Si te instalas en una casa nueva
- Si apruebas un examen muy importante
- Si muere un familiar de un/a amigo/a
- Si un/a amigo/a tiene un hijo o una hija

12. Completa las frases con la forma singular o plural de estos verbos.

produce/n deja/n estudia/n usa/n paga/n toma/n habla/n escribe/n

a. En España se .... cuatro idiomas.

b. En algunas culturas se .... de derecha a izquierda.

c. En España, en Nochevieja se .... doce uvas.

d. El jerez y el fino son unos vinos que se .... en el sur de España.

e. En los restaurantes normalmente se .... propina.

f. En Argentina no se .... la forma "vosotros".

g. En Estados Unidos se .... español en las escuelas.

h. En la mayoría de los países europeos se .... con euros.

13. Completa las siguientes frases con la forma adecuada de los verbos **ser** o **estar**.

a. En mi trabajo .... obligatorio fichar cada mañana.

b. Tener prisa no es una excusa: .... una falta de respeto no despedirse.

c. Cada día .... peor visto fumar.

d. Cuchichear .... de mala educación.

e. Cuando alguien va a tu casa por primera vez, ... bastante normal enseñarle todas las habitaciones.

f. En España .... prohibida la venta de alcohol en supermercados a partir de las 22 h.

g. En general, ... aconsejable tratar de usted a las personas mayores que no conoces.

14. Lee lo que dicen estas tres personas. Luego, contesta las preguntas.

¿Qué es lo que más te gusta de tu trabajo y lo que menos te gusta?

ROBERTO

Lo que más me gusta de mi trabajo

"Una de las cosas que más me gusta de mi trabajo son las vacaciones. Tenemos más de dos meses en verano, quince días en Navidad y una semana en Semana Santa. También me gusta trabajar con niños. Es muy gratificante. Y me gusta la libertad que tengo: nadie me obliga a nada, puedo hacer lo que quiero en clase".

Lo que menos me gusta de mi trabajo

"Lo peor es que muchos padres piensan que somos los únicos responsables de la educación de sus hijos cuando, en realidad, solo compartimos con ellos esa responsabilidad".

ELISENDA

Lo que más me gusta de mi trabajo

"Me gusta tratar con la gente. Me encanta la ropa y todo lo que está relacionado con la moda. Me llevo muy bien con mis compañeras".

Lo que menos me gusta de mi trabajo

"En mi trabajo es obligatorio llevar uniforme y no me gusta nada. El horario tampoco me gusta mucho. Empiezo a las 10 h y tengo que hacer una pausa de 14 h a 16:30 h. Vivo bastante lejos del trabajo, así que normalmente me quedo por el centro de la ciudad, como y, a veces, voy a un gimnasio para aprovechar el tiempo. Suelo llegar a casa a las 21 h o a las 21:30 h de la noche. Y encima, trabajo casi todos los sábados. Pero lo peor es que el sueldo tampoco es gran cosa. Por eso todavía vivo con mis padres".

ARTURO

Lo que más me gusta de mi trabajo

"Lo mejor es que suelo salir a las 18 h de la tarde y que no trabajo los fines de semana. También me gusta tratar con la gente y vender. Otra cosa buena es que cuando hago una venta importante, cobro una comisión y mi sueldo se duplica o se triplica".

Lo que menos me gusta de mi trabajo

"No me gusta llevar traje, pero en mi trabajo es obligatorio. No me gusta viajar y, a veces, tengo que ir a ferias o a otras ciudades para visitar a clientes y, claro, a veces estoy más de una semana sin ver a mi familia. Eso es lo peor de mi trabajo".

a. ¿En qué crees que trabaja cada uno de ellos? ¿Por qué? ....

....

b. Si trabajas, ¿cuál de estos tres trabajos se parece más al tuyo? ¿Por qué? ....

....

c. ¿Cuál de los tres trabajos te gusta más? ¿Por qué? ....

....

15. Escribe en tu cuaderno un texto sobre qué es lo que te gusta más y lo que te gusta menos de uno de los siguientes temas.

tu ciudad | tu trabajo | tu país | tu clase de español

Más ejercicios

16. Relaciona cada definición con el concepto correspondiente.

a. Si es de 8 horas, es completa; si es menos, es parcial.
b. Período de descanso laboral debido a una enfermedad, el nacimiento o la adopción de un/a hijo/a, etc.
c. Grupo de personas que trabaja en una compañía.
d. Dinero que recibe una persona por su trabajo.
e. Acción de recibir un dinero por trabajar.
f. Persona que manda o dirige a un grupo de trabajadores/as.

- ◯ el sueldo
- ◯ la jornada
- ◯ cobrar
- ◯ la baja
- ◯ jefe/a
- ◯ la plantilla

17. 72-74 Escucha estos tres diálogos. Fíjate en las expresiones marcadas en negrita y clasifícalas en la tabla.

1

- • A ver, a ver... Guau, ¡una camiseta!
- ○ ¿Te gusta?
- • **Me encanta, es superoriginal...**
- ○ ¿De verdad?
- • **Sí, sí, en serio, qué buena idea...**
- ○ **Bueno**, es un detalle...

2

- • Oye, muchísimas gracias por todo, ¿eh? **La cena estaba riquísima...**
- ○ **Bueno**, era muy sencillita.
- • **No, en serio, buenísimo todo.** Venga, la próxima la hacemos en mi casa, ¿eh?
- ○ ¡Va, venga!

3

- • Mira, y esta es la habitación.
- ○ **¡Qué bonita! ¡Y qué cama más grande! ¡Es enorme!**
- • Sí, nos gusta tener espacio.
- ○ **Y además tiene mucha luz. Preciosa, de verdad...**
- • **Bueno**, sí, la verdad es que hemos tenido suerte.

EXPRESIONES QUE SE USAN PARA ELOGIAR	EXPRESIONES QUE SIRVEN PARA INSISTIR	EXPRESIONES QUE SIRVEN PARA QUITAR IMPORTANCIA A UN ELOGIO

18. En estas frases tienes diferentes usos del verbo **dejar**. Traduce a tu lengua lo que está en negrita. ¿Qué verbos usas?

a. **Me lo dejaron muy claro** cuando empecé: la puntualidad es muy importante.

b. Aquí cuando vas a un restaurante tienes que **dejar propina**, por lo menos un 20 %.

c. En las clases de matemáticas **no nos dejan utilizar la calculadora**.

d. Cuando **un/a compañero/a de trabajo deja la empresa**, es habitual hacerle un regalo.

19. Busca en la unidad palabras con las que podemos combinar estos verbos. Puedes añadir otras si quieres.

invitar (a alguien) a... una fiesta, ...

....

dar... las gracias, ...

....

comer... pan, con palillos, ...

....

enviar... una tarjeta, ...

....

recibir... un regalo, ...

....

llegar... tarde, ...

....

20. Fíjate en los ejemplos y transforma estas frases usando el sustantivo correspondiente al verbo en negrita. Haz los cambios necesarios.

Está prohibido **usar** el teléfono móvil.

Está prohibido el uso del teléfono móvil.

No se permite **visitar** a los enfermos después de las 18 h.

No se permiten las visitas después de las 18 h.

a. Está prohibido **vender** alcohol a menores de 16 años.

....

....

b. Es obligatorio **usar** gorro en la piscina.

....

....

c. No se permite **pasar**.

....

....

d. Prohibido **entrar** con alimentos.

....

....

e. No está permitido **acceder** al edificio sin mascarilla.

....

....

f. Está permitido **pagar** en efectivo.

....

....

g. No se puede **entrar** al templo con zapatos.

....

....

Más ejercicios

1. **Clasifica estas palabras en la tabla.**

bien remunerado | completo | cocinero/a | un hotel | adolescentes | una ONG | precario | azafato/a | animales | parcial | dependiente | una librería | estable | turistas

UN TRABAJO...	
UN TRABAJO A TIEMPO...	
TRABAJAR DE...	
TRABAJAR EN...	
TRABAJAR CON...	

2. **Completa las conversaciones con las siguientes perífrasis. Luego ve a la página 28 para comprobar tus respuestas.**

acabo de conseguir | sigues viviendo | se ha vuelto a casar | sigo trabajando | he terminado de pagar | estuve viviendo | ha dejado de trabajar | acabo de tener | he empezado a trabajar | estás haciendo

a.
- EVA: ¿ .... en el centro de Madrid o te has mudado?
- PILI: No, hace un par de años me fui a vivir a Corpa, un pueblecito. Y ahora .... desde casa.

b.
- CHUS: .... el trabajo de mi vida. En Médicos Mundi.
- TERE: ¡Qué envidia! Yo llevo un montón de años trabajando en el mismo lugar y estoy más harta…

c.
- LUIS: ¿Qué sabes de Juan?
- MARTA: Pues está muy bien. Montó una empresa, la vendió por un montón de dinero y ....
- LUIS: ¿Ah, sí? ¡Qué suerte!, ¿no?

d.
- INMA: ¿Sabes? Mario ....
- ABEL: ¿Otra vez? ¿Con quién?
- INMA: Pues con una chica de Santander muy maja.

e.
- LAURA: Oye, ¿has terminado ya el doctorado?
- BELÉN: ¡No! ¡Qué va! Todavía no. Es que .... un bebé y, bueno, ya sabes…
- LAURA: ¿Ah, sí? ¡Enhorabuena!

f.
- GERARDO: ¿Y ahora qué .... ?
- JULIÁN: Pues .... en Chile, pero el año que viene vuelvo.

g.
- ANA: ¿Cuánto hace que vives en Inglaterra?
- ANDRÉS: Pues ya hace quince años. Al principio, ... en York y luego me trasladé a Londres. Y, bueno, me compré una casa y todo. ¡Ya .... la hipoteca!
- ANA: ¡Qué bien, qué suerte!

3. **Escribe en tu cuaderno el nombre de alguna persona famosa que conozcas que haya hecho las siguientes cosas.**

a. Ha dejado de comer carne.

b. Ha vuelto a casarse hace poco.

c. Acaba de ganar un importante premio.

d. Lleva siendo famoso/a desde hace 20 años.

e. Empezó a triunfar después de los 30.

f. Sigue viviendo en su ciudad de origen.

4. En este texto faltan algunos verbos conjugados de las perífrasis **acabar de** / **empezar a** + infinitivo, **llevar** / **seguir** + gerundio. Complétalo con las formas adecuadas.

"Llegué a España en 2009. Vine solo a pasar las vacaciones y .... ya más de 10 años viviendo aquí". En España, Paolo ha trabajado de camarero, de profesor de italiano, de editor... Habla español bastante bien, aunque afirma: "Ya no voy a clases de español porque me aburro. Eso sí, ... estudiando por mi cuenta y leo mucho". Tiene muchos amigos españoles y una vida montada aquí. "El pasado mes de octubre .... trabajar en un proyecto editorial y, de momento, no pienso volver a Italia. Además, ... conocer a una chica de aquí y...".

5. Escribe en tu cuaderno un texto similar al de la actividad 4 con información sobre ti. Trata de utilizar las perífrasis que has aprendido en la unidad.

6. Completa la siguiente conversación con la forma correcta de los verbos **llevar** o **seguir.**

ISA: ¡Mario, qué sorpresa! ¡Cuánto tiempo!

MARIO: ¡Ya te digo, por lo menos hace 3 años que no nos vemos! ¿Cómo estás, qué te cuentas?

ISA: Bien, bien. Pues .... viviendo en el barrio, como ves, aunque me he mudado de casa hace poquito. .... solo un par de semanas viviendo en la nueva.

MARIO: ¿Y.................... trabajando en la biblioteca?

ISA: No, ya no. Aprobé las oposiciones y ahora trabajo en nuestro cole.

MARIO: ¡Qué me dices! Y, oye, ¿ .... dando clase allí la señorita Clara?

ISA: Justo se jubila este año, está contentísima. .... desde septiembre hablando de lo que va a hacer después de jubilarse. Pero bueno, oye, ¿y tú cómo estás?

MARIO: ¡Bien! Llegué el martes y me quedo un par de semanas en casa de mis padres. Necesito un poco de tranquilidad porque quiero terminar la novela que estoy escribiendo, que .... ya con ella dos años. Pero oye, quedamos una tarde de estas, ¿te parece? Podríamos avisar a Sergio y a Bea, ¿.................... viéndolos?

ISA: Menos que antes, pero sí. Pues dame tu teléfono y lo organizamos, ¿vale?

Más ejercicios

7. Imagina que estamos en el año 2050. ¿Qué cambios ha habido y qué sigue igual? Escribe frases usando las perífrasis siguientes.

Seguir	+	gerundio
Dejar de	+	infinitivo
Empezar a	+	infinitivo
Volver a	+	infinitivo
Acabar de	+	infinitivo
Llevar	+	gerundio

Se acaba de descubrir una cura para el cáncer.

8. Clasifica en el cuadro las siguientes expresiones.

1998 · el 1 de marzo de 2010 · mucho tiempo · el inicio del curso · el lunes · la boda de mi prima · llegué a España · bastante tiempo · me casé · hago deporte · más de dos años · unos años · empecé a estudiar español · un par de semanas

CANTIDAD DE TIEMPO	INICIO DE LA ACCIÓN	
Hace / Desde hace	Desde	Desde que
un par de semanas		

9. Escoge tres expresiones de la actividad anterior y escribe frases sobre ti.

10. Completa las frases con estas expresiones.

desde | desde hace | desde que | hace

a. Teo trabaja en nuestra empresa .... siete años.

b. Marta acabó la carrera de Económicas .... nueve años.

c. Mi hermano ha acabado el doctorado .... poco.

d. .... está al mando de su departamento, ha duplicado los beneficios.

e. Pablo está poco dispuesto a viajar .... tuvo un hijo.

f. Leo .... un año que estudia alemán.

g. Noa vive en Valencia .... 2011.

h. .... ha terminado el máster, ha recibido muchas ofertas de trabajo.

11. Mira este anuncio de trabajo y escribe cinco frases describiendo a la persona ideal para el puesto (cosas que ha hecho, durante cuánto tiempo, etc.).

ESCUELA DE IDIOMAS NECESITA A UN/A PROFESOR/A DE INGLÉS

SE REQUIERE:

- Experiencia
- Formación (licenciado en Filología Inglesa)
- Idiomas: inglés (nativo) y español
- Conocimientos de internet
- Preferiblemente nativo/a

Hace cinco años que trabaja en una escuela de idiomas.

a. ....

b. ....

c. ....

d. ....

e. ....

f. ....

12. 75 Escucha la entrevista de trabajo que le hacen a Ana y marca la opción correcta en cada caso.

1. ¿Desde cuándo trabaja en el sector de la restauración?

a. Desde los 15 años.

b. Desde los 18 años.

c. Desde que terminó los estudios.

2. ¿Cuándo empezó a trabajar de cocinera?

a. En 2001, cuando terminó sus estudios.

b. En 2001, cuando empezó a estudiar.

c. Cuando llegó a Argentina.

3. ¿Cuántos años estuvo trabajando en España de cocinera?

a. 18 **b.** 5 **c.** 15

4. ¿Por qué dejó de trabajar durante un tiempo?

a. Porque tuvo un hijo.

b. Porque se casó.

c. Porque se fue de España.

5. ¿Cuánto tiempo hace que vive en Argentina?

a. Hace cinco años.

b. Hace unos meses.

c. Hace mucho tiempo.

Más ejercicios

13. ¿Conoces a estas personas? Relaciona la información de la derecha con cada una de ellas.

a. Mario Vargas Llosa	◯ Hace años ganó el Premio Nobel de Literatura.
b. Luis Fonsi	◯ Dejó de entrenar al FC Barcelona en 2012.
c. Salma Hayek	◯ Desde 2014 ha ganado dos Óscar a mejor director.
d. Pep Guardiola	◯ Desde que vive en Estados Unidos es la actriz mexicana más internacional.
e. Carolina Herrera	◯ Es muy famoso desde que lanzó la canción *Despacito*.
f. Alfonso Cuarón	◯ Desde que presentó su primera colección en los años 80, es una de las diseñadoras de moda más reconocidas en el mundo.

14. Escribe información sobre ti situándola en el tiempo y relacionándola con el momento presente.

a. La última vez que te has cambiado de casa.

....

b. Una cosa que acabas de conseguir.

....

c. Algo que quieres dejar de hacer.

....

d. Algo que quieres terminar de hacer.

....

e. Algo que no hacías el año pasado y que has empezado a hacer este año.

....

15. ¿De qué otra manera se puede expresar lo mismo que en las siguientes frases? Escríbelo debajo.

a. Hace tres meses que vivo en Madrid.
Llevo ....

b. Me casé en 2009.
Hace ....

c. ¿Cuánto tiempo hace que estudias árabe?
¿Desde ....?

d. No hablo con Elena desde hace dos semanas por lo menos.
Hace ....

e. Hoy hace seis meses que Ana y yo empezamos a salir.
Ana y yo llevamos saliendo ....

f. Hace tres meses que no lo veo.
No lo veo desde ....

16. Ellie ha enviado una carta para solicitar un puesto de trabajo en una agencia de publicidad, pero ha cometido algunos errores de adecuación. Corrígelos.

Hola:

Os escribo con relación a vuestro anuncio para solicitar el puesto de directora de cuentas para vuestra agencia.

Como podéis ver en mi currículum, he trabajado durante 5 años en el mundo de la publicidad. En 2015 me licencié en Publicidad y Relaciones Públicas y, poco después, realicé mis prácticas en el departamento de contratación de Tele4. Cuando terminé las prácticas, conseguí un puesto en la agencia BeePublic, donde trabajo desde entonces como ejecutiva de cuentas.

Creo que mi formación y mi experiencia hacen de mí una candidata idónea al puesto que ofrecéis. Hablo inglés y alemán a la perfección y soy una persona con iniciativa y espíritu de equipo.

Espero vuestras noticias.

Un abrazo,

Ellie

17. Imagina que han seleccionado a Lucía (actividad 6A de la página 31) para el puesto y que tiene que hacer una entrevista. Tú eres la persona encargada de hacerle la entrevista. Escribe las preguntas que le harías.

18. Forma combinaciones con los elementos de las tres columnas y escríbelas en tu cuaderno.

casarse	con	el paro
acabar	de	alguien
mudarse	por	los estudios
competir	en	la carrera
cambiar	Ø	casa
divorciarse		piso
conseguir		trabajo
terminar		un trabajo
quedarse		Química
licenciarse		

Más ejercicios

2

19. Completa estas expresiones relacionadas con los estudios y el trabajo con las siguientes palabras.

empresa | carrera | puesto | contrato | departamento | clases | candidato/a | doctorado | prácticas

a. Tener un .... indefinido

b. Estudiar la .... de Económicas

c. Conseguir un .... en una empresa

d. Trabajar en el .... de *marketing* de una empresa

e. Hacer un .... en una universidad

f. Hacer .... en una empresa

g. Ser .... a un puesto de trabajo

h. Montar una ....

i. Dar .... en una universidad

20. Escribe en tu cuaderno frases sobre ti o sobre gente que conoces usando las expresiones de las actividades 18 y 19. Luego, tradúcelas a tu lengua.

Mi hermana ha hecho un doctorado.

Yo hago prácticas en una empresa de seguridad.

21. Fíjate en estas frases y relaciónalas con su significado. Luego, tradúcelas a tu lengua.

1. Acabo de empezar la carrera.

2. Acabo la carrera este trimestre.

◯ Hace poco tiempo que estudia en la universidad.

◯ Hace varios años que estudia en la universidad.

22. Anota los datos más interesantes de la vida de una persona a la que admiras. Luego, haz un póster con esos datos.

1. Conjuga los siguientes verbos regulares en futuro.

	TRABAJAR	COMER	VIVIR
(yo)	....	....	....
(tú)	....	....	....
(él / ella, usted)	....	....	....
(nosotros / nosotras)	....	....	....
(vosotros / vosotras)	....	....	....
(ellos / ellas, ustedes)	....	....	....

2. Conjuga los siguientes verbos irregulares en futuro.

	HACER	PODER	VENIR
(yo)	....	....	....
(tú)	....	....	....
(él / ella, usted)	....	....	....
(nosotros / nosotras)	....	....	....
(vosotros / vosotras)	....	....	....
(ellos / ellas, ustedes)	....	....	....

3. Completa cada frase con uno de estos verbos en la forma adecuada del futuro.

poder · haber · ser (2) · continuar · ir · desaparecer · convertirse · tener

a. Se calcula que en la India .... unos 1600 millones de habitantes en el año 2075.

b. Dentro de unos años, todos .... una impresora 3D en la cocina para preparar la comida rápidamente.

c. Según un estudio de la NASA, el nivel del mar .... subiendo de manera preocupante en los próximos años.

d. Gracias a los microchips, ... encontrar a personas desaparecidas.

e. La próxima revolución tecnológica .... en el ámbito de los transportes.

f. Según expertos en nutrición, los insectos .... en la fuente principal de proteínas de la alimentación humana.

g. Si la temperatura del planeta continúa subiendo, en pocos años .... el hielo del ártico.

h. La lucha contra el cambio climático .... el desafío más importante en las próximas décadas.

i. En el año 2100 las familias .... de vacaciones a la playa, a la montaña o a la Luna.

Más ejercicios

4. Estas son algunas de las predicciones que hace el físico Michio Kaku para el año 2100 en su libro *La física del futuro*. Léelas y complétalas con los verbos que faltan en la forma adecuada del futuro.

pasar | desaparecer (2) | flotar | estar (3) | ser (2) | analizar
aparecer | acabar | poder (2) | conectarse | consumir | encargarse

10 predicciones de Michio Kaku para el 2100

1. La gente .... a internet a través de unas lentes de contacto.
2. .... los ordenadores tal y como los conocemos. Todas las funciones de los actuales ordenadores .... en dispositivos implantados en la piel o insertados en la ropa.
3. La ropa inteligente .... percibir una irregularidad en el ritmo cardíaco, en la respiración o en el cerebro. Nada más vestirnos, ... en línea.
4. La tecnología entrará en nuestro cuerpo y todos nosotros .... siendo *ciborgs*. .... controlar los ordenadores con nuestras mentes.
5. La diferencia entre el mundo real y el mundo virtual ....
6. En el mundo del trabajo y de los estudios, se .... de la videoconferencia a la telepresencia: las personas .... en imagen tridimensional completa y con sonido en nuestras gafas o lentes de contacto.
7. La biografía, datos, metadatos y etiquetas de una persona .... públicos y .... a la vista de cualquiera.
8. Los coches .... magnéticos y no habrá que preocuparse de baches o socavones, ya que los vehículos .... sobre la carretera. Además, ... muy poco combustible.
9. La medicina preventiva estará presente en nuestro día a día: sensores ocultos en el espejo, el inodoro o el lavabo .... cada mañana nuestros fluidos corporales para buscar indicios de cualquier enfermedad.
10. Podremos tener un asistente robótico que .... de hacer todas las tareas del hogar.

Michio Kaku

5. Elige dos predicciones de la actividad 4 que crees que pueden tener consecuencias positivas y otras dos que crees que tendrán consecuencias negativas. En tu cuaderno, escribe por qué.

6. Relaciona cada frase con su continuación lógica.

1. Si nos implantan microchips a todos,
2. Si todos los vehículos son autónomos,
3. Si se pueden modificar los genes,
4. Si se prohíbe la entrada de coches en el centro de las ciudades,
5. Si podemos prevenir algunas enfermedades,
6. Si se necesitan profesionales para trabajos relacionados con nuevas tecnologías,
7. Si podemos imprimir alimentos,
8. Si la temperatura del planeta continúa en aumento,
9. Si se obliga a las empresas a repartir el trabajo,

◯ desaparecerán muchas especies animales.
◯ se ofertarán carreras nuevas en las universidades.
◯ estaremos controlados en todo momento.
◯ los padres podrán decidir el color de ojos o de piel de sus hijos.
◯ podremos acabar con el desempleo.
◯ se reducirá la contaminación atmosférica.
◯ no será necesario tener carné de conducir.
◯ disminuirá el hambre en el mundo.
◯ aumentará la esperanza de vida.

7. ¿En qué ámbito puedes clasificar cada una de las predicciones de la actividad 6? (Algunas son polivalentes).

TRANSPORTE	
ALIMENTACIÓN	
SALUD	
SEGURIDAD	
MEDIOAMBIENTE	
TRABAJO	

8. 76 Escucha estas frases condicionales y fíjate en su curva de entonación.

Si vamos en coche, podremos ver el paisaje.

Si voy a la fiesta, me lo pasaré muy bien.

Si vamos a Rusia, podremos visitar Moscú.

La curva de entonación de las frases condicionales puede dividirse en dos partes, la primera tiene un final que sube y la segunda tiene un final que baja.

Más ejercicios

9. Busca en la unidad otras tres frases condicionales y grábate leyéndolas en voz alta. Intenta hacer la entonación de las frases de la actividad 8.

10. ¿Crees que pasarán estas cosas en un futuro cercano? Completa las frases.

a. La mayor parte de la población sustituirá las proteínas animales por insectos.

Depende. Si ....

....

....

b. Mucha gente no permitirá que se le implante un microchip.

Depende. Si ....

....

....

c. Muchas personas viajarán a otros planetas.

Depende. Si ....

....

....

d. Mucha gente dejará de usar redes sociales.

Depende. Si ....

....

....

11. ¿Cómo crees que será tu vida dentro de diez años? Escribe cuatro frases.

a. ....

b. ....

c. ....

d. ....

12. Aquí tienes una parte de la transcripción de la entrevista de la página 45. Léela y complétala con verbos en futuro. Después, comprueba con la transcripción.

- Claro. Por eso, según algunos expertos, por ejemplo, en 2030 ya no (1) .... las tarjetas de crédito, pero es que tampoco (2) .... con el móvil, sino con microchips implantados en el cuerpo. ¿Cree que eso (3) .... en tan poco tiempo?
- ○ A ver, estoy segura de que las tarjetas de crédito van a desaparecer. Pero en tan poco tiempo no sé, probablemente aún las vamos a usar durante unos 10 años. Lo que creo que va a pasar es que (4) .... apareciendo nuevas formas de pago que poco a poco van a sustituir a las que conocemos ahora. Pero no me atrevo a afirmar que ya no (5) .... tarjetas de crédito en 2030.

- Ya. ¿Y qué va a ocurrir con los teléfonos móviles? ¿Es cierto que no (6) .... en 2035, como afirma Renée James, la presidenta de Intel?
- ○ Bueno, seguro que los celulares no (7) .... como los conocemos ahora. No (8) ...., pero irán cambiando y creo que (9) .... más integrados en nuestros cuerpos y que (10) .... aún más necesarios en nuestra vida diaria.

[...]

- Varios expertos han pronosticado que en 2050 nuestro mejor amigo (11) .... un ordenador. ¿Ve esa afirmación exagerada? ¿Hasta ese punto vamos a llegar?
- ○ No lo sé, nadie lo sabe en realidad. Posiblemente las computadoras (12) .... muchos datos y mucho conocimiento sobre nosotros, pero de ahí a ser nuestros mejores amigos hay una diferencia... Aunque parece que esa es la tendencia...

- Se ha ha dicho que en 2070 la privacidad se (13) .... en una mercancía que solo empresas privadas (14) .... ofrecer a personas con alto poder adquisitivo. ¿Cree que eso va a ser así? ¿Vamos a perder poco a poco nuestra privacidad?

- Es una clara tendencia. Supongo que cada vez (15) .... más gente preocupada por la pérdida de privacidad. Y si cambian las leyes y se protege la privacidad, quizás...

13. Vuelve a leer las predicciones de la infografía de la actividad 5A de la página 45 y escribe en tu cuaderno las consecuencias (positivas y negativas) que tendrán.

1. En 2050 se aprenderá un idioma cargando una aplicación al cerebro.

Consecuencias positivas: Podremos aprender cualquier idioma en muy poco tiempo.

Consecuencias negativas: Los profesores de lenguas perderán su trabajo.

14. Piensa en tu futuro próximo y en diferentes aspectos de tu vida (familia, trabajo, vivienda, estudios, viajes...) y completa las frases siguientes.

a. Seguramente ....

b. Supongo que ....

c. Creo que ....

d. Estoy seguro/a de que ....

e. Posiblemente ....

f. Seguro que ....

15. Escribe qué cosas podemos...

a. reducir: ....

b. prevenir: ....

c. frenar: ....

d. aumentar: ....

e. diseñar: ....

f. curar: ....

16. Relaciona los elementos de las dos columnas para formar combinaciones.

a. reconocimiento	◯ de vida
b. huella	◯ de órganos
c. calentamiento	◯ facial
d. trasplante	◯ global
e. esperanza	◯ de lujo
f. combustibles	◯ dactilar
g. artículo	◯ fósiles

17. Escribe cuatro predicciones para el futuro usando cuatro combinaciones de la actividad 16 y las expresiones **cada vez más**, **cada vez menos**.

Más ejercicios

18. Escribe los verbos correspondientes a los siguientes sustantivos.

a. el aumento: aumentar
b. la lucha: ....
c. la reducción: ....
d. la prevención: ....
e. la desaparición: ....
f. la curación: ....
g. el freno: ....
h. el pronóstico: ....
i. la solución: ....
j. la colaboración: ....
k. la transformación: ....
l. la construcción: ....
m. la impresión: ....
n. la extinción: ....
o. la invención: ....
p. la destrucción: ....

19. Fíjate en la agenda de Pablo, un arquitecto experto en casas inteligentes, e imagina que hoy es martes 18 de mayo. ¿Cuáles son sus planes para un futuro próximo? Completa las frases usando los siguientes verbos.

MAYO

MARTES 18	MIÉRCOLES 19	JUEVES 20	VIERNES 21	SÁBADO 22
		Reunión con la jefa del Departamento de Realidad Aumentada.		20:00: Clase de yoga en el parque.
MARTES 25	MIÉRCOLES 26	JUEVES 27	VIERNES 28	SÁBADO 29
Cena con papá. Comprarle algo.		Cine con Marta: *Regreso al futuro 8*.		

JUNIO

MARTES 1	MIÉRCOLES 2	JUEVES 3	VIERNES 4	SÁBADO 5
		Congreso: Inteligencia artificial.	Congreso: Inteligencia artificial.	Congreso: "Inteligencia artificial".
MARTES 8	MIÉRCOLES 9	JUEVES 10	VIERNES 11	SÁBADO 12
			¡Presentación de mi tesis doctoral!	

ir · asistir · tener · presentar · ver · reunirse

a. Pasado mañana ....
b. Este ....
c. El martes que viene ....
d. Dentro de ....
e. El próximo mes ....
f. El próximo día ....

20. Imagina cómo será el mundo dentro de 50 años. Escribe frases relacionadas con los siguientes aspectos.

1. Los coches:

2. La familia:

3. Las casas:

4. El transporte:

5. El ocio:

6. El trabajo:

7. La alimentación:

8. Las relaciones sociales:

9. La educación:

21. Elige una región de tu país o de otro que te interese. Piensa en un problema que tiene (relacionado con el medioambiente, la salud, el trabajo, el transporte…) y crea una infografía con datos o predicciones sobre el futuro. Para hacerla, puedes usar una herramienta digital como Canva o Genially.

Más ejercicios

1. 77-80 Escucha cuatro fragmentos de conversaciones e indica (1-4) qué crees que cuentan las personas en cada caso.

- ◯ un chiste
- ◯ el argumento de una película
- ◯ un episodio de una serie
- ◯ un cotilleo

2. Relaciona los elementos de las dos columnas para formar expresiones con sentido.

contar	un documental
recomendar	una conversación
mantener	lo que pasó ayer
comentar	el capítulo de una serie
decir	que sí
conversar	sobre cine
	la vida de los famosos

3. Escribe frases en tu cuaderno con algunas de las expresiones de la actividad 2.

Ayer Tomás le contó a Pepa...

4. ¿Con qué palabras asocias estos tipos de películas? Escríbelas.

De ciencia ficción: *naves espaciales, futuro,* ....

De amor: ....

De suspense: ....

De aventuras: ....

De terror: ....

Del Oeste: ....

5. Elige una de estas películas en español y busca información sobre ella. Después completa la ficha técnica sobre la película.

Los lunes al sol ***La teta asustada***
Una mujer fantástica ***La llamada***
El capitán Alatriste ***Nieva en Benidorm***
La trinchera infinita ***El hoyo***

Título:

Director/a:

Año de estreno:

País/es:

Género:

Reparto:

6. Relaciona las preguntas con las respuestas.

a. ¿Has visto la última película de Cuarón?

b. ¿Has visto el nuevo hotel de la calle Trafalgar?

c. ¿Has visto los pantalones que lleva Katia?

d. ¿Le has dicho a Javi que has dejado el trabajo?

e. ¿Les has dicho a tus padres que te casas?

f. ¿Le has contado a Julia nuestros planes?

g. ¿Le has dejado las llaves a la vecina?

h. ¿Has visto qué bonitas mis gafas nuevas?

◯ No, todavía no se lo he comentado.

◯ Sí, ya las vi el otro día, son preciosas.

◯ No, no les he dicho nada.

◯ Sí, se las acabo de dar.

◯ No, no se los he contado a nadie.

◯ Sí, la vi la semana pasada.

◯ No, no los he visto. ¿Cómo son?

◯ No, no lo he visto. ¿Es bonito?

7. Identifica los **OD** y los **OI**.

a. Decir algo a alguien
OD OI

b. Conocer a alguien

c. Abandonar a alguien

d. Pedir algo a alguien

e. Contar algo a alguien

f. Dar algo a alguien

g. Ver a alguien

h. Ver algo

i. Robar algo a alguien

j. Querer a alguien

k. Mentir a alguien

8. Este es el argumento de la novela *El amor en los tiempos del cólera*, de Gabriel García Márquez. ¿Puedes volver a escribir los fragmentos en negrita usando pronombres?

Florentino Ariza se enamora de Fermina Daza **(1) cuando ve a Fermina Daza** en su casa, en Cartagena de Indias. Desde ese día, **(2) escribe a Fermina Daza** cartas de amor. Ella **(3) lee las cartas** y poco a poco se enamora de él. Sin embargo, el padre de Fermina se opone a esta relación y **(4) envía a Fermina** lejos de Cartagena de Indias para **(5) alejar a Fermina** de él. Pasa el tiempo y Fermina se casa con el doctor Juvenal Urbino. Sin embargo, Florentino sigue enamorado de ella. Muchos años después, cuando el marido de Fermina muere, Florentino **(6) va a ver a Fermina** para **(7) declarar a Fermina** su amor y **(8) decir a Fermina** que está dispuesto a casarse con ella. Ella **(9) rechaza a Florentino**, pero él no se rinde y **(10) empieza a enviar cartas a Fermina** hasta que ella accede a **(11) ver a Florentino**. Así empieza una relación de amistad entre ellos. Un día deciden hacer un viaje en barco, por el río Magdalena. Es allí cuando 53 años después pueden estar finalmente juntos.

1. ....

2. ....

3. ....

4. ....

5. ....

6. ....

7. ....

8. ....

9. ....

10. ....

11. ....

Más ejercicios

9. **Lee las sinopsis de estas películas y elige el conector adecuado en cada caso.**

En la ciudad sin límites **(2002), Antonio Hernández**
Víctor llega a París, donde toda la familia se ha reunido **porque** / **sin embargo** / **como** el padre se está muriendo. Víctor sorprende un día a su padre tirando su medicación e intentando escapar de la clínica. **Aunque** / **Sin embargo** / **Pero** el padre intenta esconder lo que está sintiendo, Víctor decide investigar por su cuenta y descubre un secreto oculto durante años.

El laberinto del Fauno **(2006), Guillermo del Toro**
En el año 1944, Ofelia, una niña de 13 años, se traslada a un pueblo a vivir con el nuevo marido de su madre, un capitán del ejército franquista. **Aunque** / **Como** / **Porque** se siente muy sola, se refugia en su imaginación. Una noche, descubre las ruinas de un laberinto y se encuentra con un fauno, que le dice que ella es una princesa que debe volver a su reino mágico. **Sin embargo** / **Como** / **Aunque**, la misión no será fácil. Una historia emocionante, en la que se mezclan fantasía y realidad.

Ixcanul **(2015), Jayro Bustamante**
María es una joven maya cakchiquel de 17 años que está enamorada de Pepe, un chico que trabaja en los cultivos de café. **Como** / **Porque** / **Sin embargo**, sus padres la obligan a casarse con el encargado de la finca en la que trabaja su padre **pero** / **aunque** / **porque** es la única forma de mantener el empleo del padre y la casa donde viven. María va a intentar cambiar su destino.

El abrazo de la serpiente **(2016), Ciro Guerra**
El chamán Karamakate, último superviviente de su tribu, es el protagonista de dos historias que suceden en el mismo espacio, la selva amazónica colombiana, **aunque** / **porque** / **como** con más de 30 años de diferencia. En la primera, un explorador alemán le pide ayuda para encontrar yakruna, una planta sagrada. En la segunda es un explorador americano quien busca la planta. Karamakate se adentra en la selva para ayudar a los exploradores. **Sin embargo** / **Porque** / **Como**, con los años y debido al negocio del caucho, el paisaje es muy distinto.

10. **Escribe frases con elementos de las dos cajas. Usa como y porque.**

CAUSA
- se enamoró de un alemán
- se ha roto la pierna
- han tenido un hijo
- se quedó sin trabajo
- les gusta mucho la playa

CONSECUENCIA
- tuvo que volver a casa de sus padres
- se fue a vivir a Berlín
- van siempre de vacaciones a la costa
- se han mudado a un piso más grande
- no puede andar

Como se enamoró de un alemán, se fue a vivir a Berlín. ....

....

11. **Relaciona cada frase del primer par con su continuación más lógica del segundo para que tengan sentido.**

1. Como anoche estuve despierta hasta las 3 h,
2. Aunque anoche estuve despierta hasta las 3 h,
◯ hoy estoy muerta de sueño.
◯ no me siento nada cansada.

3. He leído *Los santos inocentes* varias veces
4. No he leído *Los santos inocentes*,
◯ pero la película sí la he visto.
◯ porque me encantó.

5. No le gusta contar chistes,
6. Le encanta contar chistes,
◯ pero lo hace muy bien, es muy graciosa.
◯ porque tiene mucho sentido del humor.

7. Aunque es mi actor favorito,
8. Como es mi actor favorito,
◯ no me pierdo ninguna de sus películas.
◯ no he visto todas sus películas.

12. Continúa las frases de forma lógica.

a. Aunque Clara es actriz, ...

b. Como Clara es actriz, ...

c. Pili no tiene televisión en casa **porque** ....

d. Pili no tiene televisión en casa, **pero** ....

e. Ana tiene un trabajo muy bueno. **Sin embargo**, ...

f. Aunque Ana tiene un trabajo muy bueno, ...

g. Diana ve muchas películas en español. **Sin embargo**, ...

h. Como Diana ve muchas películas en español, ...

13. 81 Dos personas comentan la serie de televisión *Patria* (2020). Escucha y marca si las afirmaciones son verdaderas o falsas.

	V	F
a. La trama gira en torno a un asesinato.		
b. Trata aspectos sociales.		
c. Está basada en una novela.		
d. Hay mucho suspense y misterio.		
e. Los protagonistas son miembros de una banda terrorista.		
f. Tiene una sola temporada.		
g. Narra la investigación de un crimen.		

14. ¿Qué estereotipos existen sobre tu ciudad o región de origen? Explícalos brevemente y rebate los que no sean ciertos usando **aunque**, **pero** o **sin embargo**.

De la gente de mi región se dice que somos vagos, sin embargo, yo me considero una persona muy trabajadora.

15. 82 Vas a escuchar una historia. Marca cuál de las dos afirmaciones es la verdadera en cada caso.

a.

- ☐ En un bar, un camarero le dice que tiene una llamada.
- ☐ En un bar, una chica le deja una nota.

b.

- ☐ El mensaje es que una chica lo espera en un bar.
- ☐ El mensaje es que una chica lo espera en un parque.

c.

- ☐ En el lugar acordado, se encuentra con la chica.
- ☐ En el lugar acordado, no está la chica; solo hay una pareja.

d.

- ☐ Al final descubre que era una broma de su hermana.
- ☐ Al final descubre que la mujer es una chica que está enamorada de él y que se lo quiere decir.

Más ejercicios

16. 🔊 82 **Completa la conversación de la actividad 15 con estos conectores. Si quieres, vuelve a escuchar el audio.**

porque | como | al final | y entonces | es que | en aquel momento | de repente

- Pues el sábado pasado estaba tomando un café en el parque que hay al lado de mi casa... cuando, ... el camarero se acerca a mi mesa y me dice que tengo una llamada.
- ¿Ah, sí?
- Bueno... "un poco extraño", pensé. Me pongo al teléfono y una voz de mujer medio distorsionada me dice: "Tenemos que vernos en el Parque Central dentro de media hora. Voy a estar detrás del tercer árbol que hay entrando a la derecha".
- Pues sí que es raro, sí...
- Pues la verdad es que sí. Pero bueno, yo me subo a mi Chevrolet descapotable y voy al parque. A medida que me iba acercando, me ponía cada vez más contento .... , claro, pensaba que era una chica que me gusta y pensaba que ella también estaba enamorada de mí y me quería dar una sorpresa declarándose así...
- ¿En serio?
- Ya, ya sé que es raro, pero no sé, a mí siempre me han gustado este tipo de sorpresas... No sé, ... yo soy muy romántico, ¿sabes?
- Ya...
- Bueno, ... , cruzo la ciudad a toda velocidad y llego al parque diez minutos antes de la hora prevista. Entro en el parque y me dirijo al sitio donde me ha dicho la chica. .... , veo a una pareja, un chico rubio y una chica morena, justo en ese lugar, pero la chica no estaba. Así que me siento en un banco a esperarla. Pero .... al cabo de tres cuartos de hora la chica todavía no ha aparecido, pues .... decido volver a casa.
- Hmm... vaya. Qué pena, ¿no?
- Sí, pero, espera, espera. Cuando llego a casa, me encuentro una nota en la puerta que dice: "Feliz Día de los Inocentes. Tu hermana, Rosa".

17. **Completa las conversaciones con le o la.**

a.
- ¿Daniel va a ir a la fiesta de Noelia?
- No, ... ha dicho a Juana que no va a poder ir. Pero .... ha comprado un regalo muy chulo.

b.
- Marta se pasa todo el día delante del ordenador. Dice que .... envían más de cien correos de trabajo al día.
- Sí, trabaja un montón. Además sus compañeros no paran de pedir .... favores y preguntar .... cosas...

c.
- Federica tiene muy buena relación con su madre, ¿no?
- Sí, ... ve todos los días.
- Se nota que .... quiere mucho.

d.
- ¿Qué .... regalamos a Carmen para su cumpleaños?
- No sé, a ver qué dice David... Él .... conoce muy bien.

e.
- ¿Sabe ya Elisa cómo hemos quedado?
- No, todavía no .... he llamado. Lo haré más tarde. .... dije que hablaríamos después de comer.

f.
- ¿.......... pediste a Yago la novela que te recomendé?
- Sí, ya .... he empezado a leer. Me está gustando mucho.

18. Este es el resumen de una obra de teatro infantil basada en una antigua leyenda vasca. Complétalo con los pronombres necesarios.

JOSÉ, UN JOVEN PASTOR, ENCUENTRA UN DÍA, a la entrada de una cueva, a una joven bellísima que se está peinando con un peine de oro. Cuando .... ve, José se enamora inmediatamente de la joven y .... pide casarse con ella. La misteriosa joven .... pone una condición. Para casarse con ella, él debe acertar cuántos años tiene. José vuelve a su pueblo y .... pide ayuda a una vecina, que .... promete averiguar........... Para ello, la vecina va a aquella misma cueva, se pone de espaldas a esta y .... enseña el trasero.
Asustada, la bella joven exclama: "¡En los ciento cinco años que tengo, jamás he visto nada igual!". La mujer vuelve al pueblo y .... comunica a José la edad de la misteriosa mujer. De ese modo, cuando al día siguiente José va a ver a la joven y esta .... recibe en su cueva, José acierta la edad de la bella, por lo que esta acepta casarse con él. Sin embargo, antes del matrimonio José .... comenta el asunto a sus padres. Sus ancianos padres .... advierten de que su amada puede ser una lamía, un hada de las montañas y .... dicen que, antes de casarse, debe ver.......... los pies para saber si es humana o no. Al día siguiente, José encuentra de nuevo a la bella joven y .... obliga a enseñar.......... los pies; cuando .... enseña, José comprueba que no son humanos, sino pies de pato. Así, confirma que es una lamía. El joven rompe de inmediato su compromiso y no se casa, pero como está muy enamorado, enferma de tristeza y muere. El día de su funeral, las campanas de la iglesia tocan por la muerte de José. Cuando la lamía .... oye, va al pueblo para decir.......... adiós.

19. En tu vida diaria, escribe qué sueles...

a. recomendar: ....

b. devolver: ....

c. contar: ....

d. dejar: ....

e. pedir prestado: ....

f. enviar: ....

20. Escribe en tu cuaderno cuáles de las cosas de la actividad 19 has hecho últimamente.

La semana pasada le recomendé "Roma" a un compañero de clase. Me pareció muy buena.

21. Imagina que una tía lejana te ha dejado como herencia todas estas cosas. ¿Qué vas a hacer con ellas? ¿Qué cosas te vas a quedar? ¿Qué cosas vas a vender o regalar? ¿A quién? ¿Por qué? Escríbelo.

El loro *me lo voy a quedar. Me encantan los animales.*

El gato ......

El televisor ......

El vestido de novia ......

La cama ......

El cuadro ......

El coche ......

Los discos ......

El reloj de oro ......

La peluca ......

La guitarra ......

La máquina de escribir ......

La casa ......

22. Anota todas las palabras que sabes relacionadas con estos temas. Puedes buscar más palabras en la unidad o en internet.

Películas

director/a, guion, reparto...

Literatura

novela, escritor/a...

Series

temporada, plataforma...

1. Lee estos eslóganes de campañas institucionales españolas. Marca en la tabla cuál puede ser su objetivo. Luego, búscalos en internet y comprueba tus respuestas.

1 Si no les enseñas a vivir, no les habrás enseñado nada.
2 Engánchate a la vida.
3 Habla con tu hijo.
4 Todos somos responsables.
5 Hay un montón de razones para decir no.
6 La solución está en tus manos.
7 Vive y deja vivir.
8 Haz algo.
9 Mejor sin ellas.
10 Cumple las normas. Tú sí puedes evitarlo.
11 Piénsalo. Las imprudencias no solo las pagas tú.
12 Abróchate a la vida.

	1	2	3	4	5	6	7	8	9	10	11	12
Prevención de accidentes de tráfico												
Lucha contra el consumo de drogas												
Pueden referirse a las dos cosas												

2. 83 Vas a escuchar una campaña radiofónica de la FAD (Fundación de Ayuda contra la Drogadicción). Contesta las siguientes preguntas.

a. ¿Qué crees que es "Duérmete niño, duérmete ya, que viene el Coco y te llevará"? ....

b. ¿Quién crees que es el Coco? ....

c. ¿A qué público va dirigida la campaña? ....

d. ¿Cuál es el mensaje principal de la campaña? ....

3. Clasifica las siguientes palabras en su categoría correspondiente.

anuncio | cartel | consumidor/a | emocionar | eslogan | folleto | imagen | impactar | *influencer* | informar | logo | marca | persuadir | publicista | texto | valla publicitaria

ELEMENTOS DE UN ANUNCIO	
PERSONAS Y EMPRESAS RELACIONADAS CON LA PUBLICIDAD	
OBJETIVOS DE LA PUBLICIDAD	
TIPOS DE PUBLICIDAD	

Más ejercicios

4. **Lee este artículo e indica con la letra correspondiente dónde van estas frases en el texto.**

a. Si se pretende dar una imagen popular, se colocan los productos en montones y desordenados.

b. Sin embargo, las que escogen una música *techno* y estridente incitan a comprar deprisa.

c. Por su culpa, podemos bajar al supermercado a comprar leche y volver con dos bolsas llenas de otras cosas.

d. Algunas tiendas han establecido un punto de entrada y otro de salida con un recorrido obligatorio por toda la tienda.

e. Es lo que se llama "compra por impulso", un comportamiento provocado por el *marketing* y sus técnicas perfectamente medidas y estudiadas.

Ese cliente, ¡que no se escape!

Nada es casualidad en una tienda: ni los colores, ni la música, ni la luz, ni el olor. Desde que entra en un establecimiento comercial, sobre todo en las grandes superficies, el cliente se convierte en víctima de la guerra de las marcas y puede salir de allí llevando algo que no estaba en sus planes o comprando algo en el último momento. (1) .... En el argot profesional se denomina "publicidad en el punto de venta" e influye en casi el 30 % de las ventas. (2) .... Todo empieza por los escaparates, diseñados cuidadosamente para influir en el cliente e incitarlo a comprar. Las tiendas caras, selectas y exclusivas optan por colocar un solo objeto en un entorno lujoso e iluminado por varios focos.
(3) .... Dentro de la tienda, hay sitios donde se vende más; son las zonas "calientes", que suelen situarse en la entrada, en los extremos de los pasillos y al lado de la cola de la caja de salida. La altura a la que se colocan los productos también es importante. Se sabe que se vende más lo que está a la altura de los ojos; un poco menos lo que está cerca de las manos, y muy poco lo que tenemos a nuestros pies. Se supone que por tendencia natural miramos más a la derecha, así que se colocan a ese lado los productos más nuevos o especiales. Un cambio de ubicación puede hacer subir las ventas de un producto en casi un 80 %. (4) .... Es frecuente encontrar los productos básicos o de primera necesidad al fondo; así, hay que atravesar toda la tienda para llegar a ellos y resulta fácil caer en alguna tentación por el camino. Las tiendas que apuestan por un hilo musical suave y relajante y con una decoración pastel invitan a permanecer allí durante un buen rato, a comprar tranquilamente.
(5) .... Una curiosidad: un experimento realizado en un hipermercado demostró que la música italiana elevaba las ventas de pasta.

5. **Contesta en tu cuaderno a estas preguntas.**

a. ¿Con qué frecuencia compras por impulso? ¿En qué tipo de tiendas te pasa más? ¿Por qué?

b. ¿Qué cosas te llaman más la atención cuando vas de compras: la música, los olores, los colores, la luz, los escaparates...?

6. Completa la tabla con las formas del imperativo afirmativo.

	IR	HACER	VENIR
(tú)	....	....	....
(vosotros/as)	....	....	....
(usted)	....	....	....
(ustedes)	....	....	....

7. Completa las tablas con las formas del imperativo negativo.

	LAVAR	CONSUMIR
(tú)	....	....
(vosotros/as)	....	....
(usted)	....	....
(ustedes)	....	....

	PERDER	SALIR
(tú)	....	....
(vosotros/as)	....	....
(usted)	....	....
(ustedes)	....	....

8. Completa estos eslóganes con la forma adecuada del imperativo de los verbos que aparecen entre paréntesis.

a. "Este fin de semana (HACER, TÚ) .... historia".

b. "(DESCUBRIR, USTED) .... el equilibrio. Viña Albati: un vino para descubrir".

c. "(RENOVARSE, TÚ) .... con Telestar y (CONSEGUIR, TÚ) .... un móvil de última generación".

d. "No (PERDER, TÚ) .... esta oportunidad, (VENIR, TÚ) .... a conocernos".

e. "(CREÉRSELO, TÚ) ...., Londres desde 38 euros".

f. "No (DUDARLO, USTED) ...., (VOLAR, USTED) .... con Cheap-Air".

g. "(DESCONECTAR, TÚ) ...., (DESCUBRIR, TÚ) ...., (DESAHOGARSE, TÚ) ...., (DESPREOCUPARSE, TÚ) .... Hay otra forma de tomarse la vida. Con Raimaza descafeinado".

9. Elige qué tipo de producto crees que anuncian los eslóganes de la actividad 8. Escríbelo en tu cuaderno.

Más ejercicios

10. Piensa en dos recomendaciones que pueden servir de eslogan publicitario para estos productos o servicios. Escríbelas en la tabla.

PRODUCTO / SERVICIO	ESLOGAN CON IMPERATIVO AFIRMATIVO	ESLOGAN CON IMPERATIVO NEGATIVO
Un gimnasio	Haz deporte, muévete.	No te quedes en casa.
Un refresco		
Una impresora		
Unas zapatillas de deporte		
Un café		
Un curso de idiomas		
Un videojuego		
Un destino turístico		
Una plataforma audiovisual		

11. Tu ciudad de origen está organizando una campaña de publicidad para atraer a turistas. Escribe el texto de la campaña y acompáñalo con una foto. Usa imperativos.

12. Un/a amigo/a tuyo/a se va a mudar y tiene muchas cosas que ya no quiere. Dale consejos acerca de lo que puede hacer con ellas para darles una segunda vida.

a. Libros de cocina: ....

b. Un juego de platos: ....

c. Una colección de películas españolas en DVD: ....

d. Ropa de cama y toallas viejas: ....

e. Una caja de herramientas: ....

f. Una bolsa llena de disfraces: ....

g. Una lavadora: ....

h. Un sofá: ....

i. Pósters de películas antiguas: ....

13. Piensa si los siguientes verbos (en la forma **tú**) tienen que llevar tilde o no y ponla en los casos necesarios.

a. vendela

b. anuncialo

c. dilo

d. dejame

e. emocionate

f. hazlo

g. ponla

h. entregaselo

14. Completa los siguientes consejos para un consumo responsable con los siguientes verbos en la forma **tú** del imperativo afirmativo o negativo.

anotar | hacer | informarse | caminar | ir (4) | intercambiar | pensar | usar (2)

a. .... si realmente necesitas lo que vas a comprar.

b. No .... a comprar si estás triste.

c. ....una lista de lo que necesitas antes de ir de compras.

d. .... todos tus gastos.

e. No .... de compras los primeros días del mes.

f. .... sobre el proceso de elaboración de los productos.

g. .... la ropa con amigos o familiares.

h. .... a tiendas de segunda mano.

i. No .... a comprar comida con el estómago vacío.

j. .... o .... la bici para desplazarte.

k. .... bombillas de bajo consumo.

15. Transforma las frases de la actividad 14 usando la forma **vosotros**.

Más ejercicios

16. Completa los consejos de uso de estos electrodomésticos con los pronombres que faltan. Decide si tienen que ir antes o después del verbo y pon tilde en los imperativos que lo necesiten.

Cepillo de dientes eléctrico

Ponga una cantidad pequeña de pasta de dientes en el cepillo y .... coloque .... en sus dientes, en un ángulo de 45 grados. A continuación, ... encienda .... y .... mueva .... con movimientos circulares. ¡Atención! Mueva el cepillo suavemente, no .... apriete .... contra los dientes ni presione en exceso.

Plancha para el pelo

Antes de planchar tu cabello, ... seca .... y .... cepilla .... suavemente. .... Separa .... en mechones pequeños y pasa la plancha por cada uno de ellos. .... Pasa .... despacio, de manera suave y sin pararte mucho tiempo para no quemar el cabello. Lo más importante: ¡no .... uses .... a diario, ... utiliza .... solo en ocasiones especiales!

17. ¿Qué palabra no es de la serie? Márcala.

1	2	3
logo	radio	marca
feminidad	anunciante	imagen
solidaridad	televisión	libertad
belleza	internet	eslogan

4	5	6
consumidor	éxito	concienciar
seguridad	marca	sorprender
publicista	solidaridad	impactar
actor	amor	lujo

18. Escribe los sustantivos correspondientes a estos adjetivos. Los puedes buscar en la unidad.

ADJETIVOS	NOMBRES
independiente	....
solidario/a	....
libre	....
lujoso/a	....
joven	....
bello/a	....
amistoso/a	....
exitoso/a	....
ecológico/a	....

19. ¿Qué productos y marcas vienen a tu mente cuando piensas en los siguientes valores? Escríbelo.

a. juventud: ....

b. lujo: ....

c. libertad: ....

d. belleza: ....

e. éxito: ....

f. solidaridad: ....

g. tradición: ....

h. seguridad: ....

i. independencia: ....

j. igualdad: ....

20. Los adjetivos de la tabla se usan frecuentemente para describir anuncios y campañas de publicidad. Marca si te parecen positivos, negativos o neutros.

ADJETIVO	POSITIVO	NEGATIVO	NEUTRO / DEPENDE
impactante			
divertido/a			
sexista			
polémico/a			
efectivo/a			
inteligente			
emotivo/a			
sugerente			
ofensivo/a			

21. Piensa en un anuncio que conoces y que podrías describir usando uno de los adjetivos de la actividad 20. Completa esta ficha y describe el anuncio, usando para ello los recursos de la página 74.

Producto: ....

Marca: ....

Eslogan: ....

Público objetivo: ....

Argumento o trama: ....

....

....

....

Valores asociados al producto: ....

....

22. Lee esta información sobre un producto nuevo y piensa un posible nombre comercial. Luego, escribe en tu cuaderno dos anuncios para este producto: uno dirigido a los padres y a las madres y otro dirigido a los niños/as.

NOMBRE DEL PRODUCTO ▶ ....

PROBLEMA QUE EXISTE ▶ Los niños y las niñas llevan cada vez una vida más sedentaria, juegan menos y hacen menos ejercicio. Su entretenimiento favorito es mirar la pantalla. El porcentaje de niños obesos es muy alto. Se estima que el 50 % de los niños que son obesos a los seis años lo van a ser también de adultos.

DESCRIPCIÓN DEL PRODUCTO ▶ Una camiseta con un dispositivo que registra la cantidad de ejercicio que realiza el niño o la niña a lo largo del día y lo transforma en tiempo de pantalla al que tiene derecho.

FUNCIONAMIENTO ▶ La camiseta incorpora una tecnología que permite registrar los cambios de temperatura, ritmo cardíaco y balanceo del cuerpo para determinar la duración e intensidad del ejercicio. En función de esto, la prenda acumula un saldo de puntos que conceden al / a la niño/a un tiempo equivalente de juegos con el dispositivo de su elección.

23. Piensa en un título para una campaña de concienciación sobre la importancia de no compartir información falsa en internet. Luego, escribe cinco frases en imperativo que serán etiquetas de la campaña.

1. Piensa antes de compartir.
Etiqueta: #piensaantesdecompartir

Título de la campaña: ....

Frases (y etiquetas): ....

....

....

....

....

....

Más ejercicios

1. Piensa en dos combinaciones más para cada tipo. Escríbelas.

a. tener problemas > económicos > .... > ....

b. tener problemas de > trabajo > .... > ....

c. tener problemas relacionados con > la salud > .... > ....

d. tener problemas para > llegar a fin de mes > .... > ....

e. tener problemas con > el / la jefe/a > .... > ....

2. Completa la carta abierta al alcalde de Monreal.

amenaza con | luchar | trasladarse | exigir | invertirá | hacemos un llamamiento | sufrirán un daño | abajo firmantes | actuar | cursar | disminuir | abandonarán

CARTA ABIERTA AL ALCALDE DE MONREAL

EN MONREAL, A 8 DE MARZO

Apreciado señor alcalde:

Los (1) ...., representantes de asociaciones de vecinos y comerciantes y de grupos culturales de Monreal, nos dirigimos a usted para plantearle una cuestión de gran importancia para el futuro de nuestro pueblo: el instituto de enseñanza media Camilo José Cela.

Como usted sabe, el instituto tiene más de 50 años de historia y por él han pasado muchas generaciones de jóvenes de Monreal, pero sobre todo es el único centro de la comarca en el que se puede (2).................................... bachillerato. Desde hace ya algunos años, la Consejería de Educación (3) .... cerrar el instituto por razones económicas. Si finalmente se toma esa decisión, nuestro pueblo y toda la comarca (4) .... enorme. Nuestros jóvenes tendrán que (5) .... cada día en autobús a la capital en un viaje de 90 minutos de ida y 90 minutos vuelta; tendrán que comer allí, con el gasto que eso comporta, y, con seguridad, muchos de ellos (6) ....los estudios.

Si finalmente se produce, el cierre será dramático para el pueblo: ¿quién se querrá quedar a vivir en Monreal si se cierra el instituto? ¿Qué hará el ayuntamiento cuando la población empiece a (7) ....y se queden en el pueblo únicamente las personas mayores, como ha pasado en tantos otros lugares? El ayuntamiento habla de atraer inversiones a Monreal, pero ¿qué empresa (8) .... en nuestro pueblo cuando no tengamos jóvenes formados?

Por todo ello, antes de que se tome esa decisión, el ayuntamiento debería (9) .... Le pedimos a usted y a todo el ayuntamiento que luche por la continuidad del centro. Tenemos que (10) .... a la Consejería que mantenga el instituto Camilo José Cela porque es esencial para el futuro de nuestro pueblo y de nuestra comarca. Pero sería injusto decir que este problema es únicamente responsabilidad del ayuntamiento. Este es un tema que nos afecta a todos y todos deberíamos (11) .... juntos. Por eso, (12).................................... a todos los ciudadanos de Monreal y les pedimos que se unan a nosotros para salvar el instituto.

Quedamos a la espera de una pronta respuesta y nos ponemos a su disposición para elaborar un calendario de actuaciones.

3. 84-86 **Escucha y completa la transcripción con las palabras que faltan.**

a.

- Manifestaciones en varias ciudades de España y de Europa contra la (1) .... del precio del (2) .... Según datos de portales inmobiliarios, en cinco años han subido las rentas un 51 % en Palma de Mallorca y un 45 % en Barcelona. Muchas personas han dicho (3) ....
- ◦ Efectivamente, aquí, en Barcelona, los manifestantes (4) .... de que las ayudas a las rentas solo van dirigidas a personas con rentas muy bajas y exigen un control de los precios de los alquileres.
- ¡El (5) .... del alquiler no para de subir y en cambio los (6) .... se mantienen! De media, los españoles destinan el 34 % de su salario al alquiler, pero hay lugares como aquí, en Cataluña, donde es el 51 %! ¡La mitad de los (7) .... va al alquiler! Exigimos al Gobierno que limite los precios de los alquileres. La (8) .... es un (9) .... y aquí, en ciudades como Barcelona, cada vez es menos (10) ....

b. .

- Decenas de miles de manifestantes salieron hoy a las calles en México para (1) .... al Gobierno que actúe y haga algo para acabar con la (2) .... que mata, en promedio, a diez mujeres cada día.
- ◦ Estamos hartas de ver que agredirnos y matarnos no tiene (3) .... en nuestro país, que los (4) .... salen impunes. No queremos tener miedo de salir a la calle solas. Sentimos rabia, mucha rabia. Algo se tiene que hacer ya.
- No quiero que un día mis nietas salgan y no regresen nunca más. Vine aquí con ellas para que lo vean y que (5) .... para (6) .... todo lo que nosotras no pudimos cambiar.

c.

- Hoy, gremios del personal de la salud de Argentina se manifestaron en Buenos Aires para exigir más protección ante la pandemia del coronavirus y una (1) .... Más de 40 asociaciones se adhirieron a la (2) .... Nuestro reportero Víctor Santos se encuentra en estos momentos allá. Hola, Víctor. Los sanitarios están (3) ...., ¿no es cierto?
- Hola, Vero. Sí, dicen que se sienten desprotegidos ante la pandemia. (4) .... que haya más personal en los equipos y que se hagan más test y más rápidamente, ya que hay más contagios entre sanitarios. Además, (5) .... una subida de los salarios. Mira, Vero, tengo aquí conmigo a Flor, una enfermera. Flor, dicen que se sienten desprotegidas...
- Sí, es que nuestro trabajo es muy (6) .... La mayoría de las personas que trabajamos en salud estamos (7) .... Vamos de un sitio para otro, con el riesgo de pasar el virus. Y, además, estamos cansadas y eso nos lleva a protegernos menos, a bajar la atención. No puede ser, tienen que ayudarnos y protegernos. Si no, no vamos a aguantar, estamos en una situación (8) ....

4. Crea un cartel con una reivindicación. Tu compañero/a tiene que adivinar qué pides.

Más ejercicios

5. Escribe las formas que faltan del presente de subjuntivo.

	ABANDONAR	VENDER	VIVIR
(yo)	....	venda	....
(tú)	....	....	....
(él / ella, usted)	abandone	....	....
(nosotros / nosotras)	....	....	vivamos
(vosotros / vosotras)	....	....	....
(ellos / ellas, ustedes)	....	....	....

6. Clasifica en regulares e irregulares estas formas verbales conjugadas en presente de subjuntivo.

viva vayan sepan habléis
empiecen traduzcan veamos
digan bebáis salgamos conciencie
escriban oigas duermas
hayáis defiendan salgas

REGULARES	IRREGULARES
viva	

7. Conjuga los siguientes verbos en presente de subjuntivo.

	(yo)	(tú)	(él / ella, usted)	(nosotros/as)	(vosotros/as)	(ellos/as, ustedes)
HACER	haga	....	haga	....	hagáis	....
SER	sea	seas	....	seamos	....	sean
QUERER	quiera	....	....	....	queráis	....
JUGAR	juegue	juegues	....	juguemos	....	....
PODER	pueda	....	....	....	....	....
ESTAR	esté	....	....	....	estéis	....
PEDIR	pida	....	pida	....	....	....
SABER	sepa	....	....	....	....	sepan
IR	vaya	vayas	....	....	....	....
CONOCER	conozca	....	....	conozcamos	....	....
TENER	tenga	....	....	....	....	tengan
PONER	ponga	....	....	....	....	....

8. Completa la tabla con las formas que faltan del presente de subjuntivo de estos verbos. Luego, contesta a las preguntas.

	(yo)	(tú)	(él / ella, ustedes)	(nosotros/as)	(vosotros/as)	(ellos/as, ustedes)
REIVINDICAR	reivindique	....	reivindique	....	reivindiquéis	....
EXIGIR	exija	exijas	....	exijamos	....	exijan
LLEGAR	llegue	....	....	....	lleguéis	....
REALIZAR	realice	realices	....	realicemos	....	....

a. ¿Son regulares o irregulares? ....

b. ¿Qué particularidad tienen? ....

c. ¿Qué otros verbos conoces que funcionen igual? ....

9. Escribe el pronombre personal de sujeto al lado de cada forma.

a. aciertes: ....
b. traduzcas: ....
c. nieguen: ....
d. conduzcamos: ....
e. te vistas: ....
f. vuelvas: ....
g. cuentes: ....
h. valgan: ....
i. produzcáis: ....
j. tengáis: ....
k. sirva: ....
l. sienta: ....
m. salgamos: ....
n. duelan: ....

10. Clasifica los verbos de la actividad 9 según su irregularidad. Luego, escribe otros verbos que funcionen igual.

COMO CERRAR	acertar,
COMO PODER	
COMO PEDIR	
COMO PONER	
COMO CONOCER	

11. Lee el siguiente texto y escribe cuáles son los temas que más preocupan a Raúl.

Raúl Oliva Pozo
22 años
estudiante de Psicología

"Cuando termine la carrera no sé qué voy a hacer. Vivo con mis padres, aunque me gustaría vivir solo. Pero es que encontrar trabajo es cada vez más difícil, especialmente cuando no tienes experiencia. Y, si tienes la suerte de encontrar trabajo, es con un contrato temporal y mal pagado. Comprar un piso es imposible y los pisos de alquiler que hay son carísimos. El Gobierno debería construir más viviendas para jóvenes".

....
....
....
....
....

12. ¿Y a ti qué temas te preocupan? Escribe en tu cuaderno un texto similar al de la actividad 11.

Más ejercicios

13. Observa estos dos ejemplos. Luego, completa las frases de debajo con indicativo o subjuntivo.

- Cuando el Gobierno baja los impuestos, la gente consume más.
  *(**cuando** + indicativo: acción habitual)*
- Cuando el Gobierno baje los impuestos, la gente consumirá más.
  *(**cuando** + subjuntivo: hablamos del futuro)*

1 **a.** Estoy muy cansado. Cuando (LLEGAR) .... a casa, me iré a la cama directamente.

b. Cuando (LLEGAR) .... a casa, siempre me tomo una taza de café.

2 **a.** Cuando (ESTAR) .... triste, eres tú la única persona que me entiende.

b. Cuando (ESTAR) .... triste, pensaré en los buenos momentos que vivimos juntos.

3 **a.** Te llamo cuando (SALIR, YO) .... del trabajo y vamos al cine, ¿de acuerdo?

b. Siempre te llamo cuando (SALIR) .... del trabajo y nunca te encuentro.

4 **a.** Cuando (TENER) .... dinero, me compraré un coche nuevo.

b. Cuando (TENER) .... dinero, me lo gasto enseguida.

14. Piensa en lo que pasa en tu país o en el mundo y completa estas frases.

1. ....
cuando haya leyes más estrictas.

2. Cuando ....,
siento mucha rabia e impotencia.

3. Cuando los jóvenes terminan sus estudios,
....

4. Cuando un/a hijo/a está enfermo/a,
....

5. Cuando ....,
tendré esperanza en el futuro.

6. Cuando los jóvenes de ahora sean mayores,
....

15. Completa la tabla con los verbos y los sustantivos que faltan.

SUSTANTIVOS	VERBOS
....	cerrar
(la) mejora	....
(la) reivindicación	....
(el) consumo	....
....	disminuir
....	defender
(la) petición	....
....	actuar
(la) lucha	....

16. Escoge cinco de las palabras de la actividad 15 y escribe en tu cuaderno frases relacionadas contigo o con tu entorno.

En mi país, el consumo de alcohol entre los jóvenes ha aumentado muchísimo en los últimos años.

17. ¿Cómo crees que se podrían solucionar los siguientes problemas? Escribe tus propuestas. Puedes usar las estructuras **debería/n**, **se debería/n**, **deberíamos**, **habría que** u otras.

a. La violencia de género: ....

b. El desempleo: ....

c. La contaminación del aire: ....

d. El fraude fiscal: ....

e. El precio de la vivienda: ....

f. El terrorismo: ....

18. Escribe en tu cuaderno dos reivindicaciones para cada uno de estos colectivos. Usa los siguientes verbos.

querer | reivindicar | necesitar | exigir | pedir

- colectivo de mujeres víctimas de la violencia machista
- asociación de profesionales de la salud
- asociación de celíacos y sensibles al gluten
- asociación de estudiantes universitarios
- colectivo LGTB

El colectivo de mujeres víctimas de la violencia machista quiere que las leyes sean más duras para los maltratadores.

19. Escribe el nombre de otros movimientos políticos y sociales con el sufijo **-ista** y el prefijo **anti-**. Si quieres, puedes inventarte alguno.

movimiento ecolog**ista**, movimiento femin**ista**, ...

movimiento **anti**globalización, movimiento **anti**nuclear, ...

20. Elige un movimiento de cada tipo de los de la actividad anterior, ponle un nombre y redacta, en tu cuaderno, algunas de sus reivindicaciones.

Movimiento animalista "El gato feliz": Quieren que todos los gatos...

21. Aquí tienes algunas situaciones en las que se dicen frases con la estructura **que** + subjuntivo. Completa las frases con la forma en subjuntivo que corresponda.

mejorarse | tener (2) | cumplir | ir | pasar | divertirse | ser

a. Si sales con amigos/as:
¡Que lo .... bien!

b. El día de tu cumpleaños:
¡Que .... muchos más!

c. Si vas a hacer un examen:
¡Que te .... muy bien!

d. Si te vas de viaje:
¡Que .... buen viaje!

e. Si vas a hacer algo divertido:
¡Que .... !

f. El día de tu boda:
¡Que .... muy felices!

g. Si participas en un sorteo:
¡Que .... suerte!

h. Si estás enfermo/a:
¡Que .... !

22. ¿En qué otras situaciones se pueden usar las frases de la actividad 21?

23. Elige a cinco de estas personas y escribe un deseo para cada una de ellas.

tu pareja | tu hermano/a | un/a compañero/a de tu clase | un/a compañero/a de trabajo | tu mejor amigo/a | tu padre | tu madre | tu profesor/a de español

a. Quiero que ....

b. Espero que ....

c. Ojalá ....

d. Deseo que ....

e. Quiero que ....

24. Piensa en algo que te molesta o te preocupa del centro en el que estudias (puedes inventártelo). Escribe una carta a un/a responsable (el director o la directora de la escuela, el alcalde o la alcaldesa de la ciudad, etc.). Sigue esta estructura.

Saludo

Presentación y exposición del problema

Consecuencias

Reivindicaciones y soluciones

Despedida

1. Lee de nuevo estos mensajes y marca en la tabla en cuáles las personas que los escriben hacen estas cosas.

	1	2	3	4	5	6	7
a. saludar							
b. despedirse							
c. invitar							
d. agradecer							
e. pedir algo							
f. mostrar interés							

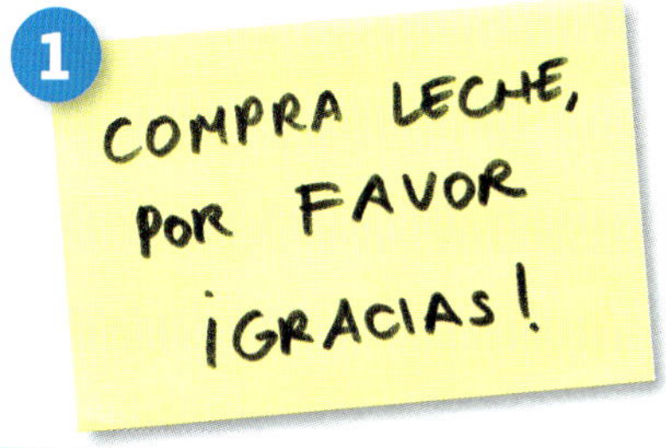

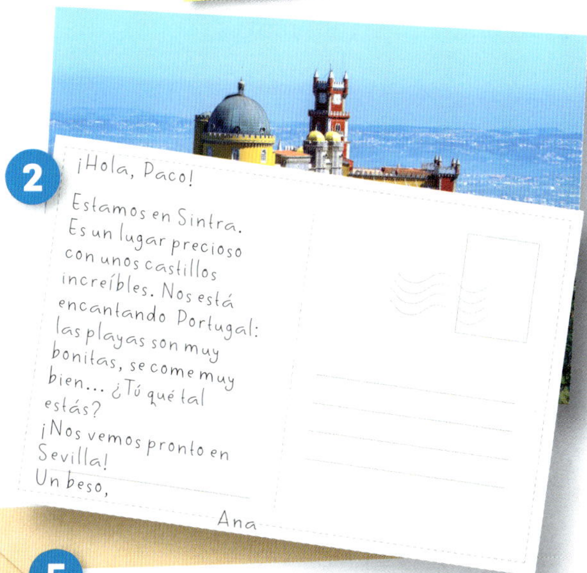

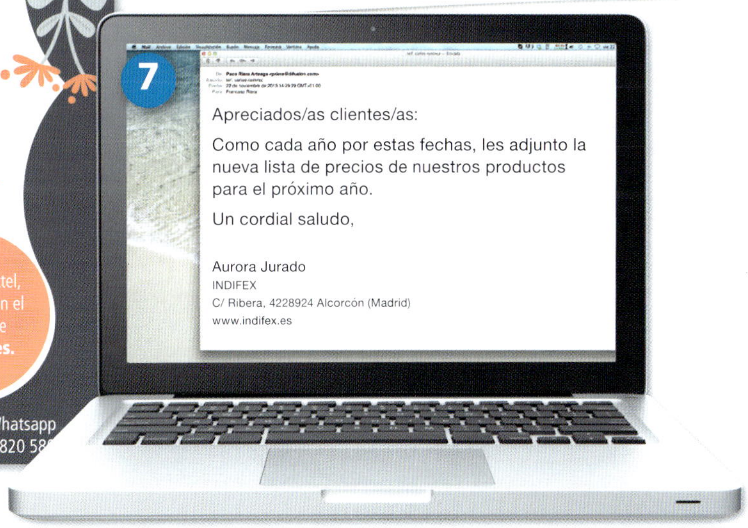

Más ejercicios

2. Completa el correo electrónico y la carta con las siguientes expresiones.

apreciados/as clientes/as · en relación con el · le informamos de que · le agradecemos · estimada Sra. · un cordial saludo · les adjunto · le reiteramos

Para: pedidos@seprotec.dif

(1) .... :

Como cada año por estas fechas,
(2) .... la nueva lista de precios de nuestros productos para el próximo año.

(3) .... ,

Aurora Jurado
INDIFEX
C/ Ribera, 4228924 Alcorcón (Madrid)

OLATZ BATEA RODRÍGUEZ
Avda. de Madrid, 23
20011 San Sebastián

(4) .... :

Ante todo, (5) ....
la confianza que deposita en ALDA SEGUROS y (6) ....
nuestro compromiso de ofrecerle siempre la máxima protección y un alto servicio de calidad.
(7) .... seguro de su vehículo,
(8) .... el día 01/04/2014 se produce el vencimiento de su póliza, cuyo importe para la próxima anualidad es de 409,80 euros.

Atentamente,
La directora general

3. Escribe al lado de cada palabra o expresión el número correspondiente.

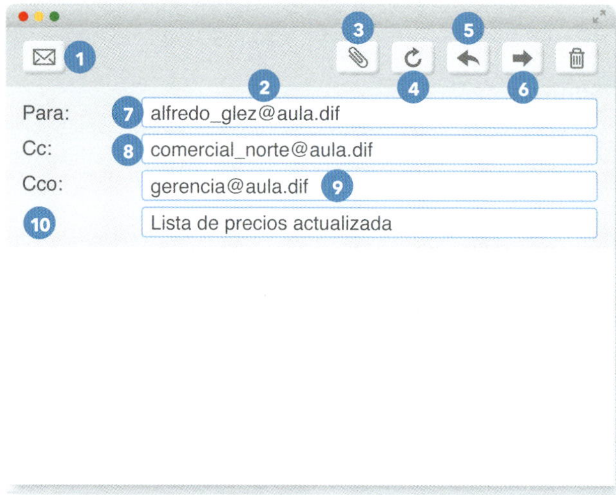

- ◯ arroba
- ◯ archivo
- ◯ enviar
- ◯ copia oculta
- ◯ actualizar
- ◯ asunto
- ◯ responder
- ◯ reenviar
- ◯ destinatario
- ◯ poner en copia

4. Combina los verbos de la izquierda con los elementos de la columna de la derecha para crear expresiones relacionadas con la comunicación. Escríbelo en tu cuaderno.

recibir	mensajes (de móvil)
escribir	correos electrónicos
publicar	postales
hacer	cartas
leer	notas
mandar	tarjetas de agradecimiento
	invitaciones
	críticas
	fotos

5. Completa esta conversación con **si** o **que**.

- • Hola, Claudia.
- ○ Hola, guapa, ¿Qué tal?
- • Bien, bien… Mira te llamo porque es que Sandra me preguntó (1) .... podía venir Pablo a la cena, su pareja. Yo le contesté (2) .... no lo sabía y (3) .... te lo iba a preguntar a ti. ¿Qué le digo?
- ○ Uf, pues es que ya tenemos la reserva del restaurante cerrada… Es un poco justo… Dile (4) .... lo veo complicado, pero (5) .... lo voy a intentar. Mañana llamo al restaurante y pregunto (6) .... podemos incluir a alguien más, a ver si hay suerte.
- • ¡Genial! ¿Le digo (7) .... te llame?
- ○ No, mejor dile (8) .... yo la llamaré.
- • Vale. ¡Gracias!
- ○ Nada, no es ninguna molestia…

6. ¿Con o sin tilde? Acentúa las palabras en negrita cuando sea necesario.

a. Luis pregunta **cuando** nos vamos de viaje.

b. Luis me ha preguntado por ti **cuando** nos hemos visto esta mañana.

c. Alba no sabe **que** Juan está enfadado con ella.

d. Alba no sabe **que** le pasa a Juan.

e. Dani siempre le pregunta a Violeta **como** está su padre.

f. Dani le preguntó a Violeta por su padre, **como** siempre.

7. 87 Escucha cada una de estas preguntas que te han hecho hoy. ¿Cómo se lo cuentas a otra persona? Escríbelo.

a. Mi madre me ha preguntado ....

b. Antonio me ha preguntado ....

c. Mario me ha preguntado ....

d. Miguel y Lucía me han preguntado ....

e. Elena me ha preguntado ....

f. El quiosquero de la esquina me ha preguntado ....

g. María me ha preguntado ....

h. Sara me ha preguntado ....

i. Alicia me ha preguntado ....

j. La profesora me ha preguntado ....

Más ejercicios

8. 88 **Eva habla por teléfono con su hija Clara. Escucha y responde a estas preguntas.**

a. ¿De qué se queja Eva?

....

....

b. ¿Por qué dice Clara que están muy ocupados?

....

....

c. ¿Qué planes tenía Clara para el fin de semana antes de la llamada?

....

....

d. ¿Qué plan les propone Eva a Clara y a su pareja para el domingo?

....

....

e. ¿Por qué Eva le va a llevar a Clara unas llaves? ¿De quién son?

....

....

9. **Ese día, Clara le cuenta a su pareja la conversación con su madre. Transforma las frases a estilo indirecto. Recuerda que cuando transmitimos palabras de otras personas, los verbos que tienen que ver con el espacio cambian.**

a. "Nunca venís a verme".
Dice mi madre que ....

....

b. "Este fin de semana, ¿vais a algún sitio o podéis venir casa?".
Dice mi madre que ....

....

c. "Pues entonces este domingo venid a comer".
Dice mi madre que ....

....

d. "Traed algo de postre".
Dice mi madre que ....

....

e. "Mañana por la tarde iré a tu casa a veros y te llevaré las llaves".
Dice mi madre que ....

....

10. **Escribe en tu cuaderno una frase con cada uno de estos verbos, contando algo sobre ti. Fíjate en si debes usar preposiciones o no.**

despedirse | felicitar | protestar | sugerir | saludar | dar las gracias | invitar | recomendar

Este verano mi primo se fue a vivir a Canadá y yo lo acompañé al aeropuerto para despedirme de él.

11. Escribe cómo le cuentas a otra persona estas cosas que te han dicho. Tienes que usar las siguientes formas.

~~me ha recomendado~~ | me ha dicho que | me ha pedido | me ha invitado | me ha dado las gracias por | me ha felicitado por | me ha recordado que

a. Carlos: "Tienes que visitar el Museo Egipcio, es muy interesante".
Carlos me ha recomendado ir al Museo Egipcio.

b. Juan: "¿Me dejas el coche para el fin de semana?". ....

c. Tu primo: "Hago una fiesta el sábado, ¿quieres venir?". ....

d. Lucía: "He conocido a un chico muy simpático". ....

e. Elsa: "Gracias por acompañarme hasta el hotel". ....

f. El recepcionista de la escuela: "Recuerda que mañana tienes que pagar el curso". ....

g. Tu profesor de español: "Enhorabuena. Tu redacción está muy bien escrita". ....

12. Completa con preposiciones si son necesarias.

a. • Te marchas esta tarde, ¿no? ¿Ya te has despedido .... los abuelos?
∘ Sí. Los he llamado hace un rato.

b. Esta mañana el profesor ha felicitado .... Jutta .... sus notas.

c. Luis siempre les pide .... dinero .... sus amigos.

d. Ayer Julieta me invitó .... cenar con sus amigos.

e. Mucha gente salió a la calle .... protestar .... la guerra.

f. Esta mañana me he encontrado a Carlos y me ha preguntado .... ti.

g. ¿Ya le has dado las gracias .... tu hermano .... el regalo?

h. • ¿Sabes que Luis y Cruz no han invitado .... Julián .... su boda?
∘ ¿En serio? ¡Pero si son superamigos!

i. • Le recomendé .... mi novio *Los hombres que no amaban a las mujeres*, pero no le gustó nada.
∘ Ah, pues a mí me gustó mucho.

j. Ayer comenté .... un amigo los resultados de los análisis.

k. • ¿Qué me recomienda?
∘ Le sugiero .... nuestra especialidad: pescado al horno.

l. Manuel no va a invitar .... sus tíos .... su boda.

Más ejercicios

13. Laura ha recibido un correo electrónico de Alba y se lo cuenta a Julián, su nuevo compañero de piso. Lee la conversación e intenta escribir el correo electrónico de Alba.

- **LAURA:** Hoy he recibido un correo de Alba. Te manda saludos.
- **JULIÁN:** ¡Gracias! Hace mucho que no hablo con ella. ¿Qué cuenta?
- **LAURA:** Bueno, me ha felicitado por la boda y me ha preguntado por el trabajo y tal… ¿Sabes que ha cambiado de trabajo?
- **JULIÁN:** No, qué va. ¿Y qué hace ahora?
- **LAURA:** Me ha dicho que está muy contenta con el sitio, con la gente… Ah, y que está mejorando su inglés…
- **JULIÁN:** ¡Pues claro! ¿Y piensa volver pronto?
- **LAURA:** No ha dicho nada… Pero creo que no, parece que le gusta mucho Londres. De hecho, me ha invitado a ir unos días.
- **JULIÁN:** ¿Ah, sí? ¿Cuándo?
- **LAURA:** No sé, cuando yo quiera…

Para: laura@aula.es

Hola, Laura:

¿Qué tal?…

14. Escribe en tu cuaderno un mensaje breve para cada una de estas cosas.

- Proponer un plan para el sábado por la tarde
- Felicitar a alguien de tu familia por sacarse el permiso de conducir
- Invitar a tus compañeros/as de clase a una fiesta en tu piso
- Dar las gracias a tus amigos/as por ayudarte en la mudanza
- Recordar a tu madre / padre que mañana tiene que acompañarte al hospital
- Avisar a tu profesor/a de baile de que mañana no puedes ir a clase

¿Quieres hacer algo el sábado por la noche? ¿Te apetece ir al cine? Podemos ir a ver…

15. Relaciona estas fórmulas con las de significado equivalente.

a. ¿Sí?

b. Buenas tardes, ¿podría hablar con Miguel?

c. ¿De parte de quién?

d. Un momento, ahora se pone.

e. ¿Quiere dejar algún mensaje?

f. Se ha equivocado, lo siento.

- ◯ Hola, ¿está Miguel?
- ◯ Enseguida te lo paso.
- ◯ Creo que se ha confundido de número.
- ◯ ¿Dígame?
- ◯ ¿Quién le llama?
- ◯ ¿Le digo algo de su parte?

16. 89-91 Hoy Bibiana ha hablado por teléfono con tres personas. Escucha las conversaciones y completa la tabla.

	1	2	3
¿CON QUIÉN HABLA?			
¿PARA QUÉ LLAMA BIBIANA?			
¿QUÉ DICE LA OTRA PERSONA?			

17. Lee el correo electrónico que un estudiante le envía a su profesora en la universidad e identifica en él estos elementos.

- saludo
- destinatario
- identificación
- motivo
- despedida
- firma
- petición
- agradecimiento
- asunto

De: Liaoliao Peng <peng_liao@defemail.com>
Para: h.baena@defemail.com

Asunto: Recuperación tutoría

Estimada profesora Baena: ← saludo

Soy Liaoliao, un estudiante de su clase de Investigación de Mercados Turísticos. Le escribo para pedirle disculpas por no haber asistido a la tutoría que tenía con usted esta mañana a las once, pero es que he tenido un pequeño accidente doméstico que me lo ha impedido. ¿Cree que podríamos vernos otro día de esta semana? Yo estoy disponible cualquier día en horario de mañana.

Muchas gracias por su comprensión.

Un saludo cordial,

Liaoliao Peng

18. Reescribe en tu cuaderno el correo de la actividad 17 en un registro menos formal.

Más ejercicios

1. Completa estos textos (de las páginas 108 y 109) con las palabras que faltan.

Cartagena de Indias

predilecto | los turistas | cuenta con | amantes

Esta ciudad declarada Patrimonio de la Humanidad por la UNESCO es el destino .... de los .... de la arquitectura colonial. En la región hay playas increíbles y la ciudad .... multitud de servicios para .... que buscan placer y descanso.

Bogotá

increíble | oferta | del arte

La capital de Colombia es un destino .... para los amantes ...., por sus museos y festivales (como el famoso Festival Iberoamericano de Teatro). Bogotá es también una ciudad con una amplia .... de restaurantes de comida típica, bares y discotecas.

Triángulo del café

pasear | hospedarse | del café | de producción

Aquí se cultiva el mejor café del mundo. Un lugar con bellos paisajes, en el que los amantes .... podrán .... en haciendas tradicionales, ... por plantaciones, ver el proceso .... del café y conocer la cultura cafetera.

2. Busca información en internet y escribe en tu cuaderno los textos para una web sobre dos destinos turísticos de moda en tu país. Acompáñalos con fotos.

3. 92-93 Escucha a estas personas que hablan de la primera vez que fueron de viaje solas y completa las frases.

Carlota, chilena:

1. La primera vez que viajó sola fue a Bariloche porque ....
2. Al principio pensaba viajar en autobús porque ...., pero finalmente ...., ya que ....
3. Reservó el alojamiento porque ....
4. En sus desplazamientos por la región ....
5. Recomienda ir con ....

Isabel, española:

1. Durante los viajes que hizo acompañada ....
2. Viajó sola a la India porque ....
3. En algunos destinos poco turísticos le dijeron que ....
4. Cuando se lo contó a sus hijas ...., pero al final ....

4. Imagina que acabas de volver de vacaciones. Escribe en tu cuaderno un correo contando alguna anécdota del viaje.

5. Lee estas frases y marca si la acción expresada por los verbos en negrita es anterior o posterior a la acción expresada por el verbo subrayado.

	ANTERIOR	POSTERIOR
a. Cuando llegamos a la estación, el tren ya **había salido**.		
b. Cuando llegó Pedro, **empezamos** a cenar.		
c. No los encontré en casa porque **se habían ido** de vacaciones.		
d. Estudió mucho y, por eso, **aprobó** el examen.		
e. Reclamé a la agencia, pero no **aceptaron** ninguna responsabilidad.		
f. La guía que nos acompañó no **había estado** nunca en Madrid.		
g. Me llevaron a un hotel terrible, aunque **habíamos reservado** uno de tres estrellas.		
h. Cuando llegamos al aeropuerto, ya **habían empezado** a embarcar.		

6. Piensa en cosas que ya habías hecho en tu vida (o que alguien de tu entorno había hecho) en cada uno de los siguientes momentos y continúa estas frases.

a. A los 15 años, ya ....

b. Antes de estudiar español, ...

c. Antes de empezar este curso, ...

d. Cuando terminé la carrera, ...

7. Señala la opción correcta en cada una de las siguientes frases.

a.
- ¿Has visto a Carla últimamente?
- Sí, la **veía** / **vi** ayer.

b. Ayer fuimos al cine; **vimos** / **veíamos** una película malísima.

c.
- Hablas muy bien alemán.
- Bueno, es que de joven **pasé** / **pasaba** dos años en Berlín.

d.
- Llegas tardísimo, Marta.
- Es que **he perdido** / **perdía** el bus.

e. El jueves pasado no **iba** / **fui** a clase. Tuve que quedarme en casa.

f. Antes no **me gustaba** / **me gustó** el pescado. Ahora me encanta.

g. Leí ese libro hace tres años y **me encantaba** / **me encantó**.

h. Pasé tres meses en Suecia, pero no **aprendí** / **aprendía** casi nada de sueco.

i. Mi hermano nunca **ha estado** / **estaba** en Italia, pero habla muy bien italiano.

j. Se tomó una aspirina porque **le dolía** / **le dolió** la cabeza.

k. Me encontré con Pablo y no lo reconocí: **estuvo** / **estaba** muy cambiado.

Más ejercicios

8. **Aquí tienes una anécdota desordenada. Ordénala (de 1 a 4) según este esquema.**

1. Empieza a contar la anécdota.
2. Cuenta más detalles de la anécdota.
3. Cuenta el final.
4. Valoran la anécdota.

◯

- ∘ Acabaste comprándole el libro, ¿no?
- • Pues sí.
- ∘ ¿Y cuánto te costó?
- • Bueno, pues, en total, me cobró doce euros del libro y cinco del taxi....

◯

- ∘ ¿Doce euros? ¡Qué caro!, ¿no?
- • Sí, pero por lo menos fue una experiencia curiosa, ¿no?
- ∘ Pues sí, bastante surrealista lo del taxista poeta...

◯

- • ¿Sabes lo que me pasó ayer en un taxi?
- ∘ No. ¿Qué?
- • ¡Que acabé comprando un libro de poesía!

◯

- ∘ ¿Al taxista? ¿Por qué?
- • Nada, que cuando me estaba bajando del taxi, me preguntó: "¿Te gusta la poesía?" Y me enseñó un libro que había escrito él, del que estaba superorgulloso.
- ∘ ¡Ostras! ¡Un taxista poeta!
- • Sí, sí. Bueno, le echó un vistazo rápido para no ofenderle y... La verdad es que eran bastante malos los poemas, pero me dio un poco de pena y...

9. **Lee estas frases y marca, en cada caso, si quien las dice está empezando a contar una anécdota, la está terminando o está reaccionando.**

	EMPEZANDO	TERMINANDO	REACCIONANDO
a. A mí, una vez, me pasó una cosa muy curiosa.			
b. Total, que fuimos a un cajero, sacamos dinero y...			
c. ¡No me digas!			
d. Yo, una vez, estaba en Londres y...			
e. Por eso, a partir de ahora, voy a viajar solo.			
f. ¿Sabes qué me pasó el otro día?			
g. No te lo vas a creer, pero... ¿sabes qué les pasó a Pedro y a María?			
h. ¡Qué me dices!			
i. ¿En serio?			
j. ¡Qué horror!			

10. Completa esta conversación con las siguientes frases y expresiones.

Pues sí que era fácil, sí. ¡No, no, qué va!
No, ¿qué? ¿En serio? ¿Y cómo?
¿Sí? ¿Y qué te han preguntado?

- ¿Sabes qué me ha pasado hoy?
- ○ ....
- No te lo vas a creer. ¡He ganado 3000 euros!
- ○ ....
- Pues resulta que iba por la calle y, de repente, me para un reportero de un programa de la tele.
- ○ ¿De la tele? ¿Seguro que no era una broma?
- .... Justo después, me ha llamado un compañero de trabajo que me ha visto…
- ○ ¿Ah, sí? ¿Y cómo has conseguido el dinero?
- ¡Superfácil! El reportero me para y me explica que es un concurso y que, si acierto la respuesta a una pregunta, me llevo 3000 euros.
- ○ ....
- Nada, una tontería: la capital de Perú.
- ○ ¿De Perú? ....
- Sí, sí, facilísimo.
- ○ Hay que ver la suerte que tienes...

11. 94 Escucha estas conversaciones y complétalas con los signos de puntuación (**¿ ?**, **¡ !**, **Ø**) que tienen que llevar las expresiones en negrita.

a. • Ayer me encontré en la calle un billete de cien euros.
○ ¡Qué suerte!, ... **no** ......

b. • Ayer me encontré en la calle un billete de cien euros.
○ ...... **No** ...... ¿Y lo cogiste?

c. • ¿Sabes a quién vi ayer? ¡A Teo!
○ ...... **Ah, sí** ...... ¿Dónde?

d. • ¿Sabes a quién vi ayer? ¡A Teo!
○ Teo… ...... **Ah, sí** ...... ¡El del instituto!

e. • Esta mañana me he encontrado a Juan en el metro. Está tan cambiado que casi no lo he reconocido.
○ ...... **Ya** ......, es increíble, yo lo vi hace poco y pensé lo mismo.

f. • Esta mañana me he encontrado a Juan en el metro.
○ ...... **Ya** ...... ¡Pero si acaba de llegar a Madrid!

12. 95-96 Dos personas cuentan dos anécdotas. Escucha cómo lo hacen y usa las siguientes expresiones para reaccionar. Úsalas en el orden indicado y presta atención a la entonación.

1

a. ¿Ah, sí? ¡Qué rabia!, ¿no?
b. ¡Qué rollo!
c. ¡A Cuba!
d. ¿Y qué hiciste?
e. ¿Tres días? ¡Qué fuerte!
f. Ya, claro. Eso o ir desnuda.
g. … ibas todo el día disfrazada, ¿no? ¡Menos mal!

2

h. ¿Qué?
i. ¿Ah, sí? ¿Y por qué? ¿Qué pasó?
j. ¡No!
k. Ya.
l. ¿Y qué hiciste?
m. ¡Qué mala suerte!
n. ¡Menos mal!

Más ejercicios

13. Completa las frases con el conector que te parezca más adecuado. Escribe mayúscula cuando sea necesario.

como | porque | total, que | resulta que

a. Salimos tardísimo y nos encontramos con un atasco horroroso, y encima tuvimos un pinchazo. .... llegamos a Córdoba a las cuatro de la madrugada.

b. No te llamé .... me quedé sin batería en el móvil.

c. .... no tenía dinero, no pude invitarlos a tomar nada.

d. Me dieron una indemnización de 200 € .... me habían perdido la maleta.

e. • ¿Qué tal Carlos y Azucena?
○ Pues .... al final no se han casado.

f. .... sabía que le gustaba García Márquez, le regalé un libro suyo.

g. Yo quería ir a Nueva York y ella, a Cartagena de Indias. Estuvimos discutiendo días y días; .... nos quedamos en casa y no fuimos a ningún lado.

h. ¿Que cómo lo conocí? ¡No te lo vas a creer! .... llevábamos trabajando en la misma empresa un montón de años, pero nadie nos había presentado. Y entonces, un día…

14. Continúa estas frases de manera lógica.

a. No pude desayunar en el hotel **porque** ....

b. **Como** había reservado una habitación sin baño, ...

c. Perdimos el tren de las 23:00 h, **así que** ....

d. Me gusta improvisar cuando viajo, **o sea que** ....

e. Al final nos cambiaron de hotel **porque** ....

f. **Como** no tenía equipaje para facturar, ...

g. Cancelaron la excursión al lago, **así que** ....

h. No había sitio en el albergue para las fechas que dijiste, **o sea que** ....

15. En un viaje, escribe qué cosas se pueden…

a. organizar

b. recorrer

c. perder

d. facturar

e. cancelar

f. reservar

g. descubrir

16. Relaciona los elementos de las dos columnas para formar combinaciones posibles. Escríbelas en tu cuaderno.

ir de	un hotel
decidir sobre	noche
planificar con	vacaciones
perderse por	las calles
alojarse en	la marcha
salir de	antelación

17. Relaciona estas palabras y expresiones con los dibujos correspondientes.

◯ hacer escala en un lugar
◯ embarcar
◯ facturar
◯ compañía aérea
◯ buscador de vuelos
◯ perder el equipaje
◯ hacer una reclamación
◯ recibir una indemnización

18. ¿Cómo dices las palabras y expresiones de la actividad 17 en tu lengua o en otra que conoces bien? Escríbelo en tu cuaderno.

19. En todas estas frases aparece el verbo **salir**. Traduce a tu lengua las partes en negrita.

a. El vuelo sale a las 8:00 h.

....

b. Las maletas saldrán pronto.

....

c. Fue un viaje perfecto. **Todo salió bien**.

....

d. Cuando salimos del teatro nos fuimos a casa.

....

20. Completa estas frases sobre dos lugares de tu país.

[ ]: Es un destino .... para los .... de ....
Hay ....

[ ]: Es un lugar .... para los que ....
Cuenta con ....

21. ¿Dónde se pueden hacer estos tipos de turismo? Completa la tabla.

	LUGAR (REGIÓN, PAÍS...)	ACTIVIDADES	CUÁNDO ES MEJOR IR
1. turismo rural			
2. turismo de aventura			
3. turismo de sol y playa			
4. turismo cultural			
5. turismo gastronómico			
6. turismo musical			
7. turismo urbano			
8. turismo deportivo			

22. Escoge una de estas viajeras famosas, busca información sobre ella y escribe en tu cuaderno un pequeño texto con la información que consideres más interesante.

Jeanne Baret (1740-1807): fue la primera mujer que dio la vuelta al mundo.

Isabelle Eberhardt (1877-1904): recorrió el norte de África vestida de hombre.

Mary Kingsley (1862-1900): escaló el Monte Camerún.

Amelia Earhart (1898-1937): fue la primera mujer que atravesó el Atlántico en avión.

1. Completa de forma lógica las siguientes viñetas. Luego, compara lo que has escrito con el texto de la actividad 1 (páginas 122-123). ¿Tiene un sentido parecido?

2. Según el artículo de la página 124, ¿qué tipo de manía tienen estas personas?

a. manías de orden y posición
b. manías de comprobación
c. manías higiénicas
d. manías de contar
e. manías relacionadas con la superstición

- ◯ Ana siempre tiene que besar la puerta al salir de casa. Si no lo hace, le da miedo que pase algo malo.
- ◯ A Pepe le provoca ansiedad ver que los bolígrafos están mal colocados y siempre los pone en la mesa de forma simétrica.
- ◯ Lola no soporta que los desconocidos la toquen ni dar la mano para saludar.
- ◯ Celia llama cada día a sus hijos para preguntarles si han cerrado las ventanas al salir de casa.
- ◯ A Carina le da asco que alguien le pase el pan con la mano cuando están comiendo.
- ◯ Ignacio cuenta el número de palabras de los correos que escribe y siempre tiene que ser un número par.
- ◯ Chema siempre comprueba si los platos están bien colocados en el lavavajillas y los cambia de sitio si su pareja no lo ha hecho bien.

Más ejercicios

3. ¿Qué manías tienes tú? ¿Y otra persona que conoces bien? Escríbelo.

MIS MANÍAS	LAS MANÍAS DE ....

4. Completa cada frase con la expresión más adecuada.

¡Qué rabia! ¡Qué asco! ¡Qué mal me siento! ¡Qué pereza! ¡Qué rollo! ¡Qué ilusión me hace!

a. Agggg, no me ha tocado la lotería por un número, ...

b. ¡Cómo llueve! Tengo que salir a comprar, pero se está tan bien aquí en casa… ....

c. Este fin de semana por fin voy a conocer a mi sobrino. ....

d. ¡Uff! ¡Qué mal huele aquí! ....

e. Ayer discutí con Sebastián y le dije cosas muy fuertes; creo que me pasé, la verdad. ....

f. El fin de semana tengo que quedarme para terminar el proyecto: tengo que hacer informes, mandar presupuestos, hacer facturas. ....

5. ¿Qué tipo de emoción expresan los verbos de la tabla? Algunos verbos pueden expresar más de una emoción.

cariño sorpresa miedo enfado aburrimiento alegría indiferencia tristeza

	EMOCIÓN O EMOCIONES
a. me horroriza	
b. me fascina	
c. me apasiona	
d. me irrita	
e. me entusiasma	
f. me molesta	
g. me pone furioso/a	
h. me da igual	
i. me pone de mal humor	
j. me hace ilusión	
k. me da rabia	
l. me da miedo	
m. me aburre	
n. me encanta	
o. adoro	
p. me da pereza	
q. me cansa	

6. Piensa en situaciones que te provocan los sentimientos de la actividad 5. Escribe frases sobre ellas.

– Me horroriza que...

7. Escribe a qué personas (**yo**, **tú**, etc.) corresponden estas series de verbos. Luego, marca en cada serie la forma que no pertenece al presente de subjuntivo.

a. vayamos / estemos / comamos / tenemos ....
b. tenga / compre / está / vuelva ....
c. llevéis / perdáis / estéis / volváis ....
d. escribas / hagas / pierdes / tengas ....
e. vendan / compran / sientan / estén ....
f. duerma / pierde / cierre / venga ....

8. ¿Cuál de estas formas verbales no corresponde a la misma persona que las demás? Márcala.

- ☐ uses
- ☐ vayas
- ☐ pongas
- ☐ duermas
- ☐ escribas
- ☐ pases
- ☐ lleve
- ☐ estés

9. Escribe qué sentimientos te provocan las siguientes cosas o situaciones.

a. Los atascos: ....
b. La gente mentirosa: ....
c. Tener demasiado trabajo: ....
d. Envejecer: ....
e. Que te regalen algo: ....
f. Que te engañen: ....
g. Que te llamen por tu cumpleaños: ....
h. Hablar en público: ....
i. Que critiquen a un/a amigo/a: ....

Más ejercicios

10. **Relaciona cada principio de frase con su correspondiente final.**

1

a. A mi prima Marta
b. La gente hipócrita
c. A los padres de mi novio

- ◯ no los soporto.
- ◯ no me gusta.
- ◯ no la aguanto.

2

a. A las dos nos fascinan
b. A las dos nos encanta
c. Las dos estamos hartas

- ◯ los mismos grupos de música.
- ◯ de tener que llegar a casa a las 22 h.
- ◯ comprar ropa.

3

a. A Pati le da rabia que
b. A Pati le gustan
c. Pati no aguanta

- ◯ las personas sensibles.
- ◯ su pareja sea siempre impuntual.
- ◯ al mejor amigo de su pareja.

11. **¿Cómo eres? Escribe la continuación de estas frases.**

1. Me pone contento/a ....
2. Me pongo contento/a ....
3. Me ponen nervioso/a ....
4. Me pongo nervioso/a ....
5. Me siento mal ....
6. Me sienta mal ....

12. **Completa con los verbos adecuados este fragmento del diario de un joven.**

Mis padres son unos pesados. Estoy harto de que siempre (ellos) me (1) .... todo lo que tengo que hacer. ¡Nada de lo que hago les parece bien! Por ejemplo, a mi padre no le gusta que (yo) (2) .... el pelo largo, ni que (yo) (3) .... gorra dentro de casa. Y a mi madre le da miedo que (yo) (4) .... al colegio en el skate. Prefiere que (yo) (5) .... en autobús, claro. Esta tarde he estado estudiando en casa de Vanesa. Vanesa es genial, me encanta ir a su casa porque allí podemos pasar la tarde oyendo música tranquilamente, estudiando un poco o charlando. A sus padres no les molesta que (yo) (6) .... la tarde en su casa y creo que les gusta que Vanesa y yo (7) .... amigos. ¡Son mucho más modernos que mis padres! Además, son muy interesantes. El padre de Vanesa trabaja en la tele; me encanta hablar con él porque siempre me cuenta cotilleos de personas famosas que conoce. Su madre es fotógrafa y, de vez en cuando, nos hace fotos a Vanesa y a mí. A mí me da un poco de vergüenza que nos (8) .... fotos, pero, por otro lado, está muy bien porque las fotos que hace son superguays...

13. **Completa las conversaciones con las siguientes expresiones.**

pero si | yo no diría eso | pues | lo que pasa es que | callada | pero qué dices

a.
- Javi, ¡ayer por la noche te dejaste la ropa en la lavadora y ahora está húmeda y huele mal!
- ¡¿ ?! ¡Si la lavadora no la puse yo!

b.
- Estás muy callada hoy, ¿no?
- ¿ ? ¡Pero si no paro de hablar!

c.
- Nunca vamos al cine ni al teatro…
- ¡ me dijiste que no querías salir tanto!

d.
- El novio de Ruth es un poco antipático, ¿no?
- Mujer, . es un poco tímido.

e.
- Estoy harta de que me critiques continuamente.
- ¿Ah, sí? yo estoy harto de muchas cosas también.

14. **Completa las frases siguientes con un adjetivo. La primera letra de cada adjetivo está en negrita.**

a. Me dan asco las ostras, no soporto su textura, son **a**........ .

b. A mi hermano le da mucho miedo la oscuridad y siempre duerme con las luces encendidas. Es muy **m**........ .

c. No lo puedo evitar, antes de un examen me pongo muy **n**........ .

d. Estoy muy **i**........ con este proyecto: es algo que siempre he querido hacer y veo que hay mucha gente a la que le interesa.

e. Estoy un poco **e**........ con Belén; la verdad es que podría decir las cosas de una manera más delicada.

f. Miguel ha tenido un hermanito y está un poco **c**........ porque ve que su mamá pasa mucho tiempo con él…

15. 97-98 **¿Te acuerdas de cómo son Leo y Ana? Escucha otra vez y completa.**

1 **a.** Según Leo, Ana es ....

b. A los dos les encanta ....

c. A Ana no le importa que Leo ....

2 **a.** Según Ana, Leo es ....

b. A los dos les apasiona ....

c. A Ana le da pena ....

d. A Ana le pone nerviosa ....

Más ejercicios

16. Pili, Mila y Loli son trillizas, pero, en lo que se refiere a las relaciones de pareja, son muy diferentes. Completa las frases e intenta formular una más para cada una.

Pili es tradicional y muy romántica.

a. Le gusta que su pareja ……………

b. Le encantan ……………

c. Le hace mucha ilusión ……………

d. ……………

Mila es muy sociable y moderna.

a. No le importa que su pareja ……………

b. No le gustan demasiado ……………

c. Le entusiasma ……………

d. ……………

Loli es intolerante y posesiva.

a. No soporta que su pareja ……………

b. Le horroriza ……………

c. Le sienta mal ……………

d. ……………

17. Escribe una lista de los factores que consideras más importantes para que una relación de pareja funcione.

……………

18. ¿Conoces a personas con estas características? Piensa en cinco personas y escribe cómo son y por qué son así.

detallista · maniático/a · celoso/a · moderno/a · tradicional · romántico/a · posesivo/a · fuerte · divertido/a · independiente · dependiente · sociable · ordenado/a · metódico/a · desordenado/a

Un amigo mío, Connor, es muy posesivo, porque no soporta que su novia salga con amigos chicos.

a. ....

b. ....

c. ....

d. ....

e. ....

19. ¿Cómo traducirías a tu lengua los adjetivos que has usado en la actividad 18? Escríbelo en tu cuaderno.

20. Escribe dos cosas que te gustan de cada una de estas personas.

UNA PERSONA CON LA QUE CONVIVES O HAS CONVIVIDO

....

UN CONTACTO EN REDES SOCIALES

....

TU JEFE/A O UN/A PROFESOR/A

....

21. Víctor y Manuel son pareja. Completa las frases de manera lógica con algunos de los problemas que tienen.

a. La madre de Manuel aparece muchas veces en su casa sin avisar aunque ....

b. Víctor no sabe cocinar y no le hace nunca la cena a Manuel; por eso ....

c. Manuel solo tiene dos semanas de vacaciones al año, así que ....

d. Víctor está en el paro desde hace ocho meses; por eso ....

22. ¿A cuál de los siguientes ámbitos pertenece cada uno de los problemas de la actividad 21? Anótalo.

- ○ el trabajo
- ○ las tareas de casa
- ○ la familia
- ○ el tiempo libre

23. De las siguientes tareas de la casa, ¿cuáles haces tú? Márcalo. Luego, escribe en tu cuaderno qué sentimientos te provocan.

- ☐ hacer la compra
- ☐ poner la lavadora
- ☐ barrer
- ☐ bajar la basura
- ☐ regar las plantas
- ☐ limpiar los cristales
- ☐ preparar la comida
- ☐ quitar el polvo
- ☐ limpiar el cuarto de baño
- ☐ hacer la cama

Hacer la compra me da mucha pereza. Siempre hay mucha gente en el supermercado y...

Más ejercicios

1. 99-104 **Escucha estos fragmentos de las conversaciones de la actividad 2 (página 138) y complétalos con las expresiones que faltan.**

1
- ¿Y qué tal funciona?
- Bueno, (1) .... O sea, además, es que (2) ...., porque te hace masajes en los pies, en las piernas, sobre todo en el cuello, que yo tengo muchísimas molestias... Bueno, para cualquier parte del cuerpo… Es increíble.
- ¿Y es fácil de usar?
- Sí, sí, (3) .... Se enchufa en la corriente y ya está.

2
- ¿Qué le parece?
- (4) ...., pero creo que con este vestido (5) ....

3
- ¡Mira lo que nos ha regalado mi suegra!
- ¡Uf! ¡(6) ....!, ¿no?
- (7) .... Además, no sabemos ni para qué sirve.

4
- Pues (8) .... Sirve para un montón de cosas: para amasar, para picar, para batir claras de huevo... (9) ....
- Y, además, no ocupa mucho espacio, ¿no?
- ¡No, qué va! (10) .... Y (11) ...., de verdad. Ayer hice una torta riquísima.

5
- (12) ...., ¿no? Así puedes guardar las mantas y la ropa de invierno…
- Sí, (13) .... Caben un montón de cosas. Además, como mi dormitorio no es demasiado grande… Y mira qué fácil se abre: se levanta por aquí y ya está.
- ¡(14) ....!

6
- Pues es (15) .... Además, no tienes que poner casi aceite. Solo pones un poco de agua, las verduras o la carne o el pescado, o lo que quieras, y en unos minutos ya está: tienes una comida riquísima y muy muy sana.

2. **¿Qué te parece el diseño de estos restaurantes? Descríbelo usando las siguientes estructuras.**

Es un lugar… | Tiene un aire… | Evoca… | Destaca… | … está/n hecho/a/os/as de… | … combina con…

Restaurante Quatre Gats, Barcelona (España)

....

....

....

....

Restaurante Quinta Avenida, Palma de Mallorca (España)

....

....

....

....

3. Lee este texto y escribe qué características de la obra de Gaudí ves en las imágenes.

GAUDÍ, EL ARQUITECTO DE LA NATURALEZA

Casa Milà, Barcelona

Antoni Gaudí i Cornet (1852-1926) fue un artista total: arquitecto innovador, escultor, interiorista, ceramista, forjador... Empleó y combinó todo tipo de materiales: piedra, hierro, cerámica, yeso, cristal, madera y pintura. Sus principales fuentes de inspiración fueron el paisaje, la vegetación y la fauna de su Mediterráneo natal. De hecho, en la obra de madurez de Gaudí se produce una identificación entre arquitectura y naturaleza conocida como *arquitectura orgánica*. Gaudí combinaba sabiamente su dominio de la geometría y los cálculos matemáticos con métodos intuitivos que aplicó a su arquitectura, con lo que obtuvo formas equilibradas muy parecidas a las que se encuentran en la naturaleza.

«Ese árbol que crece ahí fuera, ese es mi mejor libro de arquitectura»

Su universo decorativo es riquísimo y complejo, repleto de símbolos en cada detalle. Para decorar sus edificios Gaudí exploró todas las técnicas tradicionales: los trabajos de forja, el uso del ladrillo, la cerámica, la ebanistería... Es el original uso de esas técnicas lo que da a sus obras su especial dimensión plástica. El lenguaje gaudiniano está lleno de color, texturas, formas ondulantes y constantes referencias al mundo vegetal y animal.

«El color es la señal de la vida»

EL MOSAICO

Aunque el mosaico está presente en Cataluña desde el siglo I d. C., el *trencadís* es una técnica nueva que no se utilizó hasta el Modernismo y que fue impulsada como método decorativo por Gaudí y sus discípulos. En esta técnica, los fragmentos que forman el mosaico suelen ser de cerámica, lo que permite realizar magníficas obras de arte con restos de baldosas rotas. El *trencadís* tiene la ventaja de ofrecer un diseño muy espontáneo. Se utiliza para la decoración de superficies verticales exteriores, en las que se obtienen ricos efectos decorativos.

GAUDÍ DISEÑADOR

Gaudí diseñó también el mobiliario para los edificios que le encargaron. Cada mueble es una auténtica pieza de arte y tiene personalidad propia, pero se combina y se integra tanto en el conjunto del mobiliario como en el espacio al que va destinado. El artista catalán estudió detalladamente el cuerpo humano para poder adaptar muchos de sus muebles a la anatomía humana.

Escultura de un lagarto, en Park Güell, Barcelona

Gaudí diseñó una estructura única en su género: un banco de dos plazas no alineadas. Aquí, el espacio de cada persona está delimitado por un apoyabrazos central que actúa de divisor. Además, los asientos están opuestos. Estamos ante una muestra del gusto de Gaudí por los símbolos: en la realidad íntima humana, las personas a menudo se encuentran solas y aisladas aunque compartan un mismo espacio.

Banco de dos plazas, en Casa Batlló, Barcelona

1. El edificio es de piedra y los balcones, de hierro. La fachada tiene una forma de...

4. Completa las frases con la preposición adecuada.

a. Una **licuadora** es un aparato .... el que se hacen zumos naturales.

b. Un **mantel** es una tela .... la que pones los platos, cubiertos y vasos para no manchar la mesa.

c. Un **grifo** es un utensilio .... el que sale el agua.

d. Una **tintorería** es una tienda .... la que puedes llevar a limpiar tu ropa delicada.

e. Un **wok** es un recipiente de cocina .... el que puedes preparar deliciosas recetas asiáticas.

f. Un **monedero** es una pequeña bolsa .... la que puedes llevar el dinero.

Más ejercicios

5. Relaciona los elementos de las columnas para obtener definiciones y escríbelas en tu cuaderno. En algunos casos, hay varias posibilidades.

un abrigo		un mueble			iluminas cuando no hay luz.
una linterna		una etapa			descansas o puedes echar la siesta.
un sofá		un objeto			todo el mundo pasa.
un sacacorchos		un documento	con		puedes cortar un cable.
una tenaza		un lugar	de	el que	te proteges del frío.
un pasaporte	es	una prenda de vestir	a	la que	todo el mundo habla.
una biblioteca		una tienda	por		puedes viajar por otros países.
una droguería		un tema	en		vas a leer o a estudiar.
el tiempo		un utensilio			puedes comprar productos de limpiez
la adolescencia		una herramienta			abres una botella.

6. Completa las siguientes descripciones.

Una silla

Es un mueble en ....

....

....

Aceite

Es un líquido con ....

....

....

Una cartera

Es una cosa en ....

....

....

Una sartén

Es un utensilio con ....

....

....

7. **Une cada frase con su continuación lógica.**

1. Me han regalado un juego de sábanas...
2. Tengo que preguntarle a mi padre dónde puedo comprar unos calcetines...

◯ que abriguen mucho.
◯ que abrigan mucho.

3. Hola, no sé si tenéis algún molde de bizcocho...
4. Coge la sartén roja, es la única...

◯ que no se pegue.
◯ que no se pega.

5. Me han regalado un altavoz *bluetooth*...
6. Me he mudado a un piso muy pequeño, así que necesito un sofá...

◯ que ocupa poco espacio.
◯ que ocupe poco espacio.

7. Necesito una cafetera nueva...
8. Me recomendó María una plancha del pelo...

◯ que es buena y no muy cara.
◯ que sea buena y no muy cara.

9. Para las niñas siempre uso un cepillo para el pelo...
10. Quiero encontrar un cepillo para el pelo...

◯ que desenrede bien y no haga daño.
◯ que desenreda bien y no hace daño.

8. **Completa estas frases conjugando los verbos que están entre paréntesis en presente de indicativo o en presente de subjuntivo, según corresponda.**

a. He conocido a una chica que (LLAMARSE) ______ Alba.

b. Quiero un coche que no (COSTAR) ______ más de 12 000 euros.

c. Quiero llevar a María José a un restaurante que (TENER) ______ una terraza con vistas al mar. ¿Conoces alguno?

d. ¿Sabes dónde están los zapatos que (PONERSE, YO) ______ normalmente con el vestido rojo?

e. No encuentro ningún trabajo que (GUSTAR, A MÍ) ______ realmente.

f. ¿Sabes ese bar que (ESTAR) ______ en la esquina de tu casa? Pues allí nos encontramos ayer a Luisa.

g. ¿Conoces a algún arquitecto que (TENER) ______ experiencia en locales comerciales? Es que necesito encontrar uno urgentemente.

h. ¿Sabes si hay alguna aplicación con la que (PODER) ______ organizar lo que voy a cocinar durante la semana y hacer la lista de la compra?

Más ejercicios

9. Imagínate que te encuentras en las siguientes situaciones. ¿Qué dices? Escríbelo.

1 Quieres regalarle a una amiga una bufanda verde y no quieres gastarte más de 20 euros. Entras en una tienda. ¿Qué le dices a la dependienta?

¿Tenéis alguna bufanda que ....?

2 Ayer, en un bar, conociste a Julia, una chica muy simpática que trabaja en el Hospital del Mar. Hoy se lo cuentas a un amigo. ¿Qué le dices?

Ayer conocí a una chica que ....

3 Quieres comprarte un champú biológico. Tienes el pelo muy graso y con tendencia a tener caspa. ¿Cómo explicas lo que quieres en la farmacia?

Busco un champú que ....

4 Eres celíaco y no puedes comer gluten. Una vez compraste un pan sin gluten en una panadería y te gustó mucho. Vuelves a la panadería para comprarlo. ¿Cómo explicas lo que quieres?

Estoy buscando un pan que ....

10. ¿Cuáles de estos comentarios te parecen positivos (+)? ¿Cuáles negativos (-)? Márcalo.

	+	-
a. Los encuentro un poco caros.		
b. Me parece horroroso.		
c. Pues a mí no me desagrada.		
d. Esas son un poco llamativas, ¿no?		
e. No sé si voy a comprármela.		
f. La encuentro espantosa.		
g. No es excesivamente barato.		
h. Este me va genial.		

11. Describe en tu cuaderno las siguientes cosas. Intenta usar las expresiones que aparecen al lado de las fotos.

1
Es...
Sirve para...
Funciona con...
Consume...
Ocupa...
Cabe en...
Va muy bien para...

2
Es...
Es de...
Sirve para...
Es muy...
Dura...

3
Es...
Es de...
Sirve para...
Es muy...
Ocupa...
Cabe en...
Dura...

4
Es...
Sirve para...
Funciona con...
Consume...
Ocupa...
Cabe en...
Va muy bien para...

5
Es...
Es de...
Lo usas cuando...
Se guarda en...

12. Fíjate en estas frases y tradúcelas a tu lengua. ¿Entiendes cuándo decimos **sirve para** y **sirve de**?

a. Es un aparato que **sirve para** cocinar al vapor todo tipo de alimentos.

....

....

b. Es un sillón que **sirve de** maceta y **de** vivienda para los animales.

....

....

13. Escribe, en cada caso, el nombre de algún objeto que cumpla las siguientes características.

a. Práctico, de madera, barato: ....

b. Suave, de lana, con forma rectangular y alargada: ....

c. Sólido, de metal, cabe en un bolsillo: ....

d. De cerámica, bonito, se rompe con facilidad: ....

e. Llamativo, blando, se estira: ....

f. Precioso, de cristal, frágil: ....

g. De algodón, útil, se arruga: ....

14. Escribe, en cada caso, el adjetivo que corresponda a cada definición. La primera letra del adjetivo está en minúscula.

a. Algo caro y de gran categoría: **l** ....

b. Algo que se rompe con facilidad: **f** ....

c. Algo que puede servir para algo: **ú** ....

d. Algo que se deforma con facilidad al presionarlo: **b** ....

e. Algo muy feo, muy malo o muy desagradable: **h** ....

f. Algo liso y agradable al tacto: **s** ....

g. Algo que llama mucho la atención: **ll** ....

....

h. Algo sin muchos adornos o que no es difícil de usar: **s** ....

....

15. Tacha en cada caso el adjetivo que no se puede combinar con el nombre.

a. Un restaurante **elegante** / **alegre** / **favorecedor** / **precioso**

b. Un hotel **sofisticado** / **feo** / **clásico** / **favorecedor**

c. Una camiseta **moderna** / **portátil** / **alegre** / **reversible**

d. Una olla **colorida** / **especial** / **blanda** / **sólida**

e. Un jarrón **frágil** / **delicado** / **cómodo** / **precioso**

16. 105 Escucha cómo se pronuncian estas palabras y subraya la sílaba tónica. Luego, léelas en voz alta poniendo énfasis en esa sílaba.

a. caro - carísimo

b. raro - rarísimo

c. feo - feísimo

d. rico - riquísimo

e. largo - larguísimo

f. cómodo - comodísimo

Más ejercicios

17. **Fíjate en el ejemplo y transforma estas frases intensificando de otra manera el valor del adjetivo.**

Es un vestido **muy feo**.
Es un vestido feísimo.

a. Ayer en una tienda vi unos zapatos **supercaros**.

....

b. Tengo un aparato que hace unos zumos **muy buenos**.

....

c. El otro día me compré un sofá **muy cómodo**.

....

d. Me encanta. Es **muy moderno**.

....

e. Este horno tiene muchas funciones, es **muy práctico**.

....

f. Este jarrón es **muy frágil**.

....

18. **Completa estas frases con que o qué.**

a. ¿.......... es esto?

b. ¡.......... horror! ¡Es feísimo!

c. Quiero un gorro .... cueste menos de 20 euros.

d. ¡.......... maravilla de hotel!

e. Es un restaurante en el .... solo hacen tacos.

f. ¡.......... vestido tan bonito!

g. Yo creo .... con ese traje está guapísimo.

19. **Escribe tres nombres de...**

a. aparatos eléctricos: ....

b. prendas de vestir: ....

c. muebles: ....

d. utensilios de cocina: ....

e. recipientes: ....

f. objetos de decoración: ....

g. establecimientos comerciales: ....

h. instrumentos musicales: ....

20. **Completa las frases con las siguientes expresiones y los verbos conjugados.**

seguir la moda | estar de moda | pasarse de moda

a. Los suelos de madera en las casas .... Son bonitos y cálidos, por eso mucha gente los quiere.

b. Los pantalones acampanados .... , ¿no? Ahora ya casi nadie los lleva.

c. A Mario le gusta .... y compra lo mismo que algunos *influencers* que ve en Instagram.

1. Lee este texto sobre una empresa que comercializa frutas y verduras "feas" (que no cumplen con los estándares estéticos para comercializarse). Complétalo con las expresiones que faltan.

sostenibles y biodegradables · del uso de plásticos · razones estéticas · productos de temporada · contra el cambio climático · contaminación ambiental · desperdicio alimentario · un precio justo · el comercio de proximidad · con la sostenibilidad

IMPERFECTUS, la empresa que aprovecha la fruta y verdura que los supermercados no quieren

Imperfectus es una empresa creada por dos hermanos con el objetivo de luchar contra el (1) ....

La idea nació cuando observaron que una gran parte de la cosecha de frutas y hortalizas de los agricultores de la zona se desechaba por (2) .... : eran demasiado grandes, demasiado pequeñas, tenían formas extrañas…

Y a esta circunstancia se unió la pregunta que ya se llevaban haciendo durante un tiempo: ¿por qué tenemos que ir a la otra punta del mundo a buscar manzanas, peras, pimientos, tomates, etc., cuando nuestras tierras son ricas en estos cultivos? Cuantos menos kilómetros recorran estos productos desde el campo hasta nuestros hogares, más frescos estarán y menos (3) .... provocaremos con su transporte.

Y fue así como crearon Imperfectus, un proyecto modesto, pero con grandes ambiciones: promover la agricultura local, incentivar (4) .... y pagar (5) .... a los productores locales.

En Imperfectus tienen clara la filosofía de reducción (6) .... y todas sus frutas y hortalizas se venden en cajas (7) ....

En su web, venden cestas de (8) .... de diferentes tamaños, según las necesidades de los clientes, que suelen ser personas concienciadas (9) ...., el consumo responsable y la lucha (10) ....

Más ejercicios

2. Escribe qué cosas podemos hacer para tener un mundo mejor.

Ahorrar: ....

....

....

Reciclar: ....

....

....

Reducir: ....

....

....

Compartir: ....

....

....

Luchar contra: ....

....

....

Fomentar: ....

....

....

3. Piensa en tu ciudad o en tu país y completa estas frases.

a. No es normal que ....

....

b. Es injusto que ....

....

c. No es lógico que ....

....

d. Es necesario que ....

....

e. Es una vergüenza que ....

....

4. Ana y Ada son hermanas y tienen opiniones contrarias en casi todo. Completa las frases en tu cuaderno de la manera más lógica.

1. Sobre la alimentación vegana

a. Ana es vegana. Cree que no es lógico que…

b. Ada come de todo. Cree que no es necesario que…

2. Sobre el cambio climático

a. Ana cree que es cierto. Piensa que es evidente que…

b. Ada es escéptica. Piensa que no está probado que…

3. Sobre la circulación de los coches en el centro de la ciudad

a. Ana cree que se debería limitar. Según ella, no es normal que…

b. Ada cree que circular en coche por la ciudad es necesario. Según ella, es natural que…

4. Sobre los alimentos transgénicos

a. Ana está totalmente en contra. Cree que no está bien que…

b. Ada cree que son muy necesarios. Cree que es normal que…

5. Sobre la experimentación con animales

a. Ana está en contra. Cree que no es ético que…

b. Ada está a favor. Piensa que está totalmente justificado que…

5. Escribe en tu cuaderno qué piensas sobre estos temas.

- Sobre la alimentación vegana
- Sobre el cambio climático
- Sobre la circulación de los coches en la ciudad
- Sobre los alimentos transgénicos
- Sobre la experimentación con animales

6. 106-107 Vas a escuchar a personas hablando de iniciativas para cuidar el medioambiente. Completa la tabla.

	¿DE QUÉ HABLAN?	¿CÓMO FUNCIONA?	¿QUÉ LES PARECE?
1			
2			

7. Imagina que en tu país se han publicado estos titulares. Escribe tu opinión en tu cuaderno.

Se prohíbe la venta de animales domésticos

El Gobierno suprime la asignatura de Educación Física del currículo educativo

Entra en vigor una nueva ley que prohíbe hablar por teléfono en el transporte público

Se prohíbe la fabricación de todo tipo de vehículos con motores no eléctricos

Me parece fantástico que el Gobierno prohíba...

8. Completa esta tabla con las formas adecuadas del condicional.

	PREPARAR	SABER	DECIR	TENER	HACER
(yo)	prepararía	....	....	tendría	....
(tú)	....	sabrías	dirías	....	harías
(él / ella, usted)	prepararía	....	....	tendría	....
(nosotros / nosotras)	....	sabríamos	diríamos	....	haríamos
(vosotros / vosotras)	prepararíais	....	....	tendríais	....
(ellos / ellas, ustedes)	....	sabrían	dirían	....	harían

Más ejercicios

9. Marca cuáles de estas cosas haces. De las que no haces, ¿cuáles harías y cuáles no? ¿Por qué? Escríbelo en tu cuaderno.

a. producir tu propia miel ☐
b. usar energías alternativas ☐
c. compartir coche con desconocidos ☐
d. hacer compost en casa ☐
e. no tener ningún producto hecho con piel de animal ☐
f. usar un cuaderno de papel reciclado ☐
g. dejar de comer carne ☐
h. usar una esponja vegetal ☐
i. usar un cepillo de dientes de bambú ☐
j. comprar alimentos a granel ☐
k. no usar nunca bolsas de plástico ☐
l. usar cosméticos hechos con productos naturales ☐
m. reutilizar las botellas ☐

A mí me gustaría hacer mi propia miel, pero lo veo muy complicado y además ¡no me gustan nada las abejas!

10. Lee las conversaciones e indica en cada caso con qué uso del condicional las relacionas.

a. expresar deseos
b. opinar sobre acciones y conductas
c. evocar situaciones imaginarias
d. aconsejar, sugerir

1 ☐
- • ¡Qué jardín más grande! **Podrías** plantar un huerto, ¿no?
- ◦ Sí, es una buena idea.

2 ☐
- • Es imperdonable lo de los productos transgénicos.
- ◦ Sí, la Unión Europea **debería** prohibir totalmente su venta.

3 ☐
- • Yo nunca me **iría** a vivir a un pueblo pequeño. **Echaría** de menos la ciudad, no **sabría** qué hacer…
- ◦ Ya, yo me **aburriría** un montón.

4 ☐
- • Cada vez hay más tiendas que venden productos biológicos.
- ◦ Sí, me **encantaría** comprar siempre productos biológicos, pero es que es carísimo.

5 ☐
- • ¿Te **maquillarías** con cosméticos testados con animales?
- ◦ ¡Ni de broma! No, no.

6 ☐
- • Ana, **deberías** comprar siempre productos locales. Es importante que apoyemos la producción local.
- ◦ Ya…

7 ☐
- • En mi siguiente viaje, me **gustaría** mucho probar eso del *couchsurfing*.
- ◦ Uy, pues yo **preferiría** hacer lo del intercambio de casas, así no tienes que convivir con desconocidos.

8 ☐
- • Fran siempre se queja de que no tiene dinero, pero es que no para de comprar ropa. Cada día aparece con algo nuevo.
- ◦ Sí, yo creo que **tendría** que controlarse un poco o comprar ropa de segunda mano.

11. Escribe frases sobre ti usando el condicional.

un deseo: ....

....

....

una opinión: ....

....

....

una situación imaginaria: ....

....

....

un consejo o sugerencia: ....

....

....

12. Marca la opción correcta en cada caso.

1
- ¿Qué piensas de **lo que** / **lo de** Mario?
- ○ Ah, uf, no sé… Él está muy contento, pero yo no lo haría nunca. Me gusta demasiado vivir en la ciudad.

2
- Pues a mí **eso que** / **eso de** ha hecho Julia, me parece una gran idea.
- ○ Sí, está muy bien su página web. ¡Y parece que está funcionando!

3
- Ya sabes **lo de** / **lo que** la normativa europea con respecto a los plásticos, ¿no?
- ○ Sí, sí, me parece muy necesaria. También he oído que Ciudad de México tiene como objetivo ser una ciudad de basura cero.

4
- Me parece magnífico **lo que** / **lo de** ha hecho el ayuntamiento en tu barrio.
- ○ Sí, los vecinos estábamos hartos del ruido y de la contaminación, ¡es que había muchísimo tráfico durante todo el día!

5
- **Esto de** / **Eso que** han dicho sobre los microplásticos me inquieta…
- ○ A mí me da miedo que, en unos años, ya no podamos ni bañarnos en el mar.

13. Escribe a qué crees que pueden referirse las conversaciones de la actividad 12.

14. Lee esta conversación y complétala con **lo de**, **lo que** o **lo de que**.

- Mira lo que pone en esta infografía: consejos para cuidar el medioambiente.
- ○ ¿A ver? Ah, son cosas bastante fáciles de hacer, ¿no? Yo lo hago todo. No siempre, pero lo hago todo…
- ¿Sí? Bueno, sí que son consejos básicos, pero, por ejemplo, ... evitar juguetes y aparatos a pilas no lo había pensado… Si lo pienso, tengo un montón en casa… Y .... dice sobre la basura, ... pensar antes de tirar algo… A veces tiro cosas y no lo pienso mucho. No sé, envases de vidrio o cajas… A lo mejor podría reutilizarlos y casi siempre lo tiro todo sin pensar.
- ○ Ya, pero otras cosas seguro que las haces sin pensar. Por ejemplo, ... hay que apagar la luz si no estás en la habitación.
- Hombre, claro, eso sí. Pero los aparatos eléctricos, la tele, el ordenador y eso, no los apago del todo. .... el grifo, eso sí, siempre.
- ○ ¿El qué?
- .... no dejar el grifo abierto.
- ○ Ah, claro… ¿Ves como ya sigues muchos de los consejos? ¡Y encima eres vegana!

15. Busca en internet alguna iniciativa interesante para cuidar el medioambiente. Prepara una presentación y di qué te parece.

Más ejercicios

16. Escribe los sustantivos correspondientes a cada uno de estos adjetivos.

ADJETIVO		SUSTANTIVO
injusto/a	→	....
sorprendente	→	....
normal	→	....
importante	→	....
vergonzoso/a	→	....
sostenible	→	....
loco/a	→	....
ético	→	....
difícil	→	....
necesario/a	→	....
tonto/a	→	....
absurdo/a	→	....
grave	→	....

17. Completa las tablas.

SUSTANTIVO	ADJETIVO
ecología	....
reciclaje	....
contaminación	....

SUSTANTIVO	VERBO
reciclaje	....
ahorro	....
gasto	....
consumo	....
contaminación	....
producto	....
fabricación	....
maltrato	....
promoción	....
reducción	....

18. Escribe el nombre de objetos que tienes con estas características.

REUTILIZABLE

RECICLADO/A

BIODEGRADABLE

DE USAR Y TIRAR

DE BAJO CONSUMO

DE SEGUNDA MANO

APTO PARA PERSONAS VEGANAS

19. Completa las frases con las siguientes palabras.

1 reciclable reciclado

a. En un pueblo de Jaén han hecho decoraciones navideñas solo con material . Por ejemplo, no han usado lámparas ni espejos, que no se pueden reciclar.

b. Yo siempre compro papel . No tiene un color tan blanco, pero para escribir me sirve...

2 contaminado contaminante

a. Ya no compro cápsulas de café de esas de aluminio, ya que es un material muy .

b. ¿Sabías que el mar Mediterráneo está muy ? Como es un mar muy cerrado y hay muchísimo tráfico marítimo...

3 productos producción

a. ¿Sabes que hay de limpieza ecológicos? Detergente para la lavadora, lavavajillas...

b. Ha aumentado mucho la de soja transgénica en los últimos años.

4 alimentos alimentación

a. Últimamente solo compro de producción local.

b. Es muy importante llevar una sana desde que somos pequeños.

5 fábrica fabricación

a. ¿Te has enterado de que han cerrado una de jabón que estaba aquí al lado?

b. Debería prohibirse la y la venta de armas en todos los países del mundo.

20. ¿Cómo traducirías a tu lengua en cada caso las palabras de la actividad 19? Escríbelas en tu cuaderno.

21. Completa con las palabras o expresiones adecuadas. Puedes buscarlas en la unidad.

a. productos que se descomponen en la naturaleza:
productos ....

b. agua envasada en botellas:
agua ....

c. personas que realizan su actividad en el lugar en el que viven:
productores ....

d. materias que extraemos de la naturaleza para elaborar bienes de consumo:
materias ....

e. electrodomésticos que consumen poca energía:
electrodomésticos ....

f. vegetales originarios de la zona:
vegetales ....

g. cuchillas de afeitar que se pueden usar varias veces:
cuchillas ....

h. alimento que no tiene ingredientes de origen animal:
alimento ....

i. ropa fabricada con materiales de desecho:
ropa ....

Más ejercicios

1. 108 Escucha un pódcast en el que hablan de dos misterios y elige la opción adecuada en cada caso.

Dodecaedro romano

a. Su origen ....

☐ es incierto ☐ se conoce

b. Los agujeros tienen ....

☐ el mismo tamaño ☐ distintos tamaños

c. Algunos se encontraron en ....

☐ cofres ☐ sarcófagos

d. Hay indicios de que se usaban para llevar ....

☐ velas ☐ herramientas

e. Según algunas hipótesis, se usaba para ....

☐ protegerse ☐ atraer la buena suerte

f. Quizá era un objeto ....

☐ decorativo ☐ para entretenerse

Manuscrito Voynich

g. .... en 1912.

☐ Se escribió ☐ Se descubrió

h. Hay ....

☐ un ejemplar ☐ varias copias

i. Contiene dibujos ....

☐ de plantas ☐ de animales extintos

j. El verdadero enigma del Manuscrito Voynich es ....

☐ su autor/a ☐ la lengua en la que está escrito

2. Relaciona las experiencias con sus posibles explicaciones.

a. tener pesadillas
b. tener visiones
c. tener una premonición
d. tener telepatía
e. tener un sexto sentido

◯ Tener la capacidad de intuir cosas.
◯ Soñar cosas que causan sufrimiento.
◯ Pensar lo mismo o tener las mismas sensaciones que otra persona con la que no hay ningún tipo de comunicación física.
◯ Ver cosas que no existen en la realidad.
◯ Creer que algo concreto va a ocurrir.

3. Relaciona los elementos de las dos columnas para formar combinaciones posibles. En algunos casos hay más de una opción correcta. Escríbelas en tu cuaderno.

hacer	telepatía
leer	un fantasma
tener	un presentimiento
ver	un viaje en el tiempo
sentir	una presencia
oír	la mente
	voces extrañas
	las líneas de la mano
	el pensamiento
	escalofríos
	alucinaciones

4. Lee los testimonios de estas personas y contéstales dando posibles explicaciones a sus problemas.

FORO

http://www.experiencias_paranormales.dif/foro

¿QUIÉN HA TENIDO EXPERIENCIAS PARANORMALES?

Esta mañana me he levantado perfectamente, como cualquier otro día, y he hecho mis cosas. Todo como siempre. Pero, al mediodía, he vuelto a casa del trabajo, me he empezado a sentir fatal y me han entrado unas ganas de llorar como jamás había sentido. No entiendo por qué, en el trabajo no me ha pasado nada, he llamado a mi familia y todos están bien... Solo sé que quería irme a la cama, pero no podía. Tengo mucho miedo, todavía me encuentro fatal, con esta angustia insoportable dentro de mí. ¿Qué creéis que me pasa? Espero vuestras respuestas, a ver si me puedo ir a dormir más tranquila.

Carla (Valencia)

Desde hace unas semanas tengo una sensación extrañísima, la de encontrarme en un lugar fuera del mío. Miro a mi alrededor y, a veces, tengo visiones de ese lugar, completamente diferente al lugar donde de verdad me encuentro: hay mucha vegetación y ruinas. No sé, me pasan algunas cosas más, pero son demasiado incomprensibles. ¿Alguien me puede ayudar?

Fernando (Mallorca)

Hace unos meses empecé a practicar yoga y a probar técnicas de meditación. Un día, mi concentración me llevó al recuerdo de una chica que había visto ese mismo día por la mañana y, de repente, sentí que estaba dentro de ella. Fue una sensación rápida, pero intensa. No le di importancia; pensé que seguramente me lo había imaginado. Sin embargo, al día siguiente noté que la chica estaba dentro de mí. Fue curioso, porque en esos momentos no estaba meditando. Desde entonces, al menos una vez a la semana tengo la misma sensación, siempre en momentos en los que estoy solo y relajado. ¿A alguien le ha pasado algo parecido? ¿A qué pensáis que se debe eso?

Julián (Cáceres)

Carla:

Seguramente ....

....

....

....

Fernando:

....

....

....

....

Julián:

....

....

....

....

....

5. Responde a estas preguntas usando **no creo** o **no me lo creo**.

a. • ¿Sabes que ya ha llegado Juan?
   ○ ....

b. • ¿Sabes si ya ha llegado Juan?
   ○ ....

c. • ¿Sabes si Mario se ha casado?
   ○ ....

d. • ¿Sabes que Mario se ha casado?
   ○ ....

e. • ¿Sabes que ya han publicado mi artículo en el periódico?
   ○ ....

f. • ¿Sabes si ya han publicado mi artículo en el periódico?
   ○ ....

Más ejercicios

6. Completa las conversaciones con estas palabras y expresiones. Escribe mayúsculas cuando sea necesario.

las ondas wifi | pruebas | muchas religiones | viajes astrales | una máquina del tiempo | el terraplanismo | la homeopatía | esa tontería | la astrología | consecuencias

a. • (1) .... afirman que los actos que hacemos en esta vida tienen (2) .... cuando morimos.
∘ Sí, los budistas, por ejemplo, creen en el karma, que es algo parecido.

b. • He oído que van a inventar (3) .... en la que podremos viajar al pasado. ¿Crees que puede ser verdad?
∘ ¡Qué va! Seguro que habría (4) ....

c. • He leído que (5) .... pueden provocar cáncer.
∘ ¿De verdad te crees (6) .... ?

d. • He visto un programa sobre (7) .... y me parece increíble que haya gente que piense eso. ¡Está demostrado!
∘ Bueno, hay gente para todo…

e. • Yo no creo en (8) .... , pero lo cierto es que una vez la probé y me fue fenomenal.
∘ Yo no creo que pueda curar ciertas enfermedades, pero es probable que ayude en muchos casos.

f. • Mira, acabo de leer que hay cursos para aprender a hacer (9) .... , ¿qué te parece?
∘ Pues qué quieres que te diga, creo que es una manera de sacar el dinero a la gente que necesita creer en algo.

g. • No creo en los horóscopos. De hecho, (10) .... está considerada una pseudociencia.
∘ Estoy de acuerdo contigo, pero hay mucha gente que sí cree en ellos.

7. Lee estas conversaciones e indica para qué se usa el futuro simple en cada caso.

1. Para hacer hipótesis sobre el presente.
2. Para referirse al futuro o hacer predicciones sobre el futuro.
3. Para hacer hipótesis sobre el pasado.

a. • No puedo dejar de pensar en el tema. ¿Me **estaré** volviendo loca? ☐
∘ No, mujer, pero no te obsesiones…

b. • ¿Has oído ese ruido? Siempre oigo voces extrañas a estas horas, me da un poco de miedo. ☐
∘ Hombre, **habrá sido** algo que se ha caído en casa del vecino.

c. • ¡Qué bien vestido viene Juan! ¿**Vendrá** del trabajo? ☐
∘ Seguramente. Como trabaja en un banco tiene que ir con traje…

d. • ¿Tú crees que **existirán** algún día los medicamentos contra sentimientos como el miedo o los celos? ☐
∘ Seguro, ya existen medicamentos parecidos.

e. • ¿Va a venir Juan a la fiesta? ☐
∘ Sí, pero **llegará** un poco más tarde.

f. • ¡Qué raro! Son ya las 14:00 y Belén no ha venido a comer. ☐
∘ Tranquilo, **habrá salido** tarde de clase.

g. • Rosa no me contesta mis correos. ¿Tú crees que **estará** enfadada por algo? ☐
∘ No, hombre, no. No **podrá** conectarse a internet… Cuando viajas no es fácil.

h • ¿**Iréis** al Cañón del Colorado? ☐
∘ Sí, claro, y también **pasaremos** por Las Vegas.

8. Completa estas conversaciones conjugando en futuro simple o futuro compuesto los verbos que están entre paréntesis.

a. • ¿Dónde está Pedro?
∘ No sé. (ESTAR ESTUDIANDO) en la biblioteca... Es que mañana tiene un examen.

b. • ¿Y tu hermano? Hace rato que ha salido de casa y todavía no ha vuelto.
∘ No sé, (ESTAR) en el supermercado.

c. • María lleva todo el mes insistiendo en invitarme a cenar. No sé qué quiere. Estoy un poco preocupada.
∘ No (SER) nada, mujer. (QUERER) charlar un rato contigo y ya está.

d. • Hace mucho tiempo que no veo a Raúl por el barrio, ¿sabes algo de él?
∘ No, no, (CAMBIARSE) de casa, me comentó que quería hacerlo.

e. • ¿Qué hace Luis hablando con María? ¿(QUERER) contarle algo malo de nosotros?
∘ No, mujer, (ESTAR HABLANDO) de sus cosas, ¿no ves que son amigos?

f. • Victoria estaba rarísima ayer, ¿no? Normalmente habla mucho y hace bromas, y ayer no abrió la boca.
∘ Sí es verdad. (ESTAR PREOCUPADA) por algo, ¿no?

g. • ¿Has visto mis llaves? Llevo media hora buscándolas.
∘ Las (METER) en el cajón, como siempre.

h. • He visto a Sara por la calle y ha pasado de largo, sin saludarme. ¡Qué antipática!
∘ No, hombre, no, Sara no es así, no (RECONOCERTE) con ese corte de pelo.

9. Completa las frases con **que**, **en**, **de** o **a** si es necesario.

a. ¿Qué piensas este curso sobre terapias alternativas?

b. Yo no creía los fantasmas, pero el otro día me pasó algo que me hizo cambiar de opinión...

c. ¿Piensas en el futuro será posible viajar en el tiempo?

d. ¿Te acuerdas lo que te conté el otro día, lo de que soñé con Verónica y me la encontré por casualidad por la calle?

e. No sé de qué depende que puedas recordar los sueños o no.

f. Mis vecinos creen hay algo paranormal en nuestro edificio, porque dicen que oyen voces extrañas por la noche.

g. Mira, igual me equivoco, pero no pienso ir mañana a esa excursión, tengo un presentimiento raro.

h. Mira esta foto de Paula cuando era joven, ¿no te recuerda alguien?

Más ejercicios

10. María está preocupada porque su novio no ha llegado a casa. Escribe las hipótesis que baraja María usando el futuro (simple o compuesto) o las siguientes estructuras.

Puede que...	A lo mejor...
Seguramente...	Quizás...
Posiblemente...	Lo más seguro es que...

a. ....

b. ....

c. ....

d. ....

e. ....

11. Imagina que tu pareja, tu compañero/a de piso, etc., no ha llegado a casa a la hora habitual y escribe algunas hipótesis en tu cuaderno sobre los motivos de su retraso.

Si mi novia no está en casa a la hora habitual, pienso que se habrá quedado con un amigo tomando algo o quizás...

12. Lee estas conversaciones y subraya en cada caso la opción correcta.

a. • Últimamente Diego está muy triste, ¿no?
∘ Sí, **siente** / **se siente** muy solo desde que se ha separado.

b. • ¿Por qué no viniste ayer al final?
∘ **Sentía** / **Me sentía** fatal y preferí quedarme en casa descansando.

c. • ¿Qué tal con David?
∘ Me encanta, **siento** / **me siento** que me estoy enamorando.

d. • Sara está muy enfadada con su jefa.
∘ Claro, es normal que **sienta** / **se sienta** rabia, la han echado injustamente.

e. • Esta mañana he ido a correr una hora antes de venir al trabajo.
∘ ¿Ah, sí? ¿Y eso?
• No sé, **he sentido** / **me he sentido** la necesidad de salir a correr.

f. • ¿Qué te pasa? Estás muy rara últimamente.
∘ No sé... **Siento** / **Me siento** muy perdida, no sé qué decisiones tomar...

13. **Fíjate en el uso de las comas en estas frases. Relaciona cada frase con un uso.**

- ◯ Fenómenos paranormales: premoniciones, telepatía y sueños que se hacen realidad.
- ◯ En la región de Nazca, al sureste del Perú, existen unas espectaculares y misteriosas líneas trazadas en el suelo.
- ◯ Hay un pájaro de 300 metros de largo, un lagarto de 180, un pelícano, un cóndor y un mono de más de 100 metros.
- ◯ Luis, lo que dices lo leí hace poco en un artículo.
- ◯ Paul Kosok, el primero en realizar una observación aérea, dijo que se trataba de caminos o rutas para procesiones rituales.
- ◯ No creo que sea una teoría científica, pero probablemente sirva para aprender a ser más optimistas y a tener confianza en nosotros mismos.
- ◯ La Frida de la izquierda lleva un traje europeo y la de la derecha, uno tradicional.

a. antes de determinados conectores (como **pero**, **aunque**, **así que**, **de modo que**, etc.)

b. para separar elementos de una enumeración

c. para separar sustantivos que sirven para llamar o nombrar al / a la interlocutor/a

d. al principio y al final de expresiones que intercalamos en una frase para dar más información

e. para separar el sujeto de los complementos cuando no aparece el verbo

14. **Pon comas en estas frases.**

a. Pasa Pablo.

b. Ayer vi a Javi el novio de Yolanda en un bar.

c. Este año Luis va de vacaciones a Cuba. Yo a Tailandia.

d. Mi marido es astrólogo así que estoy familiarizada con esto de los horóscopos.

e. Ayer soñé que vivía en una casa de lujo. Tenía una piscina diez habitaciones un jardín enorme un baño con *jacuzzi*…

15. **Completa las frases con los elementos de la lista. Justifícalo.**

- leer el pensamiento
- adivinar el futuro
- recordar vidas anteriores
- ver un fantasma
- ser inmortal
- tener sueños que se cumplen
- viajar en el tiempo
- hacer magia
- ver un ovni
- ser invisible
- ser abducido/a por un extraterrestre

a. Me gustaría ....

....

....

....

b. Me daría mucho miedo ....

....

....

....

c. Sería interesante ....

....

....

....

16. **Ahora, escoge uno de los elementos de la lista de la actividad 15 y escribe en tu cuaderno lo que piensas: si crees que es posible, si tiene una explicación racional, etc.**

17. 109-111 **Tres personas llaman a un programa de radio y cuentan un problema que tienen. Escucha y completa la tabla.**

	¿QUÉ PROBLEMA TIENEN?	¿QUÉ EXPLICACIÓN LE DAN?
1.		
2.		
3.		

18. Completa estos fragmentos del audio de la actividad 10C con los verbos entre paréntesis en indicativo o en subjuntivo.

1
- ¿Y qué significa soñar con famosos?
- ○ Bueno, normalmente suele ser algo positivo. Una persona que ha tenido un sueño de este tipo es probable que (RECIBIR, ELLA) .... pronto una oferta de trabajo interesante o un aumento de sueldo o que (CONOCER, ELLA) .... a alguien especial. Lo más seguro es que esa persona (EXPERIMENTAR, ELLA) .... cambios positivos, del tipo que sean, y que (EMPEZAR) .... a cumplirse sus sueños.

2
- Cuando soñamos algo así, es muy probable que (TENER, NOSOTROS) .... miedo de algo que tenemos que afrontar. Quizás (HABER) .... obstáculos que impiden que siga su camino y debe vencerlos. O a lo mejor (ESTAR, ÉL) .... intentando evitar a alguien. También puede que (SIGNIFICAR) .... que no quiere aceptar algo nuevo en su vida. O que no quiere aceptar una idea o un punto de vista.
- ○ Em... Es decir, que esa persona tiene mucho trabajo que hacer.
- Sí. Normalmente, si soñamos que lo que nos persigue consigue atraparnos, lo más seguro es que todavía (QUEDAR) .... mucho por hacer. Si no nos atrapan, lo más seguro es que ya (ESTAR, NOSOTROS) .... a punto de vencer los obstáculos.

3
- El tercer caso es para los que sueñan que se pierden.
- ○ Sí, este es también un sueño muy recurrente. Y es fácil de interpretar. El que sueña que se pierde se siente perdido en su vida, no sabe qué camino elegir o está preocupado porque no sabe si una decisión que ha tomado es correcta o no. A lo mejor (ENCONTRARSE, ÉL) .... en un momento de cambio y (TENER, ÉL) .... que acostumbrarse a nuevos lugares, nuevos hábitos y nuevas personas.

19. Busca en internet información sobre el significado de uno de estos sueños (u otro) y prepara una presentación para explicar su significado. Puedes grabarla y compartirla con el resto de la clase.

- Soñar que volamos
- Soñar que nos caemos
- Soñar que estamos en una casa

MÁS GRAMÁTICA

Cuando tengas una duda gramatical o quieras entender mejor una regla, puedes consultar este resumen. En él, los contenidos no están ordenados por unidades, sino por temas y categorías gramaticales.

Además de leer atentamente las explicaciones, fíjate también en los ejemplos para entender cómo se utilizan las formas lingüísticas en la comunicación real.

Más gramática

ARTÍCULOS

- Los artículos son palabras que aportan información gramatical útil para interpretar la referencia del nombre al que acompañan. En especial, los artículos indican si ese nombre introduce una entidad (persona, animal o cosa) nueva en ese contexto o si se trata de una entidad ya mencionada o conocida. En español hay dos tipos de artículos: determinados e indeterminados.

LOS ARTÍCULOS INDETERMINADOS Y LOS SUSTANTIVOS SIN ARTÍCULO

- Cuando hablamos por primera vez de una cosa o de una persona, usamos los artículos indeterminados (**un**, **una**) o el nombre sin artículo. En singular, el artículo indeterminado se refiere a un individuo, una unidad o un miembro de una categoría concreta. En cambio, el nombre sin artículo se refiere a una cantidad indeterminada de algo.
  - *Hay **un** coche en la esquina.*
  - *Hay Ø gente en la esquina, ¡qué extraño!*
- En plural, el artículo indeterminado individualiza a un grupo concreto de miembros de una categoría. En cambio, para hablar sobre personas o cosas en general, sin destacar un grupo, no ponemos artículo.
  - *Han venido **unos** amigos de mi hijo y se han metido todos en la habitación.*
    (Se subraya la idea de que se trata de un grupo concreto de personas).
  - *¿Tienes Ø monedas? Es que solo tengo un billete de 50 euros, y no puedo pagar con eso.*
    (Aquí no es importante la idea de grupo).

LOS ARTÍCULOS DETERMINADOS

- Los artículos determinados (**el**, **la**, **los**, **las**) se usan para volver a hablar de una persona o de una cosa mencionada antes o, en general, conocida.
  - (10:00 h) *Hay un coche rojo delante de tu casa.*
  - (10:03 h) *Ahora **el** coche* (es el mismo coche) *está en **la** plaza* (conozco la plaza).
- Los artículos determinados pueden aparecer sin nombre o con complementos introducidos por **de** + grupo nominal o **que** + frase para identificar a una persona o cosa dentro de un grupo.

Atención

En la mayoría de las zonas hispanohablantes, los nombres propios no llevan nunca artículo determinado.
- *Carmen está en tu casa.*
- ~~*La*~~ *Carmen está en tu casa.*

EL ARTÍCULO NEUTRO **LO**

- Usamos el artículo neutro **lo** sin nombre (no hay nombres neutros en español) para generalizar, para referirnos a todas las cosas, masculinas y femeninas.

  - *Odio los libros antiguos y las películas antiguas.* → *Odio todo **lo** ø antiguo.* (= Las cosas antiguas, en general).
  - *La gramática es complicada y el vocabulario es difícil, pero **lo** ø peor son los verbos.* (= La cosa peor de todas).

- Usamos **lo de** + grupo nominal, **lo de** + infinitivo o **lo que** + frase para referirnos a frases o a algo inconcreto, no a una palabra que se haya mencionado.

  - *¿Sabes **lo de** María?* (= Las noticias, las novedades de María).
  - *Sí, me han dicho que se va a vivir a Chile por un trabajo que le han ofrecido. Me alegro por ella.*

  - *¿Qué te parece **lo de** ir de fin de semana todos juntos?*
  - *Estupendo, me apetece mucho.*

  - *A veces eres demasiado directo, ¿no crees?*
  - *Bueno, digo **lo que** pienso.* (= Las cosas que pienso).

PRONOMBRES PERSONALES

- Los pronombres personales son palabras que usamos para referirnos a la persona o personas que hablan, a la persona o personas que escuchan o a personas o cosas que no están en la conversación. La forma de los pronombres personales cambia según su función en la frase.

	SUJETO	CON PREPOSICIÓN	OD	OI	REFLEXIVO
1.ª pers. singular	yo	mí (conmigo)	me	me	me
2.ª pers. singular	tú, vos	ti (contigo)	te	te	te
3.ª pers. singular	él / ella, usted	él / ella, usted	lo / la	le (se)	se
1.ª pers. plural	nosotros / nosotras	nosotros / nosotras	nos	nos	nos
2.ª pers. plural	vosotros / vosotras	vosotros / vosotras	os	os	os
3.ª pers. plural	ellos / ellas, ustedes	ellos / ellas, ustedes	los / las	les (se)	se

LOS PRONOMBRES PERSONALES EN FUNCIÓN DE SUJETO

- En español, la terminación del verbo concuerda con el sujeto, por eso los pronombres personales con función de sujeto se usan poco.

  - *Esta es mi clase, ~~yo~~ estudi**o** Matemáticas.*
  - *Perdona, ¿~~tú~~ tien**es** hora?*

- Los pronombres de sujeto solo se utilizan cuando queremos resaltar que una información se refiere a una persona, en contraste con otra u otras.

  - *Paula y **tú** estudiáis Biología, ¿verdad?*
  - ***Ella** sí, pero **yo** estoy en cuarto de Filología Inglesa.* (Hay dos informaciones distintas sobre los estudios y cada una corresponde a una persona distinta).

- También se usan cuando su ausencia puede llevar a confusión (como, por ejemplo, en la tercera persona).

  - *¿Es **usted** el último de la cola?* (La forma del verbo puede corresponder a una segunda persona de respeto o a una tercera persona).
  - *No, el último es aquel señor.*

- O cuando la identidad del sujeto es una información que se desea resaltar especialmente.
  - *¿La señora María Suárez, por favor?*
  - *Soy **yo**. ¿Qué desea?* (La información sobre la identidad de la persona es la información que se desea resaltar).

Para saber más

Con las preposiciones **entre**, **excepto**, **hasta**, **incluso**, **salvo** y **según**, y con los adverbios **como** y **menos**, se usan los pronombres de sujeto.

- *Entonces, según **tú**, ¿la policía actuó correctamente? (~~Según ti~~).*
- *Entre **tú** y **yo**, lo que ha hecho Susana no está bien. (~~Entre ti y mí~~).*
- *Yo, en el fondo, soy como **tú**. (~~Como ti~~).*
- *Menos **yo**, todos los de la clase han aprobado. (~~Menos mí~~).*

Uso de **vos**

- En algunos países de América (por ejemplo, Argentina y Uruguay) se utiliza la forma **vos** en lugar de **tú**. En otros países (por ejemplo, Chile, Colombia y muchas zonas de Centroamérica), se utilizan las dos formas (**tú** y **vos**), según la región y según si se hace un uso formal o informal de la lengua.
- **Vos** es una segunda persona del singular y se utiliza en el trato informal (para el trato formal, se utiliza siempre **usted**). La conjugación del presente de indicativo con **vos** tiene formas especiales: en Argentina y Uruguay, esas formas son como las de **vosotros/as**, pero sin la **i** de los diptongos **ais** y **eis**, que pasan a ser **as** y **es**.

singular	tú piensas tú comes tú dices	vos pensás vos comés vos decís	usted piensa usted come usted dice
plural	vosotros/as pensáis vosotros/as coméis vosotros/as decís		ustedes piensan ustedes comen ustedes dicen

PRONOMBRES EN CONSTRUCCIONES VALORATIVAS (CON VERBOS COMO **GUSTAR**, **ENCANTAR** O **PARECER**)

- En español, hay verbos que expresan valoraciones o sentimientos (como **gustar**, **encantar**, **parecer** y otros similares) en los que el individuo que experimenta el sentimiento (**a mí**, **a ti**, **a vos**, **a usted**, **a él / ella**, **a nosotros / nosotras**, **a vosotros / vosotras**, **a ustedes**, **a ellos / ellas**) no es el sujeto gramatical. Sin embargo, igual que pasa con los pronombres de sujeto, estos otros pronombres solo están presentes cuando queremos resaltar la persona a la que se refiere la información, o cuando la ausencia del pronombre puede llevar a confusión.
  - ***Me** fastidia que no me diga la verdad.* (No es necesario decir "a mí me fastidia" si no contrasto mi reacción con la de otras personas).
  - ***Te** encantan los espectáculos en vivo, ¿verdad?* (No es necesario decir "a ti te encantan" si en ese contexto solo hay una persona a la que puede dirigirse la pregunta).
  - ***A Elisa le** dan pánico los aviones, pero **a mí** no.* (Decimos "a Elisa y a mí" para contrastar a quién corresponde cada información).
  - *¿**A usted le** interesa el arte?* (Si no decimos "a usted", no sabemos si la pregunta se dirige a una segunda persona o a una tercera persona).
  - ***A ellas** no **les** importa esperar un poco, pero **a mí**, sí.* (Decimos "a ellas, y, a mí" para contrastar a quién corresponde cada información).

Atención

El uso de los pronombres **me**, **te**, **le**, **nos**, **os** o **les** es obligatorio en estas construcciones.

- ***Me** fastidia que no me diga la verdad.*
- *¿A usted **le** interesa el arte?*

LOS PRONOMBRES PERSONALES DE OBJETO DIRECTO (OD)

- El objeto directo (OD) es la persona, animal o cosa que recibe de manera directa la acción expresada por el verbo.
- Los pronombres de OD solo se utilizan para referirse a una persona, animal o cosa concreta, determinada, cuando el OD está claro por el contexto, especialmente si ya ha sido mencionado y no lo queremos repetir.
  - • *Juan, ¿tienes el coche aquí?*
  - ○ *No, hoy no **lo** he traído. He venido en autobús.*
- Sin embargo, si el OD se refiere a algo genérico, no concreto, no se pone pronombre.
  - • *¿Sabes si Juan tiene coche?*
  - ○ *No, no **ø** tiene. Siempre va en transporte público.*
- El pronombre de OD **lo** puede sustituir a toda una frase o una parte del discurso.
  - • *¿Te ha tocado la lotería?*
  - ○ *Sí, pero nadie **lo** sabe.* (= Nadie sabe que me ha tocado la lotería).
  - • *Al final, ¿aprobaste los exámenes?*
  - ○ *No **lo** sé. Hasta la semana que viene no salen las notas.*
- Normalmente, no se usa el pronombre de OD si, en la misma frase, el complemento está explícito. Sin embargo, el pronombre de OD sí aparece cuando el complemento de OD está antes del verbo.
  - • *Al protagonista de la novela **lo** meten en la cárcel.* ~~*Al protagonista de la novela meten en la cárcel.*~~
  - • *En la película la historia **la** cuenta una abuela.* ~~*En la película la historia cuenta una abuela.*~~
- La forma **lo** también puede sustituir al atributo de verbos como **ser**, **estar** o **parecer** cuando se expresa una cualidad, una característica del sujeto.
  - • *Administrar una casa no es tan difícil.*
  - ○ *¡Sí que **lo** es!*
  - • *¿Está enfadada Eva?*
  - ○ *No, no **lo** está, tranquilo.*
  - • *Emilio parece muy buena persona.*
  - ○ *Lo parece, pero no **lo** es.*
- En cambio, en los usos de **ser** y **estar** referidos a la localización, no puede usarse el pronombre.
  - • *Antes estaba en casa, pero ya no ~~lo~~ está. Ha salido.*

+ Para saber más

Si el OD es una persona y está en masculino singular, podemos utilizar **le** (en lugar de **lo**) para sustituirlo.

Este uso de **le** por **lo** es muy común en España.

- • *¿Qué tal está Pablo?*
- ○ *No **le** / **lo** he visto desde hace días, pero creo que sigue bien.*

LOS PRONOMBRES DE OBJETO INDIRECTO (OI)

- El objeto indirecto es la entidad (persona, animal o, con menos frecuencia, cosa) destinataria final de la acción del verbo.
  - • *¿Marcos sabe que estás aquí?*
  - ○ *No, no **le** he dicho nada todavía.* (= No he dicho nada a Marcos).
  - • *He ido a casa de mis padres y **les** he llevado un regalo.* (= He llevado un regalo a mis padres).
- En español, y especialmente en la lengua oral, es muy frecuente que el OI y el pronombre que lo representa estén presentes a la vez, en la misma frase.
  - • *¿Qué **le** has comprado **a Marta** por su cumpleaños?*

*Todas las noches **les** cuenta un cuento **a sus hijas**.*

Más gramática

- Los pronombres de OI **le** o **les** se convierten en **se** cuando aparecen junto a los de OD **lo**, **la**, **los**, **las**.

  - *¿**Le** has contado el chiste **a Ana**?*
  - *Sí, ya **se** lo conté ayer. (~~Le lo~~ conté ayer).*

  - *¿**Les** has dicho **a tus padres** que nos vamos?*
  - *No. ¿**Se** lo puedes decir tú? (¿~~Les lo~~ puedes decir tú?).*

LOS PRONOMBRES REFLEXIVOS

- Los pronombres reflexivos (**me**, **te**, **se**, **nos**, **os**) se utilizan cuando el sujeto y el OD o el OI coinciden.

  - *(Yo) Me **preparo** la cena cada día. / (Yo) **Preparo** la cena a mi familia cada día.*

    Sujeto OI Sujeto OI

*Pablo se **está mirando** al espejo todo el día.*
Sujeto OD

*Pablo **está mirando** a su bebé todo el día.*
Sujeto OD

- También se utilizan los pronombres reflexivos cuando el OD es una parte del cuerpo o cuando es una posesión del sujeto.

  - *Niños, ¿**os habéis lavado** las manos?*
  - *María **se ha comprado** una bicicleta eléctrica de último modelo.*

- Además, se utilizan cuando el sujeto está en plural y queremos indicar que existen relaciones mutuas entre los individuos que forman ese plural.

  - *María y Pedro no son pareja, pero son muy amigos y **se quieren** mucho.* (María quiere a Pedro y Pedro quiere a María).
  - *En España, normalmente los amigos **se saludan** con dos besos.* (Un amigo saluda al otro y al revés).

- Algunos verbos que expresan un cambio o proceso que afecta al sujeto se construyen obligatoriamente con un pronombre reflexivo. Los de uso más frecuente son **acordarse (de)**, **arrepentirse (de)**, **atreverse (a)**, **esforzarse (en / por)**, **escaparse (de)**.

  - *Hace tiempo que no veo a mi amigo Hans, pero **me acuerdo** mucho **de** él.*
  - *¿Cómo **te atreves** a gritarle a tu jefe?*

- Hay verbos que tienen dos formas: una con pronombre reflexivo y otra sin pronombre. Cada forma suele tener un sentido un poco diferente.

– En los verbos de movimiento, como **ir(se)**, **venir(se)** o **volver(se)**, el reflexivo indica el cambio de posición, es decir, el inicio del movimiento, mientras que la forma no reflexiva indica el desarrollo sin referirse a un punto concreto del mismo.

  - *Estaba a punto de salir. ¿**Te vienes**?*
  - *Esta mañana estoy liadísimo: ahora mismo **me voy** a la universidad porque tengo una reunión. Luego vuelvo. Por la tarde podré hablar contigo.*

- ¿***Vienes*** *a Madrid estas vacaciones?*
- *No, este año no **voy**. Es que como he empezado un trabajo nuevo, casi no tengo vacaciones.*

– En los verbos que no son de movimiento, como **morir(se)**, **comer(se)** o **beber(se)**, el uso del pronombre se interpreta como un énfasis en la realización completa o culminación de la acción; la forma no reflexiva no aporta esa precisión.

- ***Se comió*** *la tarta.* (Toda la tarta).
- ***Comió*** *tarta.* (Algo de tarta, una cierta cantidad no especificada, etc.).

‣ Algunos verbos cambian totalmente de sentido según se usen como reflexivos o no.

- ¿***Quedamos*** *mañana a las 8 h en la puerta del cine?* (= Nos citamos).
- *No te muevas,* ***quédate*** *ahí donde estás.* (= Permanece).

*Alma **ha quedado con** Javier.*

*Alma **se ha quedado** en casa.*

POSICIÓN DE LOS PRONOMBRES DE OD Y DE OI

‣ Si en una misma frase aparece un pronombre de OD y otro de OI, este es el orden de aparición de los pronombres en la frase: OI + OD + verbo.

- *¿Has visto mi bici nueva?* ***Me la*** *regalaron por mi cumpleaños.*

‣ Con los verbos conjugados (menos la forma afirmativa del imperativo), los pronombres se colocan siempre delante del verbo. Sin embargo, con el infinitivo, el gerundio y la forma afirmativa del imperativo, los pronombres se colocan después del verbo y forman una sola palabra.

- *Cuando hay un problema lo mejor es discutir**lo**.*
- *Siempre soluciono mis dudas preguntándo**selas** a mi profe.*
- *¡Dáme**las**! ¡Son mías!*

‣ Con perífrasis y con estructuras como **poder** + infinitivo, **querer** + infinitivo o **ir a** + infinitivo, los pronombres pueden ir delante del verbo conjugado o detrás del infinitivo, pero nunca entre los dos.

- *Tengo que contar**te** algo.* — ***Te*** *tengo que contar algo.* — *~~Tengo que te contar~~ algo.*
- *Quiero regalar**le** algo a tu madre.* — ***Le*** *quiero regalar algo a tu madre.* — *~~Quiero le regalar~~ algo a tu madre.*
- *Voy a cambiar**me** de casa.* — ***Me*** *voy a cambiar de casa.* — *~~Voy a me cambiar~~ de casa.*

Más gramática

PREPOSICIONES Y ADVERBIOS

REFERENCIAS ESPACIALES

Debajo (de…)

Encima (de…)

Detrás (de…)

Delante (de…)

A la derecha (de…)

A la izquierda (de…)

Al lado (de…)

En medio (de…)

En el centro (de…)

Alrededor (de…)

Entre… y…

Dentro (de…)

a (destino, distancia)	• *El tren* ***a*** *Valladolid sale ahora.* • *Estamos* ***a*** *10 km del cortijo.*
en (ubicación, medio de transporte)	• *Medellín está* ***en*** *Bogotá.* • *Siempre viajo* ***en*** *tren.*
de (procedencia) **lejos / cerca de**	• *Vengo* ***de*** *mi casa.* • *Eso queda muy* ***lejos de*** *aquí.*
desde (punto de partida u origen)	• ***Desde*** *mi casa* ***hasta*** *aquí hay unos 3 km.*
entre (ubicación en medio de dos o más cosas)	• *Panamá está* ***entre*** *Costa Rica y Colombia.*
hacia (dirección)	• *Toma el metro* ***hacia*** *Plaza de España y bájate en la tercera estación.*
hasta (punto de llegada o límite)	• *Tomas el metro* ***hasta*** *Plaza de España y allí haces transbordo.*
por (movimiento dentro o a través de un espacio)	• *He dado una vuelta* ***por*** *el centro.* • *Yo siempre paso* ***por*** *Rosario para ir a Córdoba.*
sobre (ubicación superior)	• *Las maletas ponlas* ***sobre*** *el armario de mi dormitorio.*

REFERENCIAS TEMPORALES

a + hora	• *La clase termina* ***a*** *las once.*
por + parte del día	• *Nunca tomo café* ***por*** *la noche.*
por + época del año	• *Vendrá* ***por*** *Navidad.* (= En torno a Navidad, un poco antes o un poco después).
para + fecha límite, plazo	• *Tienes que terminar el trabajo* ***para*** *el martes.* (= No más tarde del martes).
desde + punto inicial en el tiempo	• *Trabajo aquí* ***desde*** *2014.*
en + mes / estación / año	• *Vino* ***en*** *marzo.* • ***En*** *1978 llegaron a España.*
de + inicio… **a** + fin	• *Las tiendas abren* ***de*** *lunes* ***a*** *sábado,* ***de*** *9* ***a*** *20 h.*
hacia + hora aproximada	• *El robo tuvo lugar* ***hacia*** *las tres de la madrugada.*
hasta + punto final o límite	• *Tienes tiempo* ***hasta*** *octubre para enviar la solicitud.*
sobre + hora aproximada	• *Volveré* ***sobre*** *las ocho.*

OTROS USOS

a	modo	patatas **al** vapor, cita **a** ciegas
	OD (con personas)	• *¿Por qué no invitas* ***a*** *Maite?*
de	material	**de** seda, **de** madera
	pertenencia, relación	la moto **de** Juan, el tío **de** Ana
	género, especie	un libro **de** historia
	utilidad	una máquina **de** afeitar, una caña **de** pescar
	algo de, **un poco de**, **nada de** + sustantivo	algo **de** dinero, un poco **de** leche, nada **de** gracia
por	**por** + causa	• *Están preocupados* ***por*** *su hijo.*
para	**para** + finalidad	• *Se compró un perro* ***para*** *no estar tan solo.*

Atención

Para hablar de medios de transporte, utilizamos la preposición **en** (**ir en barco**, **en tren**, **en moto**, **en coche**, **en autobús**, etc.), excepto en dos casos: **a caballo** y **a pie**.

Más gramática

con	compañía	• *¿**Con** quién harás el trabajo? ¿**Con** Amalia?*
	modo	• *Ábrelo **con** cuidado.* (= cuidadosamente)
	acompañamiento	pollo **con** verduras
	instrumento	• *Como el mío estaba estropeado, tuve que hacer el trabajo **con** el ordenador de mi hermana.*
	componentes	una silla **con** apoyabrazos, una maleta **con** ruedas
según	opinión	• ***Según** Lucía, Carlos tiene la culpa de todo.*
	fuente	• ***Según** el periódico, el fin de semana va a hacer buen tiempo.*
sin	ausencia	• *Lo hice **sin** darme cuenta.*
sobre	tema	• *No tenemos la misma opinión **sobre** este tema.*

SUPERLATIVOS Y OTROS GRADATIVOS

- La cualidad que expresan los adjetivos se puede graduar, es decir, aumentar, reducir o intensificar. Los recursos que usamos para eso se denominan gradativos. El adjetivo o expresión equivalente que expresa una cualidad en el grado más alto se denomina superlativo.

feo	caro	rico	rápido
muy feo	**muy** caro	**muy** rico	**muy** rápido
fe**ísimo**	car**ísimo**	riqu**ísimo**	rapid**ísimo**

Atención

A veces es necesario realizar cambios ortográficos.
ri**c**o → ri**qu**ísimo
lar**g**o → lar**gu**ísimo

- **Muy** y el sufijo **-ísimo** son gradativos. **-ísimo** es una forma de superlativo muy frecuente que expresa el grado más alto que podemos imaginar para una cualidad.
  - *Esto es un error **grandísimo**.*
  - *Vi una película **buenísima**.*
  - *Son dos amigos **divertidísimos**.*
  - *He comido unas croquetas **riquísimas**.*
- Para intensificar un adjetivo, en lengua coloquial, podemos usar el prefijo **super-**.
  - *Es un aparato **superpráctico**.*
- La intensidad de un adjetivo superlativo (formado con **-ísimo**) o la de adjetivos o expresiones que indican cualidad en grado muy alto se puede destacar más con los adverbios **realmente** o **verdaderamente**.
  - *Es **verdaderamente** fantástico.*
  - *Es **realmente** horrible.*
  - *Es **realmente** rapidísimo.*

- Los adjetivos intensificados con **muy** admiten al mismo tiempo **realmente** o **verdaderamente** para aumentar la intensidad. En cambio, los superlativos (y los adjetivos que por su propio significado expresan una cualidad en grado muy alto) no admiten **muy**.
  - *Es **realmente muy** interesante.*
  - *Es ~~realmente muy rapidísimo~~.*
- Otros gradativos:
  - *Es **demasiado** / **excesivamente** llamativo.*
  - *Es (muy) **poco** práctico.*
  - *Es **un poco** caro.* (= Es caro).
  - ***No** es **nada** interesante.*

Atención

Poco se usa para rebajar la intensidad de una cualidad que, generalmente, se considera positiva.

Un poco se utiliza con cualidades que, generalmente, se consideran negativas.

CONECTORES

- Los conectores son palabras o expresiones que establecen relaciones lógicas, discursivas o argumentativas entre partes de un texto. Entre estas relaciones se encuentran las de causa, consecuencia, concesión y oposición. Los conectores también pueden indicar la secuencia temporal de una serie de acciones.

CAUSA Y CONSECUENCIA

- Presentamos las causas, entre otros, con los conectores **porque**, **ya que**, **dado que**, **como**, **puesto que**, **es que**.

– **Ya que** sirve para presentar causas ya mencionadas anteriormente o que se consideran conocidas por el / la interlocutor/a. Puede usarse al principio de la frase o en el interior.
  - ***Ya que** es tan fácil, habla tú con ella. Yo no sé cómo decírselo. / Habla tú con ella, **ya que** es tan fácil.*

– **Como** va siempre al comienzo de la frase; es decir, lo usamos para presentar la causa antes que la consecuencia.
  - ***Como** no llegabas, me fui.*

– **Porque**, en cambio, se usa en el interior de la frase para citar la causa después de la consecuencia.
  - *Me fui **porque** no llegabas.*

– **Dado que** y **puesto que** se usan al principio de la frase o en su interior. Son conectores más propios de registros formales, sobre todo escritos.
  - ***Dado que** ha habido un aumento importante de población, hay un déficit de viviendas.*

– **Es que** sirve para presentar una causa como excusa o disculpa. Se usa sobre todo en la expresión oral informal.
  - *Lo siento, he perdido el autobús… **Es que** no he oído el despertador.*

- Podemos presentar las consecuencias con **así que**, **de modo que**, **o sea que**. Normalmente, estas expresiones se usan en el interior de la frase.
  - *Estaba muy cansado, **así que** se acostó a las nueve.*

CONCESIÓN Y OPOSICIÓN

- **Aunque**, **pero** y **sin embargo** introducen una relación de concesión, es decir, un tipo de relación lógica de contraste en la que dos elementos se presentan como contradictorios, pero no se anulan entre sí.
  - *No son españoles, **pero** hablan muy bien español.*
  - *No son españoles. **Sin embargo**, hablan muy bien español.*
  - ***Aunque** no son españoles, hablan muy bien español. / Hablan muy bien español, **aunque** no son españoles.*

Atención

Pero suele relacionar dos elementos de una misma frase, es decir, no suele usarse a principio de frase, después de un punto.

Sin embargo suele relacionar dos frases distintas o dos partes diferenciadas de un texto. Es frecuente usarlo a principio de frase, después de un punto.

Más gramática

- **Pero si** se utiliza en la lengua oral para presentar razones por las que estamos en desacuerdo con algo o razones por las que algo nos parece extraño.
  - *Me voy a tomar un café. ¿Quieres uno?*
  - *¿Otro? ¡**Pero si** acabamos de tomarnos uno!*
- **Sino** se utiliza para contraponer dos elementos; el segundo de estos elementos anula al primero. Sirve, pues, para corregir una información equivocada.
  - *No lo hizo Juan, **sino** Pedro.*
- Si el elemento que introducimos con el conector es un verbo o una frase completa, usamos **sino que**.
  - *Al final, Juan no salió, **sino que** se quedó en casa.*

Atención

Pero y **sino (que)** no se usan igual. Para marcar un contraste, usamos **pero**. Para corregir una información equivocada y sustituirla por otra, usamos **sino (que)**.
- *Llueve, **pero** no hace frío.*
- *María no es enfermera, **sino** médica.* (**sino** + elemento de la frase)
- *No llueve, **sino que** nieva.* (**sino que** + frase)

- **Pues** se utiliza en un lenguaje coloquial cuando alguien empieza a hablar, para marcar un contraste con algo anterior. La persona que habla, por ejemplo, puede expresar sorpresa o extrañeza ante una noticia, o bien puede expresar desacuerdo o contradicción.
  - *¿Qué vais a tomar?*
  - *Yo, una cerveza.*
  - ***Pues** yo, un agua con gas.*

  - *Tomás no está.*
  - ***Pues** es verdad. No me había dado cuenta.*

  - *Siempre he pensado que la mejor forma de viajar es en tren.*
  - ***Pues** yo no estoy de acuerdo, creo que es mejor viajar en avión.*

SECUENCIA DE ACCIONES

- Para organizar un relato, solemos usar conectores que secuencian las acciones, relacionando las distintas partes de la historia.

- **De repente** y **de pronto** indican que algo ocurrió bruscamente y de forma inesperada.
- **(Y) entonces** y **en aquel momento** introducen una acción que ocurre en un momento concreto, a menudo como consecuencia de algo anterior.
- **Al final** introduce el término o conclusión de un relato.
  - ***El otro día** estaba durmiendo la siesta en el sofá de casa y, **de repente**, me despertó un ruido muy fuerte. Me levanté medio dormido y **entonces** me di un golpe en la cabeza. Tuve que ir corriendo al hospital porque estaba sangrando. **Al final** no fue nada grave, pero ¡menudo susto!*

RELACIONES TEMPORALES

ANTERIORIDAD: **ANTES (DE)**

- ***Antes** llevaba lentillas, pero ahora llevo gafas.*
- *Lávate las manos **antes de** comer.*

POSTERIORIDAD

luego	... minutos / un rato / ... días / años **después**
después (de)	... minutos / un rato / ... horas **más tarde**
más tarde	**al cabo de** ... minutos / un rato / ... días / años

- *Primero estuve trabajando un año en Londres, **luego** me fui unos meses a Berlín y **después** estuve viviendo tres años en Canadá.*
- *Laura llegó a la una y Tomás, cinco minutos **después**.*
- *Me llamó a las cinco y dos horas **más tarde**, me volvió a llamar.*
- *Se conocieron en marzo del 2010 y, **al cabo de** seis meses, se casaron.*

SIMULTANEIDAD O INMEDIATEZ: **AL** + INFINITIVO

- ***Al** acabar la carrera, se fue a África para colaborar con una ONG.* (= Inmediatamente después de acabar la carrera).
- *Cometo demasiados errores **al** hablar.* (= Cuando hablo).

HABLAR DE LA DURACIÓN

hace + cantidad de tiempo + **que** + verbo	• ***Hace** más de tres años **que** vivo en España. ¿Y tú?* ○ *Yo, **hace** ocho años.*
desde hace + cantidad de tiempo	• *No veo a Carlos **desde hace** un año.*

MARCAR EL INICIO DE UNA ACCIÓN

desde + fecha	• *¿Desde cuándo estudias español?* ○ *Desde enero.*
desde que + verbo	• ***Desde que** empezó el curso, está en Granada.* • ***Desde que** aprobó el examen, está más tranquila.*

VERBOS: FORMAS NO PERSONALES

‣ Los verbos tienen tres formas no personales, es decir, formas que no se conjugan: el infinitivo, el participio y el gerundio. Estas formas, combinadas con un verbo conjugado, forman los tiempos compuestos y las perífrasis.

Más gramática

INFINITIVO

- Forma parte de numerosas perífrasis (ver el apartado *Perífrasis verbales*). Por sí solo, funciona como un nombre y, por lo tanto, puede ser sujeto u objeto directo de una frase.
  - ***Fumar** es malo para la salud.* (El infinitivo es el sujeto).
  - *Odio **estudiar** por la noche.* (El infinitivo es el OD).
- Aunque en una frase el infinitivo tenga la función de sujeto o de objeto directo, también puede tener complementos propios del verbo.
  - ***ESTUDIAR** IDIOMAS es necesario hoy en día.*
    (La construcción de infinitivo –en mayúsculas– tiene la función de sujeto, pero el infinitivo tiene su propio OD).
  - *Es fundamental **EXPLICAR**LES CLARAMENTE LAS COSAS A LOS NIÑOS.*
    (La construcción de infinitivo –en mayúsculas– tiene función de OD y al mismo tiempo el infinitivo tiene su propio complemento circunstancial de modo y sus propios OD y CI).

PARTICIPIO

- Se usa para formar los tiempos compuestos junto con el verbo auxiliar **haber** (conjugado). En estos casos, el participio es invariable.
  - *Hoy me he **levantado** temprano.*
  - *Cuando llegué, todos se habían **marchado**.*
- El participio de algunos verbos también puede usarse para referirse a una situación que se produce como resultado de una acción anterior. En este caso, el participio concuerda con el nombre al que se refiere y lo usamos con el verbo **estar**.
  - *La impresora está **rota**.* (Alguien la ha roto).
  - *¿Por qué están todas las ventanas **abiertas**?* (Alguien las ha abierto).

Para saber más

Combinado con el verbo **ser**, el participio se utiliza para construir frases pasivas. En estas construcciones, concuerda en género y en número con el nombre al que se refiere.

- *Esta casa fue **construida** a principios del siglo pasado, pero se encuentra en perfecto estado.*

GERUNDIO

- Combinado con el verbo **estar**, el gerundio (con todos los tiempos verbales) presenta una acción en desarrollo.
  - *Estoy **leyendo** las notas de gramática.*
  - *Cuando llamaste, estábamos **durmiendo**.*
  - *A las nueve estaremos **volando** hacia Moscú.*
- Con otros verbos, forma diferentes perífrasis que tienen siempre un sentido de acción en desarrollo (ver el apartado *Perífrasis verbales*).
  - *Llevo diez años **estudiando** violín.*
- Por sí solo, el gerundio es un adverbio de modo, es decir, expresa el modo en que alguien hace algo o la simultaneidad de dos acciones.
  - *Se marchó **corriendo**.*
  - *Solemos cenar **viendo** la tele.*

*Martín siempre cocina **escuchando** música.*

- En función de adverbio, el gerundio puede tener sus propios complementos.
  - *Entró **tarareando** muy bajito una canción de cuna.*
    (En relación con el verbo **entrar**, el gerundio se comporta como un adverbio de modo, pero a la vez tiene también su propio complemento circunstancial de modo y su propio OD).

Atención

No se suele usar el gerundio en forma negativa. En estos casos, utilizamos **sin** + infinitivo.

- *Díselo **sin** enfadarte.*
- *Díselo ~~no enfadándote~~.*

INDICATIVO

- Los tiempos verbales de modo indicativo localizan situaciones pasadas, presentes o futuras. Generalmente, al considerar que algo es pasado, presente o futuro la persona toma como punto de referencia el momento del habla. Es decir, las situaciones son pasadas, simultáneas o futuras con respecto a ese momento.

PRESENTE DE INDICATIVO

Usamos el presente principalmente para:

- Hacer afirmaciones generales que no corresponden a un momento determinado.
  - *Enero **es** el primer mes del año.*
- Hablar de hechos habituales.
  - ***Visito** a mis padres todos los domingos.*
- Hablar de situaciones actuales.
  - ***Hace** mucho frío esta mañana, ¿verdad?*
- Hablar de acciones futuras cuando son inmediatas o cuando hablamos de intenciones firmes.
  - *Esta noche te **llamo** y te **digo** algo.*
- Expresar condiciones que tienen que cumplirse para que algo sea posible (ahora o en el futuro).
  - *Si **vienes**, te **digo** un secreto.*
- Dar instrucciones.
  - *Primero **cortas** los ingredientes y luego los **fríes** todos al mismo tiempo.*

*Todos los días **desayuno** hacia las 8 h, luego me **ducho** y después **voy** a mi trabajo.*

Más gramática

PRETÉRITO PERFECTO

- El pretérito perfecto se forma con el verbo auxiliar **haber** conjugado en presente, más el participio del verbo.

	PRESENTE DE HABER	**+ PARTICIPIO**
(yo)	**he**	
(tú, vos)	**has**	
(él / ella, usted)	**ha**	**cantado**
(nosotros / nosotras)	**hemos**	**leído**
(vosotros / vosotras)	**habéis**	**vivido**
(ellos / ellas, ustedes)	**han**	

- Usamos el pretérito perfecto para referirnos a situaciones pasadas que tienen conexión con el presente. Con el pretérito perfecto podemos:

1. Hablar de una experiencia actual que resulta de haber hecho algo en el pasado.
   - ***He viajado** mucho por Asia y conozco bien el continente.* (Experiencia actual fruto de acciones pasadas).
2. Expresar un estado de cosas que comenzó en el pasado y que aún continúa.
   - *Siempre me **ha gustado** la buena comida.* (Se entiende que aún me gusta ahora).
3. Situar una acción realizada en un tiempo pasado que tiene relación con el presente.
   - *Este año **ha hecho** muy mal tiempo.* (El año al que se refiere la frase no ha terminado aún).
   - *Esta semana me **han propuesto** un empleo muy interesante.* (La semana no ha terminado aún).
4. Referirnos a acciones muy próximas al momento actual.
   - *Hace un rato **he visto** a tu marido. **Hemos hablado** un momento.* (El momento de la conversación está muy próximo al presente).
   - *Estas vacaciones **he ido** a Perú. ¡Me **ha encantado**!* (Las vacaciones han terminado hace poco y el hablante las siente aún muy próximas).

- Debido a que muestra situaciones pasadas conectadas o próximas al presente, el pretérito perfecto es especialmente compatible con expresiones de tiempo como **hoy**, **hace un rato**, **esta semana**, **este mes**, **este año**, **estas vacaciones**... También con **siempre**, **ya** o **todavía** si se refieren a períodos de tiempo no terminados. Pero esos marcadores no son necesarios para que se pueda utilizar el perfecto: simplemente, son expresiones que indican una proximidad o conexión con el momento actual y por eso es frecuente su aparición con el pretérito perfecto.

- En los distintos países hispanohablantes hay mucha variación en el uso del pretérito perfecto. Su uso para hablar de una experiencia (1) es el más extendido en diferentes países, mientras que la referencia a acciones pasadas próximas al momento actual (3 y 4) es frecuente en muchas zonas de España, pero mucho menos en otras áreas. En algunas zonas (tanto de España como de América) este tiempo no se usa nunca en la lengua oral.

PRETÉRITO INDEFINIDO

	HABLAR	BEBER	ESCRIBIR
(yo)	habl**é**	beb**í**	escrib**í**
(tú, vos)	habl**aste**	beb**iste**	escrib**iste**
(él / ella, usted)	habl**ó**	beb**ió**	escrib**ió**
(nosotros / nosotras)	habl**amos**	beb**imos**	escrib**imos**
(vosotros / vosotras)	habl**asteis**	beb**isteis**	escrib**isteis**
(ellos / ellas, ustedes)	habl**aron**	beb**ieron**	escrib**ieron**

- El pretérito indefinido se usa para hablar de situaciones ocurridas en el pasado que se presentan como concluidas.
  - *Anoche **cené** con unos amigos.*
  - *El mes pasado **descubrí** un restaurante genial.*
  - *Pablo Picasso **fue** un pintor español que **vivió** muchos años en París.*
  - *Mi abuelo siempre **quiso** visitar Nueva York, pero **murió** sin hacer ese viaje.*
- Cuando contamos historias pasadas, el pretérito indefinido es el tiempo principal, que utilizamos para construir el relato y hacer avanzar la historia.
  - *Ayer **cené** con unas amigas en un restaurante muy bueno. **Comimos** muy bien, nos **reímos** muchísimo y **volvimos** a casa muy tarde. ¡**Fue** una noche estupenda!*
- Debido a que muestra situaciones pasadas que se presentan como concluidas (y por tanto, sin conexión con el presente), el pretérito indefinido aparece a menudo junto a fechas (**en 2003**, **en 2018**, **el 8 de septiembre**, **en enero**…) o junto a expresiones de tiempo como **ayer**, **anoche**, **anteayer**, **el otro día**, **el mes pasado**, **el año pasado**… Sin embargo, el indefinido también puede usarse sin esos marcadores.
- En las zonas hispanohablantes en las que no se usa el perfecto, el indefinido se utiliza en su lugar.

CAMBIOS ORTOGRÁFICOS: **CA**, **QUE**; **ZA**, **CE**; **GA**, **GUE**…

- Para conjugar en pretérito indefinido los verbos que terminan en **-car**, **-gar**, **-guar** y **-zar** se deben tener en cuenta las reglas ortográficas.

acercar → acerqué **llegar → llegué** **averiguar → averigüé** **almorzar → almorcé**

CAMBIOS ORTOGRÁFICOS: VOCAL + **I** + VOCAL > VOCAL + **Y** + VOCAL

- En español, una **i** que no lleva acento y está entre otras dos vocales se pronuncia como una consonante y se escribe **y**. Por eso, cuando un verbo en **-er** o **-ir** termina en vocal, en la tercera persona del singular y en la tercera del plural la **i** se convierte en **y**.

oír → oyó / oyeron **caer → cayó / cayeron** **construir → construyó / construyeron**

IRREGULARIDADES EN EL PRETÉRITO INDEFINIDO

Cierre vocálico en la raíz: **e** > **i**, **o** > **u**

- Esta irregularidad solo afecta a algunos verbos de la tercera conjugación (**-ir**) que también tienen irregularidades vocálicas en presente (**dormir → duermo**, **duermes**…, **sentir → siento**, **sientes**…, **pedir → pido**, **pides**…).
  Estos verbos cambian **e** por **i** y **o** por **u** en la tercera persona del singular y en la tercera del plural del pretérito indefinido.

Más gramática

	PEDIR	DORMIR
(yo)	pedí	dormí
(tú, vos)	pediste	dormiste
(él / ella, usted)	pidió	durmió
(nosotros / nosotras)	pedimos	dormimos
(vosotros / vosotras)	pedisteis	dormisteis
(ellos / ellas, ustedes)	pidieron	durmieron

Cambio de raíz (**estar** > **estuv-**) y terminaciones (**estuve** / **estuvo**)

- Hay un grupo de verbos que tienen una raíz diferente en pretérito indefinido. Todos tienen las mismas terminaciones irregulares, independientemente de la conjugación a la que pertenezcan.

-AR	andar → **anduv-** estar → **estuv-**	+	**-e** **-iste** **-o** **-imos** **-isteis** **-ieron**
-ER	poder → **pud-** poner → **pus-** querer → **quis-** saber → **sup-** tener → **tuv-** hacer → **hic- / hiz-** traer* → **traj-**		
-IR	venir → **vin-** conducir* → **conduj-** decir* → **dij-**		

Atención

En los verbos regulares, la sílaba tónica de la primera y de la tercera persona del singular es la última. En cambio, en los verbos irregulares, es la penúltima.

ha-**blé** / co-**mí**, pero es-**tu**-ve / **di**-je

ha-**bló** / co-**mió**, pero es-**tu**-vo / **di**-jo

* En la tercera persona del plural, la **i** desaparece (**condujeron**, **dijeron**, **trajeron**...). Todos los verbos terminados en **-ucir** se conjugan así (**producir → produje**, **deducir → deduje**, **reducir → reduje**...).

Verbos **ir** y **ser**

- Los verbos **ir** y **ser** tienen la misma forma en pretérito indefinido.

	IR / SER
(yo)	fui
(tú, vos)	fuiste
(él / ella, usted)	fue
(nosotros / nosotras)	fuimos
(vosotros / vosotras)	fuisteis
(ellos / ellas, ustedes)	fueron

PRETÉRITO IMPERFECTO

	HABLAR	BEBER	VIVIR
(yo)	habl**aba**	beb**ía**	viv**ía**
(tú, vos)	habl**abas**	beb**ías**	viv**ías**
(él / ella, usted)	habl**aba**	beb**ía**	viv**ía**
(nosotros / nosotras)	habl**ábamos**	beb**íamos**	viv**íamos**
(vosotros / vosotras)	habl**abais**	beb**íais**	viv**íais**
(ellos / ellas, ustedes)	habl**aban**	beb**ían**	viv**ían**

- Casi no hay irregularidades en el pretérito imperfecto, a excepción de los verbos **ser**, **ir** y **ver**.

	SER	IR	VER
(yo)	**era**	**iba**	**veía**
(tú, vos)	**eras**	**ibas**	**veías**
(él / ella, usted)	**era**	**iba**	**veía**
(nosotros / nosotras)	**éramos**	**íbamos**	**veíamos**
(vosotros / vosotras)	**erais**	**ibais**	**veíais**
(ellos / ellas, ustedes)	**eran**	**iban**	**veían**

- Usamos el pretérito imperfecto para hacer referencia al desarrollo de una situación pasada, sin prestar atención al principio ni al final. La situación mostrada en imperfecto puede haber cambiado o terminado (o no) en el presente.
  - *La última vez que pasé por esa calle **construían** un edificio de ocho plantas. Aún no he podido verlo terminado.*
- Por la perspectiva que aporta, el imperfecto es muy útil para describir lugares o personas, y también para hablar de acciones habituales en una época del pasado, sin indicar cuándo empezaron ni terminaron.
  - *Mi padre **era** alto, muy delgado y de joven **llevaba** bigote.*
  - *Cuando yo **era** pequeño, este barrio **era** muy tranquilo y **tenía** muchos árboles.*
- En los relatos, el imperfecto suele utilizarse también para aportar explicaciones o mencionar circunstancias referidas a las acciones que se cuentan (esas acciones generalmente aparecen en pretérito indefinido o en pretérito perfecto).
  - *Como no **teníamos** dinero, ese año no fuimos de vacaciones a ningún sitio.*
  - *Ayer me **sentía** mal y me acosté a las ocho.*
  - *Esta mañana **tenía** dolor de cabeza y por eso no he ido a trabajar.*
- Además, podemos usar el imperfecto cuando queremos realizar una petición cortés (presentar una petición actual como si perteneciese al pasado es una manera de suavizar la petición).
  - *Buenos días. **Quería** una camiseta negra de manga corta, por favor.*
  - *Hola, Luisa. **Venía** a verte para hablar de lo de Elisa.*

Más gramática

PRETÉRITO PLUSCUAMPERFECTO

- Se forma con el verbo auxiliar **haber** conjugado en imperfecto más el participio del verbo.

	IMPERFECTO DE HABER **+ PARTICIPIO**	
(yo)	había	habl**ado** com**ido** escr**ito**
(tú, vos)	habías	
(él / ella / usted)	había	
(nosotros / nosotras)	habíamos	
(vosotros / vosotras)	habíais	
(ellos / ellas / ustedes)	habían	

20 h: **Empezó la película.**

- Usamos este tiempo para referirnos a una situación pasada e indicar que es anterior a otra situación pasada ya mencionada.
  - *Cuando llegamos al cine, ya* ***había empezado*** *la película.* (La segunda acción es anterior a la primera; se perdieron parte de la película).

20:20 h: **Llegamos al cine.**

ALTERNANCIA DE LOS TIEMPOS DEL PASADO EN EL RELATO

- En un relato podemos utilizar varios tiempos del pasado. Hacemos avanzar la historia con cada nuevo hecho que presentamos en **pretérito indefinido** o en **pretérito perfecto**.
  - *Aquel día Juan no* ***oyó*** *el despertador y* ***se despertó*** *media hora tarde.* ***Salió*** *de casa sin desayunar y* ***tomó*** *un taxi. Por suerte,* ***consiguió*** *llegar a tiempo al aeropuerto.*
  - *Hoy Juan no* ***ha oído*** *el despertador y se* ***ha despertado*** *media hora tarde.* ***Ha salido*** *de casa sin desayunar y* ***ha tomado*** *un taxi. Por suerte,* ***ha conseguido*** *llegar a tiempo al aeropuerto.*
- En cada hecho podemos "detener la acción" y "mirar" las circunstancias que lo rodean. Para ello, usamos el **imperfecto**.
  - *Aquel día Juan* ***estaba*** *muy cansado y no* ***oyó*** *el despertador, así que se* ***despertó*** *media hora tarde. Como no* ***tenía*** *tiempo,* ***salió*** *de casa sin desayunar y* ***tomó*** *un taxi. Por suerte, no* ***había*** *mucho tráfico y* ***consiguió*** *llegar al aeropuerto a tiempo.*
  - *Hoy Juan* ***estaba*** *muy cansado y no* ***ha oído*** *el despertador, así que se* ***ha despertado*** *media hora tarde. Como no* ***tenía*** *tiempo,* ***ha salido*** *de casa sin desayunar y* ***ha tomado*** *un taxi. Por suerte, no* ***había*** *mucho tráfico y* ***ha conseguido*** *llegar a tiempo al aeropuerto.*
- A veces, queremos volver atrás para explicar alguna circunstancia pasada anterior. En ese caso, usamos el pluscuamperfecto.
  - *Aquel día Juan* ***estaba*** *muy cansado porque había estado estudiando hasta muy tarde y no* ***oyó*** *el despertador...*

- La utilización de perfecto / indefinido e imperfecto no depende de la duración de las acciones, sino de la manera en la que queremos presentarlas y de su función en el relato.

- *Ayer, como **llovía** mucho, **decidí** no salir.*
  (No interesa el principio ni el fin de la lluvia; presentamos el hecho de "llover" como una circunstancia que explica la decisión de "no salir").

- *Ayer **llovió** mucho y el jardín **se llenó** de agua.*
  (Cuento dos cosas que ocurrieron ayer: que llovió y que el jardín se llenó de agua).

- Si queremos destacar la progresión de las acciones, podemos combinar los tiempos de pasado con la perífrasis **estar** + gerundio.
  - *Ayer, como **estaba lloviendo** mucho, **decidí** no salir.*
    (Destacamos que la decisión se produjo durante la lluvia, aunque no se indica cuándo empezó ni cuándo terminó).
  - *Ayer **estuvo lloviendo** mucho y el jardín **se llenó** de agua.*
    (Destacamos que la lluvia empezó y terminó, pero que duró un cierto tiempo).

FUTURO SIMPLE

- El futuro simple se forma añadiendo al infinitivo las terminaciones **-é**, **-ás**, **-á**, **-emos**, **-éis** y **-án**.

	HABLAR	**BEBER**	**VIVIR**
(yo)	hablar**é**	beber**é**	vivir**é**
(tú, vos)	hablar**ás**	beber**ás**	vivir**ás**
(él / ella, usted)	hablar**á**	beber**á**	vivir**á**
(nosotros / nosotras)	hablar**emos**	beber**emos**	vivir**emos**
(vosotros / vosotras)	hablar**éis**	beber**éis**	vivir**éis**
(ellos / ellas, ustedes)	hablar**án**	beber**án**	vivir**án**

- Hay muy pocos verbos irregulares. Estos presentan un cambio en la raíz, pero tienen las mismas terminaciones que los verbos regulares.

tener → **tendr-**	-é	
salir → **saldr-**	-ás	
haber → **habr-**	-á	
poner → **pondr-**	-emos	
poder → **podr-**	-éis	
venir → **vendr-**	-án	

hacer → **har-**	-é
decir → **dir-**	-ás
querer → **querr-**	-á
saber → **sabr-**	-emos
caber → **cabr-**	-éis
	-án

Más gramática

- Podemos usar el futuro simple para hacer predicciones o para expresar que algo ocurrirá inexorablemente. Este uso es más frecuente en el español de España que en el español de América.
  - *Mañana **lloverá** en la costa norte.*
  - *Veo en las líneas de tu mano que **vivirás** muchos años.*
  - *En breves instantes, **aterrizaremos** en el aeropuerto de Barajas.*
  - *El sol **saldrá** mañana a las 7 h.*
- También usamos el futuro simple para formular hipótesis sobre el futuro o sobre el presente. Este uso es muy frecuente en todos los países hispanohablantes. Cuando la hipótesis se refiere al futuro, el verbo suele ir acompañado de otras palabras que expresan probabilidad (como **quizás**, **probablemente**, **seguramente**, **creo que**...). Es necesario el uso de esas palabras para dejar clara la intención.
  - ● *No sé dónde he dejado las llaves del coche.*
  - ○ *Las **tendrás** en la mesilla, como siempre.*

  - ● *¿Qué vas a hacer este fin de semana?*
  - ○ *Pues seguramente **iré** al campo. ¿Y tú?*
  - ● *Yo creo que me **quedaré** en casa.*
- El uso del futuro simple con sentido hipotético se encuentra también en otros tipos de construcciones. Especialmente, cuando quien habla invita al / a la interlocutor/a a especular o cuando quiere indicar que existe una contradicción entre las apariencias y la realidad, o entre una información previa y algo que ha observado después.
  - ● *¿Dónde **estará** Pepa ahora mismo?* (Invitamos al / a la interlocutor/a a especular).
  - ○ *Ni idea. **Estará** trabajando, supongo.* (Planteamos una hipótesis).

  - ● *Luis **será** muy listo, pero no lo parece.* (Es posible que Luis sea muy listo, pero no lo parece).

FUTURO COMPUESTO

- El futuro compuesto se forma con el verbo auxiliar **haber** conjugado en futuro más el participio del verbo principal.

	HABLAR	**BEBER**	**VIVIR**
(yo)	habré hablado	habré bebido	habré vivido
(tú, vos)	habrás hablado	habrás bebido	habrás vivido
(él / ella, usted)	habrá hablado	habrá bebido	habrá vivido
(nosotros / nosotras)	habremos hablado	habremos bebido	habremos vivido
(vosotros / vosotras)	habréis hablado	habréis bebido	habréis vivido
(ellos / ellas, ustedes)	habrán hablado	habrán bebido	habrán vivido

- Podemos usar el futuro compuesto para referirnos a una situación futura y marcar que es anterior a otra situación futura, que tomamos como referencia.
  - ● *El sábado Juan ya **habrá hecho** el examen. Podremos celebrarlo.*

JUEVES 1 de julio	VIERNES 2	SÁBADO 3
	Examen	¡Cena y fiesta!

- También podemos usar el futuro compuesto para formular hipótesis sobre el pasado.
  - *Luis casi no ha cenado nada.*
  - *Bueno,* ***habrá comido*** *mucho al mediodía.* (Supongo que ha comido mucho).

CONDICIONAL SIMPLE

- El condicional simple se forma agregando al infinitivo las terminaciones **-ía**, **-ías**, **-ía**, **-íamos**, **-íais**, **-ían**.

	ESTUDIAR	ENTENDER	VIVIR
(yo)	estudiar**ía**	entender**ía**	vivir**ía**
(tú, vos)	estudiar**ías**	entender**ías**	vivir**ías**
(él / ella, usted)	estudiar**ía**	entender**ía**	vivir**ía**
(nosotros / nosotras)	estudiar**íamos**	entender**íamos**	vivir**íamos**
(vosotros / vosotras)	estudiar**íais**	entender**íais**	vivir**íais**
(ellos / ellas, ustedes)	estudiar**ían**	entender**ían**	vivir**ían**

- El condicional simple tiene las mismas irregularidades que el futuro simple: si el futuro de un verbo es irregular, el condicional también lo es. Las irregularidades afectan a la raíz, pero no a las terminaciones.

tener → **tendr-**		
salir → **saldr-**		
haber → **habr-**	-ía	
poner → **pondr-**	-ías	
poder → **podr-**	-ía	
venir → **vendr-**	-íamos	
hacer → **har-**	-íais	
decir → **dir-**	-ían	
querer → **querr-**		
saber → **sabr-**		
caber → **cabr-**		

- Usamos el condicional para expresar deseos que se ven como difíciles o imposibles de realizar.
  - *¡Qué sueño! Me* ***iría*** *a dormir ahora mismo.* (Pero no puedo porque estoy en la oficina y todavía no he terminado de trabajar).
- Con verbos que expresan necesidad u obligación (**tener que** + infinitivo, **deber** + infinitivo), el condicional se usa para aconsejar (el contenido de un consejo es una situación deseable, pero no real).
  - ***Deberías*** *empezar a estudiar.*
  - ***Tendrías*** *que ser más paciente con tus hijos.*

Más gramática

- También se usa para opinar sobre acciones y conductas de otras personas (en esos casos, nos colocamos con la imaginación en una situación irreal para nosotros/as). A menudo es una forma de dar consejo.
  - *Yo nunca me **casaría** por dinero.*
  - *Yo, en tu lugar, **hablaría** con el profesor.*
- El condicional se utiliza también para pedir de manera cortés que alguien haga algo (presentar la petición como algo difícil de conseguir es una manera de ser cortés).
  - *¿Te **importaría** ayudarme con los deberes?*
  - *¿**Podrías** abrir la puerta, por favor?*

Para saber más

El condicional simple se comporta como un futuro del pasado. Es decir, podemos usar el condicional simple para expresar una acción pasada posterior a otra (o, lo que es lo mismo, para mostrar una acción pasada, vista desde la perspectiva de otra acción anterior).

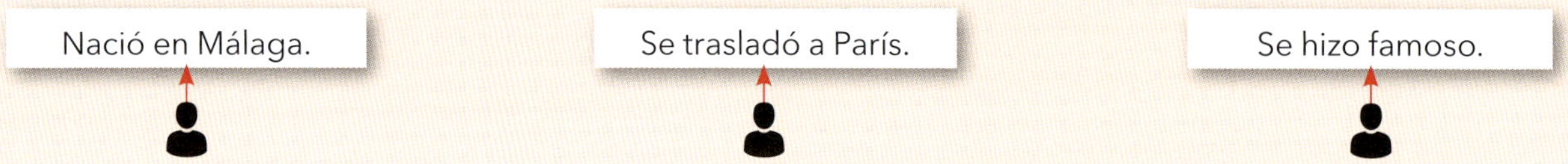

- *Pablo Picasso **nació** en Málaga en 1881. En 1912 **se trasladó** a París, donde unos años más tarde **se hizo** mundialmente famoso.*

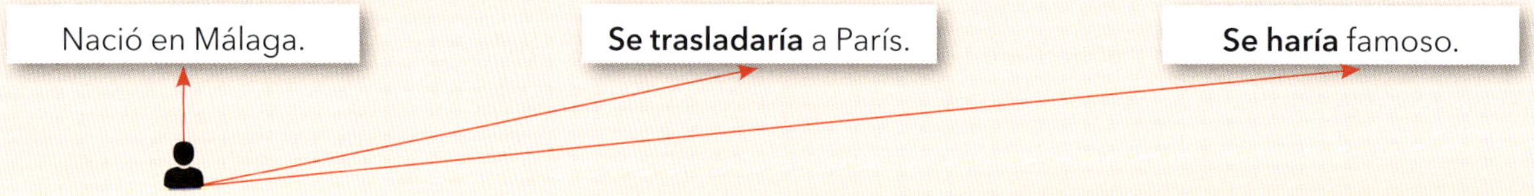

- *Pablo Picasso **nació** en Málaga en 1881. En 1912 **se trasladaría** a París, donde unos años más tarde se **haría** mundialmente famoso.*

IMPERATIVO

IMPERATIVO AFIRMATIVO

- El imperativo afirmativo en español tiene cinco formas: **tú**, **vos**, **vosotros/as** (más informal), **usted** y **ustedes**.

	COMPRAR	COMER	VIVIR
(tú, vos) (vosotros/as)	compra, comprá comprad	come, comé comed	vive, viví vivid
(usted) (ustedes)	compre compren	coma coman	viva vivan

- Las formas **tú** y **vos** del imperativo son iguales que en el presente, pero sin la **-s** final.

compras → compra **comes → come** **vives → vive**
comprás → comprá **comés → comé** **vivís → viví**

- La forma **vosotros** del imperativo es igual que el infinitivo, pero acabado en **-d** y no en **-r**.

estudiar → estudiad **comer → comed** **cerrar → cerrad**

Atención

Las formas del imperativo de la persona **vos** son siempre palabras agudas y llevan tilde en la última vocal.

Atención

Los verbos que en presente de indicativo tienen las irregularidades **e** > **ie**, **o** > **ue** y **e** > **i** mantienen esas irregularidades en las formas **tú**, **usted** y **ustedes** del imperativo.

piensas → piensa, piense, piensen
duermes → duerme, duerma, duerman
pides → pide, pida, pidan

- Las formas **usted** y **ustedes** son como las del presente, pero cambiando la vocal de la conjugación.

estudia	→	**estudie**	**estudian**	→	**estudien**
come	→	**coma**	**comen**	→	**coman**
escribe	→	**escriba**	**escriben**	→	**escriban**

- Hay ocho verbos que tienen un imperativo irregular para la forma **tú**.

poner	→	**pon**	**hacer**	→	**haz**	**venir**	→	**ven**	**ir**	→	**ve**
salir	→	**sal**	**tener**	→	**ten**	**decir**	→	**di**	**ser**	→	**sé**

- Los verbos **ser** e **ir** presentan formas especiales.

	SER	IR
(tú, vos)	sé	ve
(vosotros/as)	sed	id
(usted)	sea	vaya
(ustedes)	sean	vayan

- Los verbos que son irregulares en la primera persona del presente de indicativo (**poner** → **pongo**, **hacer** → **hago**, **decir** → **digo**...) presentan esa misma irregularidad en las formas de imperativo **usted** y **ustedes**.

pongo	→	**ponga/n**	**hago**	→	**haga/n**	**vengo**	→	**venga/n**	**digo**	→	**diga/n**
salgo	→	**salga/n**	**tengo**	→	**tenga/n**	**traigo**	→	**traiga/n**	**conozco**	→	**conozca/n**

- Con el imperativo afirmativo, los pronombres van después del verbo y forman una sola palabra.
  - *¿Me pones un café? Y ponme también una tostada.*
  - *Devuélveme las llaves y vete.*

Atención

En los verbos reflexivos, cuando combinamos la forma de **vosotros** con el pronombre **os** desaparece la **-d** final.
- *Niños, sentaos y tomaos la sopa.*

IMPERATIVO NEGATIVO

	DEJAR	ROMPER	VIVIR
(tú, vos)	no dejes	no rompas	no vivas
(vosotros/as)	no dejéis	no rompáis	no viváis
(usted)	no deje	no rompa	no viva
(ustedes)	no dejen	no rompan	no vivan

- Fíjate en que las formas para **usted** y **ustedes** son las mismas que las del imperativo afirmativo.
- Para los verbos en **-ar**, el imperativo negativo se obtiene sustituyendo la **a** de las terminaciones del presente de indicativo por una **e**.

PRESENTE		IMPERATIVO
habl**a**s	→	no habl**e**s
habl**a**	→	no habl**e**
habl**á**is	→	no habl**é**is
habl**a**n	→	no habl**e**n

Más gramática

- Para los verbos en **-er** / **-ir**, el imperativo negativo se obtiene sustituyendo la **e** de las terminaciones del presente de indicativo por una **a** (excepto para la forma **vosotros** de los verbos en **-ir**: **-ís** → **-áis**).

PRESENTE		IMPERATIVO	PRESENTE		IMPERATIVO
beb**es**	→	no beb**as**	viv**es**	→	no viv**as**
beb**e**	→	no beb**a**	viv**e**	→	no viv**a**
beb**éis**	→	no beb**áis**	viv**ís**	→	no viv**áis**
beb**en**	→	no beb**an**	viv**en**	→	no viv**an**

- Presentan formas especiales los verbos **ser, estar** e **ir**.

ser	→	**no seas, no sea, no seáis, no sean**
estar	→	**no estés, no esté, no estéis, no estén**
ir	→	**no vayas, no vaya, no vayáis, no vayan**

- Usamos el imperativo para dar instrucciones.
  - ***Retire*** *el plástico protector y* ***coloque*** *el aparato sobre una superficie estable.*
- Y para dar permiso. En ese caso, es muy frecuente que el imperativo aparezca repetido. Esta repetición se percibe como más cortés, menos autoritaria.
  - *¿Puedo entrar un momento?*
  - ○ *Sí, claro.* ***Pasa, pasa.***
- También lo usamos para ofrecer algo.
  - ***Toma, prueba*** *estas galletas. Están buenísimas.*
- Y para aconsejar.
  - *No sé qué hacer. Esta noche tengo una cena de trabajo y no sé qué ponerme.*
  - ○ ***Ponte*** *el traje azul, ¿no? Te queda muy bien.*
- A veces usamos el imperativo para dar órdenes y pedir cosas o acciones, pero solo en situaciones muy jerarquizadas o de mucha confianza. Solemos suavizar este uso con elementos como **por favor**, **anda**, **¿te importa?**, etc., o justificando la petición.
  - *Por favor, Gutiérrez,* ***hágame*** *diez copias de estos documentos.*
  - ***Ven*** *conmigo a comprar, anda, que yo no puedo con todas las bolsas.*

SUBJUNTIVO

- Este modo presenta cuatro tiempos principales (presente, pretérito perfecto, pretérito imperfecto, pretérito pluscuamperfecto), pero, por el momento, solo veremos el presente.
- El presente de subjuntivo puede hacer referencia a situaciones actuales o futuras.
  - *No quiero que lo* ***tomes*** *mal.* (Ahora).
  - *Cuando* ***vengas****, hablaremos.* (Sucederá en el futuro).
- En casi todos sus usos, el subjuntivo aparece en oraciones subordinadas. Por eso, consulta el apartado *La subordinación* para repasar los usos del subjuntivo.

PRESENTE DE SUBJUNTIVO

- La conjugación es como la del presente de indicativo, pero se invierte la vocal temática: **-ar → e**, **-er / -ir → a**.

VERBOS REGULARES

	ESTUDIAR	COMER	ESCRIBIR
(yo)	estudi**e**	com**a**	escrib**a**
(tú, vos)	estudi**es**	com**as**	escrib**as**
(él / ella, usted)	estudi**e**	com**a**	escrib**a**
(nosotros / nosotras)	estudi**emos**	com**amos**	escrib**amos**
(vosotros / vosotras)	estudi**éis**	com**áis**	escrib**áis**
(ellos / ellas, ustedes)	estudi**en**	com**an**	escrib**an**

ALGUNOS VERBOS IRREGULARES

	SABER	SER	IR
(yo)	**sepa**	**sea**	**vaya**
(tú, vos)	**sepas**	**seas**	**vayas**
(él / ella, usted)	**sepa**	**sea**	**vaya**
(nosotros / nosotras)	**sepamos**	**seamos**	**vayamos**
(vosotros / vosotras)	**sepáis**	**seáis**	**vayáis**
(ellos / ellas, ustedes)	**sepan**	**sean**	**vayan**

ESTAR	DAR	VER	HABER
esté	**dé**	**vea**	**haya**
estés	**des**	**veas**	**hayas**
esté	**dé**	**vea**	**haya**
estemos	**demos**	**veamos**	**hayamos**
estéis	**deis**	**veáis**	**hayáis**
estén	**den**	**vean**	**hayan**

- Los verbos que tienen las irregularidades **e > ie** y **o > ue** en presente de indicativo también las presentan en presente de subjuntivo en las mismas personas.

	E > IE	E > IE	O > UE
	CERRAR	QUERER	PODER
(yo)	cierre	quiera	pueda
(tú, vos)	cierres	quieras	puedas
(él / ella, usted)	cierre	quiera	pueda
(nosotros / nosotras)	cerremos	queramos	podamos
(vosotros / vosotras)	cerréis	queráis	podáis
(ellos / ellas, ustedes)	cierren	quieran	puedan

Más gramática

- Muchos verbos que presentan una irregularidad en la primera persona del presente de indicativo tienen esa misma irregularidad en todas las personas del presente de subjuntivo. Esto incluye los verbos con cambio vocálico **-e- > -i-** (**pedir**, **seguir**, **reír**...).

hago	→	**haga...**
conozco	→	**conozca...**
tengo	→	**tenga...**
pongo	→	**ponga...**
salgo	→	**salga...**
vengo	→	**venga...**
digo	→	**diga...**
oigo	→	**oiga...**
pido	→	**pida...**

- Algunos verbos de la tercera conjugación presentan una doble irregularidad.

	SENTIR	DORMIR
(yo)	sienta	duerma
(tú, vos)	sientas	duermas
(él / ella, usted)	sienta	duerma
(nosotros / nosotras)	sintamos	durmamos
(vosotros / vosotras)	sintáis	durmáis
(ellos / ellas, ustedes)	sientan	duerman

PERÍFRASIS VERBALES

- Las perífrasis verbales son construcciones que se forman con dos o más verbos juntos: encontramos siempre un verbo principal en forma no personal (infinitivo, gerundio o participio) y un verbo auxiliar conjugado. Estos verbos pueden estar conectados por algún elemento intermedio, como una preposición o una conjunción.
  - *Aunque es muy mayor, **sigue trabajando**.*
    (Perífrasis: **seguir** + gerundio).
  - ***Vamos a estudiar** las perífrasis.*
    (Perífrasis: **ir a** + infinitivo).
  - ***Tienes que dormir** más.*
    (Perífrasis: **tener que** + infinitivo).
- En una misma construcción pueden aparecer dos perífrasis juntas.
  - ***Está dejando de fumar**.*
    (Perífrasis: **estar** + gerundio / **dejar de** + infinitivo).
  - *¿**Vais a seguir yendo** a ese restaurante tan horrible?*
    (Perífrasis: **ir a** + infinitivo / **seguir** + gerundio).

- Los verbos que forman la perífrasis funcionan como una unidad de sentido. Por eso, los pronombres personales átonos pueden ir delante del verbo conjugado o detrás de la forma no personal. Si van detrás, forman una única palabra con el verbo (se escriben juntos). En cambio, los pronombres no pueden ir nunca entre los dos verbos.
  - ***Se lo** tengo que decir. / Tengo que decír**selo**.* *Tengo que ~~se lo~~ decir / ~~Téngoselo~~ que decir.*

ACABAR DE + INFINITIVO

- Se utiliza para referirse a una acción que se ha realizado recientemente o que es inmediatamente anterior a otra acción pasada. Este uso solo es posible con el presente de indicativo y con el imperfecto.
  - ***Acabo de** encontrar el trabajo de mi vida.*
    (= He encontrado muy recientemente ese trabajo).

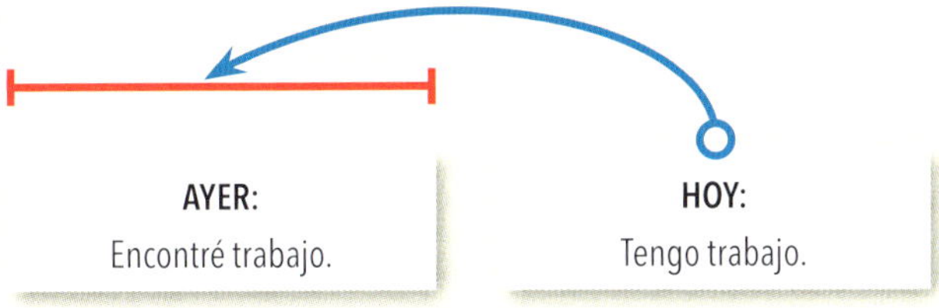

  - ***Acababas de** salir cuando te llamaron.* (= Saliste e inmediatamente después te llamaron).

Atención

Con tiempos verbales distintos del presente de indicativo y el imperfecto, **acabar de** + infinitivo expresa simplemente el final de una acción. En este uso, **acabar de** se puede sustituir por **terminar de**.

- *¡Por fin **han acabado de construir** la escuela nueva!*
  (= Han terminado).
- *Aún no **he acabado de leer** el libro que me prestaste.*
  (= He terminado).

COMENZAR A + INFINITIVO / **EMPEZAR A** + INFINITIVO

- Se utilizan para indicar el inicio de una acción.
  - *¿Cuándo **empezaste a trabajar** aquí?*
  - *En mayo de 2000.*

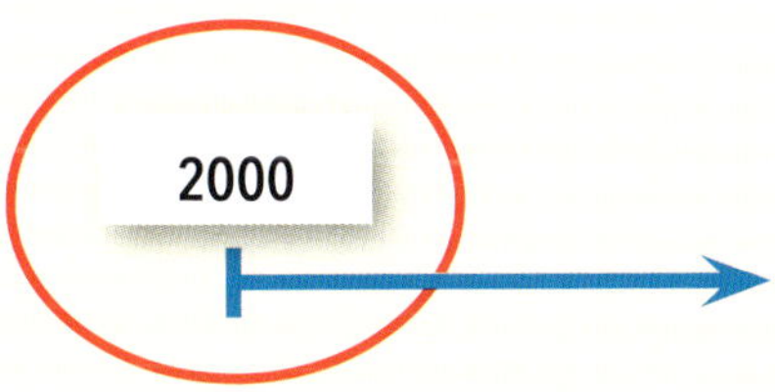

Más gramática

DEJAR DE + INFINITIVO

- Expresa la interrupción de una acción. Si la acción tenía un curso previsible o natural, se entiende que la interrupción se produjo antes de llegar al final.
  - *¡Mira! ¡**Ha dejado de** llover!*
    (Ya no llueve).
  - ***Dejé de estudiar** a los 16 años.*
    (Los estudios podrían ser más largos, pero los abandoné).

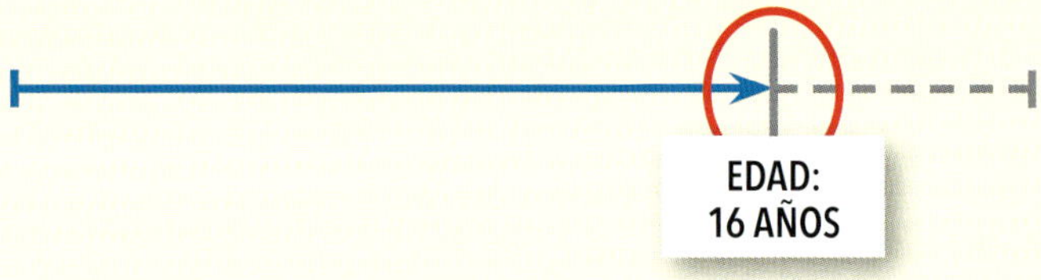

ESTAR + GERUNDIO

- Es la perífrasis más frecuente en español. Puede utilizarse con todos los tiempos verbales de presente, pasado y futuro. Siempre muestra una situación en desarrollo, pero, según el tiempo verbal que se utilice, la interpretación puede variar ligeramente.

Con presente de indicativo

- Podemos usar **estar** + gerundio en presente para presentar una acción o una situación como algo temporal o no definitivo. También es posible expresar esta idea con el presente simple y un marcador temporal como **últimamente** o **desde hace algún tiempo**.
  - *Hugo **está trabajando** en el Ministerio de Educación.*
  - ***Trabaja** en el Ministerio de Educación desde hace algún tiempo.*
- Si queremos indicar que la acción se está desarrollando en el momento preciso en el que hablamos, solemos usar **estar** + gerundio, y no el presente simple.
  - *Ahora no puede ponerse, **está durmiendo**.* *Ahora no puede ponerse, ~~duerme~~.*

Con tiempos de pasado

- Usamos **estar** + gerundio en pretérito perfecto, indefinido, pluscuamperfecto o imperfecto para presentar acciones pasadas en su desarrollo.
- Con pretérito perfecto, pretérito indefinido y pretérito pluscuamperfecto, destacamos que la acción duró cierto tiempo antes de terminar o interrumpirse. Es muy frecuente que la perífrasis aparezca junto a un complemento que expresa duración (**toda la mañana**, **todo el día**, **durante x horas**, etc.).
  - ***He estado** todo el fin de semana **durmiendo**, pero mañana lunes tengo que levantarme temprano.*

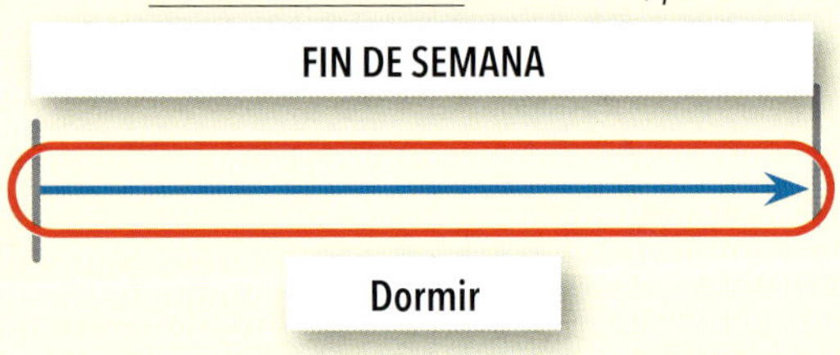

  - ***Estuvieron paseando** toda la tarde y después se fueron a cenar a un restaurante.*
  - *Aquella mañana Javier estaba muy cansado porque había **estado estudiando** toda la noche.*

Atención

Para expresar la ausencia total de una acción durante un período de tiempo, podemos usar **estar sin** + infinitivo.
- *Laura **ha estado** dos días **sin** hablar. No sé qué le pasa.*

- Con pretérito imperfecto, la perífrasis **estar** + gerundio muestra el progreso de una acción, pero no su principio ni su final. Normalmente se usa para indicar que una acción estaba en desarrollo cuando algo ocurrió. Este uso exige la presencia de otro tiempo pasado (pretérito perfecto o pretérito indefinido) para representar lo que pasó.
  - *Esta mañana **estábamos limpiando** el trastero y, de repente, se ha ido la luz.*

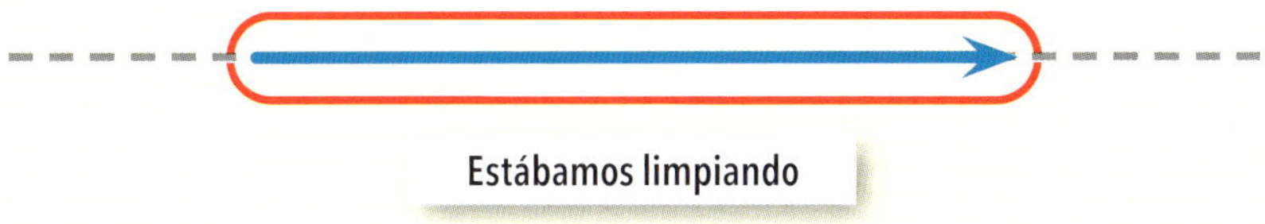

*Anoche **estaba durmiendo** cuando sonó el teléfono.*

Con el futuro simple

- Usamos **estar** + gerundio con el futuro para referirnos a una acción que estará en desarrollo en un momento posterior.
  - *Mañana a estas horas **estaré volando** hacia el Caribe. ¡Qué ganas tengo de irme de vacaciones!*

IR A + INFINITIVO

- Se utiliza para hablar de acciones futuras vinculadas al momento presente o que expresamos como una intención.
  - ***Vas a mudarte** este fin de semana, ¿verdad?*
  - ***Voy a llamarlo** ahora mismo y **voy a contarle** todo lo que ocurrió.*

Atención

En español de América, **ir a** + infinitivo se ha convertido en la forma más frecuente de expresar futuro, sin una idea especial de vinculación con el presente ni de intención.

LLEVAR + CANTIDAD DE TIEMPO + GERUNDIO

- Expresa la duración actual de una acción que empezó en el pasado y que no ha terminado aún.
  - *¡**Llevo** una hora **esperándote**!*
    (= Hace una hora que te espero).
    (= Te espero desde hace una hora).
  - ***Lleva** siete años **saliendo** con Marta.*
    (= Hace siete años que sale con Marta).
    (= Sale con Marta desde hace siete años).

Atención

Esta perífrasis no admite el uso del pretérito perfecto ni del pretérito indefinido.
- ***Llevo** dos años **haciendo** karate.*
- *~~He llevado dos años haciendo~~ karate.*
- *~~Llevé dos años haciendo~~ karate.*

Más gramática

SEGUIR + GERUNDIO

- Expresa la continuidad de una acción o de una costumbre sin referirse a su comienzo.
  - *Ya no compito, pero **sigo entrenando** tres veces por semana.*

Atención

Para expresar la ausencia de la acción, normalmente no utilizamos **llevar** + gerundio ni **seguir** + gerundio. En su lugar, se usa **sin** + infinitivo.

- *Llevo cinco semanas **sin fumar**.* — *Llevo cinco semanas ~~no fumando~~.*
- *Luis y Ana siguen **sin hablarse**.* — *Luis y Ana siguen ~~no hablándose~~.*

SOLER + INFINITIVO

- Señala que la acción de la que se habla ocurre con frecuencia. Si es algo que hace una persona, se entiende que es una acción habitual, una costumbre.
  - *Los domingos **suele ir** al parque a correr.*
  - *Antes **solía llover** mucho en otoño, pero ahora ya no llueve tanto.*

Atención

Esta perífrasis solo se usa en presente y en pretérito imperfecto.

- *~~He solido ir~~ a verle.*
- *~~Solí jugar~~ con él de pequeño.*

TENER QUE + INFINITIVO / **DEBER** + INFINITIVO / **HAY QUE** + INFINITIVO

- Indican la obligación o la necesidad de hacer algo. Según el contexto, la forma negativa (**no hay que...**) puede interpretarse como "no se debe" o como "no es necesario".
  - ***Tenemos que acabar** el informe antes de las seis.*
  - ***Debes pensar** más antes de actuar.*
  - ***Hay que llamar** a la puerta antes de entrar.*
  - *No **hay que exigir** tanto a los estudiantes.* (= No se debe).
  - *No **hay que entregar** la solicitud personalmente: se puede hacer el trámite por internet.* (= No es necesario).
- **Hay que** + infinitivo es invariable y tiene un sentido general, impersonal.

VOLVER A + INFINITIVO

- Expresa la repetición de una acción.
  - *Cuando se jubiló, **volvió a estudiar** idiomas.*
  - *¿Has **vuelto a tener** problemas con el coche?*
  - *No. Por suerte, ahora funciona perfectamente.*

IMPERSONALIDAD

SE + VERBO EN TERCERA PERSONA

- Solemos usar esta forma cuando damos instrucciones o cuando queremos hablar de cosas presentándolas como generales, válidas para todo el mundo o para la mayoría.
  - *Primero **se fríen** las patatas...*
  - ***Se debe** pedir permiso antes de entrar.*

Atención

Con verbos pronominales no se puede usar **se** + verbo en 3.ª persona para expresar impersonalidad. En esos casos, construimos la frase con un sujeto colectivo o difuso.

- *En mi país la gente **se acuesta** muy temprano.*
- *~~En mi país se acuesta muy temprano.~~*

VERBO EN TERCERA PERSONA DEL PLURAL

- La acción la realiza una persona concreta (o varias), pero la identidad del sujeto no tiene importancia para quienes están hablando: la atención se centra en la acción y no en quien la realiza.
  - *¿Qué película **ponen** en el cine Lux?*
  - ***Han abierto** un nuevo centro comercial en el barrio.*
  - ***Dicen** que habrá elecciones en enero.*

VERBO EN SEGUNDA PERSONA DEL SINGULAR

- Se utiliza para hablar de acciones que afectan a todo el mundo, también a las personas que hablan y escuchan. Utilizamos la forma **tú** como un generalizador; no nos referimos directamente a nuestro/a interlocutor/a. Es una forma propia de la lengua oral.
  - *Con este tráfico, **sabes** a qué hora **sales**, pero no a qué hora **llegas**.*

UNO / UNA + VERBO EN TERCERA PERSONA

- Tiene un sentido generalizador similar al del verbo en segunda persona, es decir, se utiliza para hablar de acciones que afectan a todo el mundo, incluidos/as quien habla y sus posibles interlocutores/as. Cuando la persona que habla es una mujer, lo más habitual es que utilice la forma femenina, **una**.
  - *Con este tráfico, **uno sabe** a qué hora sale, pero no a qué hora llega.*

SUBORDINACIÓN

- La subordinación es un tipo de relación entre oraciones. En ella, dos oraciones que podrían ser independientes aparecen unidas, formando una única estructura. Una de las dos frases se convierte en oración principal y la otra en oración subordinada.
  - *Mi hermano quiere que vaya con él a comprar los regalos.*
  - *Me encanta el libro que me has comprado.*
  - *Cuando pueda hablar con él, le daré la información.*
  - *Si bebes, no conduzcas.*
- El verbo de la oración subordinada tiene concordancia con el de la oración principal. Así, la construcción y el tiempo verbal de la oración principal determinan el modo y el tiempo verbal que podemos usar en la subordinada, o, por lo menos, limitan mucho las opciones posibles.
  - *Mi hermano quiere que vaya con él a comprar los regalos.*
    (El verbo **querer** en presente de indicativo en la oración principal determina la aparición del presente de subjuntivo en la subordinada).
  - *Me encanta el libro que me has comprado.*
    (Una subordinada dependiente de la construcción "me encanta el libro" solo puede tener el verbo en indicativo).
  - *Cuando pueda hablar con él, le daré la información.*
    (Si la oración principal se refiere al futuro, la subordinada que expresa tiempo va obligatoriamente en subjuntivo).
  - *Si bebes, no conduzcas.*
    (El tiempo verbal de la oración que expresa la consecuencia condiciona el tiempo verbal de la oración que expresa la condición).

Oración principal **Oración subordinada**

Más gramática

SUBORDINADAS SUSTANTIVAS

- La relación que existe entre una oración principal y su subordinada puede ser de distintos tipos. En algunos casos, la relación que la subordinada tiene con la principal equivale a la relación que podría tener un sustantivo. Por ese motivo, esas oraciones se llaman subordinadas sustantivas. Si en la oración subordinada hay un verbo conjugado, la subordinada se une a la principal a través de la conjunción **que**.
  - *Mi hermano quiere compañía y consejo.*
  - *Mi hermano quiere comprar regalos de Navidad.* (Oración subordinada sustantiva).
  - *Mi hermano quiere que vaya con él a comprar los regalos.* (Oración subordinada sustantiva).

Indicativo y subjuntivo en las subordinadas sustantivas

- Cuando la oración principal expresa un sentimiento, un deseo, un objetivo o una valoración subjetiva, podemos usar para el verbo de la oración subordinada una forma conjugada en subjuntivo, o bien el infinitivo.

VERBOS QUE EXPRESAN UN SENTIMIENTO, UN DESEO, UN OBJETIVO O UNA VALORACIÓN SUBJETIVA	VAN SEGUIDOS DE INFINITIVO	VAN SEGUIDOS DE QUE + SUBJUNTIVO
gustar, encantar, querer, desear, necesitar, pedir, preferir, tener ganas de, intentar, conseguir...	Si el sujeto de la oración principal y el de la subordinada es el mismo. • ***Me gusta** salir a bailar.* • *No **quiero** casarme.* • ***Tengo ganas de** hablar contigo.*	Si el sujeto de la oración principal y el de la subordinada son diferentes. • *No **me gusta** que siempre quieras ir a bailar.* • *No **quiero** que te cases.* • ***Tengo ganas de** que me escuches.*
Es importante / necesario / bueno / estupendo... **Hay que intentar / conseguir...**	Para generalizar. • ***Es importante** llegar puntual.* • ***Es bueno** tener amigos.*	Para concretar la persona. • ***Es importante** que llegues puntual.* • ***Es bueno** que te preocupes por tus amigos.*

Atención

Podemos expresar deseo con algunas construcciones que no dependen de un verbo principal, como **ojalá** + subjuntivo o **que** + subjuntivo.

- *¡**Ojalá** no llueva mañana!*
- *¡**Que** te vaya bien el examen!*

Que + subjuntivo se utiliza a menudo para deseos rituales en situaciones estereotipadas.

- *¡**Que** aproveche!* (Antes de empezar a comer).
- *¡**Que** lo pases bien!* (Cuando alguien se va a una actividad de ocio o de placer).
- *¡**Que** no nos pase nada!* (Cuando estamos en una situación peligrosa).

- Los verbos que afirman o niegan la realidad de una información, y también los que expresan opiniones, van seguidos de **indicativo** en la oración subordinada.
  - *Es evidente que su declaración **es** cierta.*
  - *Está claro que **dice** la verdad.*
  - *Creo que los animales **pueden** pensar y sentir.*
  - *Dicen que algo **va a cambiar**.*
  - *Estoy convencido de que **aprobará** el examen.*
  - *Pensamos que **estáis** equivocados.*
- En cambio, cuando en la oración principal dudamos o cuestionamos una información, en la subordinada utilizamos el **subjuntivo**.
  - *No está claro que **diga** la verdad.*
  - *No creo que los animales **puedan** pensar ni sentir.*
  - *No digo que la situación **vaya** a cambiar.*
  - *Dudo que **apruebe** el examen.*

Atención

No hay que confundir las oraciones que expresan una opinión con las que expresan una valoración subjetiva.

- *Me parece que a Pedro le **alegra** la noticia.*
  (Opinión: indicativo en la subordinada).
- *Me parece bien que Pedro **se alegre** por la noticia.*
  (Valoración: subjuntivo en la subordinada).

SUBORDINADAS ADJETIVAS O DE RELATIVO

- En otros casos, la relación que la subordinada tiene con la principal equivale a la de un adjetivo, ya que expresa una característica o cualidad del nombre al que acompaña. Por ese motivo, esas oraciones se llaman subordinadas adjetivas o de relativo (van introducidas por un pronombre relativo como **que**, **el cual**, **quien**, **donde**, etc.).
  - *Me encanta el libro nuevo.*
  - *Me encanta el libro **que** me has comprado.* (Oración subordinada adjetiva).
- El pronombre relativo **que** puede referirse a personas, animales o cosas, y desempeñar diversas funciones en la oración.
  - *Conozco a una chica **que** sabe mucho del tema.*
    (El relativo se refiere al sujeto de la subordinada: la chica sabe mucho del tema).
  - *¡Mira el ordenador **que** me compré!*
    (El relativo se refiere al objeto directo de la subordinada: yo me compré el ordenador).
  - *Esta es la pistola **con la que** se cometió el crimen.*
    (El relativo se refiere al complemento circunstancial: el crimen se cometió con la pistola).
  - *¿Conoces al profesor **al que** le hice la traducción?*
    (El relativo se refiere al complemento indirecto de la subordinada: yo le hice la traducción al profesor).
- En las subordinadas de relativo, el pronombre **quien** solo puede referirse a personas. Equivale a artículo + **que**.
  - *Te escribiré aquí el nombre de la persona **a quien** debes ver.*
    (= Te escribiré aquí el nombre de la persona a la que debes ver).
  - *La directora no dijo el nombre del actor **con quien** rodará su versión del* Quijote.
    (= La directora no dijo el nombre del actor con quien rodará su versión del *Quijote*).
- En las oraciones de relativo, **donde** se refiere a lugares.
  - *Esta es la casa **donde** nació Lucas.* (=Esta es la casa en la que nació Lucas).
  - *Este es el lugar **por donde** entró el ladrón.* (= Este es el lugar por el que entró el ladrón).

Atención

Si el complemento al que se refiere el relativo **que** debe llevar preposición, el relativo también la lleva. Y el artículo que va situado entre la preposición y el pronombre **que** concuerda en género y número con el nombre al que se refiere.

Atención

Quien/es y **el / la / los / las que** pueden aparecer sin antecedente, como sujeto en oraciones de sentido generalizador.

- ***Quien** conteste a la pregunta recibirá un premio.*
- ***Los que** no estén de acuerdo, que se vayan.*

Oración principal | Oración subordinada

Más gramática

Indicativo y subjuntivo en las oraciones de relativo

- En las subordinadas adjetivas o de relativo, usamos el indicativo para señalar que la entidad de la que hablamos (persona, animal o cosa) existe realmente y está identificada.
  - *Mis primos tienen un vecino **que** toca la trompeta por las noches.*
  - *Es un país **donde** las mujeres no tienen derecho a votar.*
  - *Es una persona **que** ha hecho muchas cosas por su pueblo.*
  - *Tiene un secretario **que** habla cinco idiomas.*
- En cambio, si desconocemos la existencia o la identidad concreta de la persona, animal o cosa, la subordinada va en subjuntivo.
  - *No conozco a nadie **que** toque la trompeta por las noches.*
  - *¿Hay algún país **en el que** las mujeres aún no tengan derecho a votar?*
  - *Necesita un ayudante **que** hable cinco idiomas.*
- El uso de algunas palabras y expresiones en la oración principal suele ir unido al uso del subjuntivo en la oración subordinada de relativo.

– Los verbos como **necesitar**, **buscar**, **desear** y **querer**, cuando se refieren a cosas no específicas que solo podremos conseguir en el futuro.
  - ***Necesito** una intérprete **que** me acompañe a la reunión de mañana.*

– La negación (**no**, **nadie**, **nada**), cuando dejamos abierta la posibilidad de que exista (o no) aquello de lo que se habla.
  - ***Nadie que** lo conozca diría eso de él.*

– Los cuantificadores indefinidos (**alguien**, **algo**, **alguna cosa**), en frases interrogativas, cuando dejamos abierta la posibilidad de que exista (o no) aquello de lo que se habla.
  - *¿Hay **alguien que** quiera un café?*

SUBORDINADAS ADVERBIALES

- Además de las subordinadas sustantivas y las de relativo, existen también estructuras subordinadas que expresan nociones como tiempo, condición, causa, consecuencia, finalidad o concesión. En estas estructuras, la oración subordinada va unida a la principal por medio de una conjunción (por ejemplo: **cuando**, **si**, **como**, **porque**, **por eso**, **para que**, **aunque**). Todos estos tipos de construcciones se denominan oraciones subordinadas adverbiales.
  - ***Cuando** pueda hablar con él, le daré la información.* (Subordinada adverbial temporal).
  - ***Si** bebes, no conduzcas.* (Subordinada adverbial condicional).
  - ***Como** no le gustó la idea, decidió no venir.* (Subordinada adverbial causal).
  - *No le gustaba la idea y **por eso** no vino.* (Subordinada adverbial consecutiva).
  - *Te lo digo **para que** estés bien informada.* (Subordinada adverbial final).
  - ***Aunque** no le gustaba la idea, no lo dijo.* (Subordinada adverbial concesiva).

Indicativo y subjuntivo con **cuando** en oraciones subordinadas temporales

- Las subordinadas adverbiales introducidas por **cuando** unen acciones simultáneas o consecutivas en el presente, en el pasado o en el futuro cronológicos. Estas subordinadas van en subjuntivo si se refieren al futuro, y van en indicativo si se refieren al presente o al pasado.
  - *Ayer, **cuando** llegó, se fue a la cama.* (Referencia al pasado: indicativo).
  - *Después del entrenamiento, **cuando** llegaba, se iba siempre a la cama.* (Referencia al pasado: indicativo).
  - *Está muy cansada y por eso, **cuando** llega, se va siempre a la cama.* (Referencia al presente: indicativo).
  - *No me encuentro bien. **Cuando** llegue a casa, me iré a la cama.* ~~*Cuando llegaré*~~*, me iré a la cama.* (Referencia al futuro: subjuntivo).

Atención

En las preguntas referidas a situaciones futuras, detrás del interrogativo **cuándo** debe aparecer el futuro simple.

- *¿**Cuándo** volverás?*
- *Cuando termine.*

Oración principal — Oración subordinada

DISCURSO REFERIDO

- El discurso referido, también llamado estilo indirecto, es la transmisión de las palabras dichas por otras personas o por nosotros/as mismos/as.
  - *Tengo mucho sueño.*
  - *Perdona, ¿qué has dicho?*
  - ***Que** tengo mucho sueño.*

  - (hoy por la mañana, en clase) *Mañana iré a tu casa para llevarte tus libros.*
    → (ese mismo día, por la tarde, en casa) *Me ha dicho que mañana vendrá a traerme mis libros.*

  - *Llámame el jueves por la mañana.*
    → *Me ha dicho que lo llame el jueves por la mañana.*

- Si lo que referimos indirectamente es una pregunta, utilizamos la partícula interrogativa.
  - *¿**Dónde** estudias alemán?*
    → *Me preguntó **dónde** estudio alemán.*

- Pero cuando se trata de una pregunta de respuesta cerrada (**sí** / **no**), la introducimos con **si** en el estilo indirecto.
  - *¿Tienes la dirección de Analía?*
    → *Me preguntó **si** tenía la dirección de Analía.*

Más gramática

- Lógicamente, al cambiar las coordenadas espacio-temporales, es decir, la situación en la que se habla, se producen muchos cambios: desaparecen elementos, cambian las palabras con marca de persona (como los posesivos y los pronombres), se modifican las referencias temporales y los tiempos verbales, etc.

Lunes a las 9:30 h

Lunes a las 10 h

Martes a las 17 h

El lunes a las 14 h: • Alba: *Ahora <u>estoy comiendo</u>.*	El día siguiente a las 10 h: • *Alba* ***me dijo que*** *<u>estaba comiendo</u> en aquel momento.* (Ya no está comiendo).
El lunes a las 14 h: • Ramón: *<u>Estudio</u> chino.*	El día siguiente a las 10 h: • *Ramón* ***me dijo que*** *<u>estudia</u> chino.* (Todavía estudia chino).

- El verbo más frecuente para introducir el discurso indirecto es **decir.** Sin embargo, disponemos de muchos otros verbos.

afirmar	invitar	preguntar	repetir
comentar	negar	proponer	sugerir
contar	ordenar	recomendar	
explicar	pedir	recordar	

- Al transmitir mensajes en estilo indirecto, no solemos prestar atención a las palabras exactas, sino al sentido. Por eso es muy frecuente resumir los contenidos y sustituir partes de las frases por verbos que expresan la intención con que fueron pronunciadas. Hay verbos que por sí solos bastan para resumir toda una frase o un mensaje completo: **agradecer**, **alegrarse**, **despedirse**, **disculparse**, **felicitar**, **protestar**, **saludar**, etc.

  - *¡Hombre, Paco! ¡Cuánto tiempo sin verte! ¡Qué alegría! ¿Cómo estás? ¿Y la familia?*
    → *Me he encontrado a Paco en la calle y me* ***ha saludado****.*

EXPRESIÓN DE LA CONJETURA

- Existen varios recursos para hacer suposiciones.

- **suponer que** + indicativo
- **quizás / tal vez** + indicativo / subjuntivo
- **a lo mejor / igual** + indicativo
- **es probable que / es posible que / puede (ser) que** + subjuntivo
- **lo más seguro es que / lo más posible es que** + subjuntivo
- **seguramente / probablemente / posiblemente** + indicativo / subjuntivo
- **seguro que / estoy seguro/a de que** + indicativo

- También podemos utilizar el futuro simple para hacer suposiciones sobre el futuro o sobre el presente, y el futuro compuesto para hacer suposiciones sobre el pasado.

  • *¿Sabes dónde está Pablo? No lo he visto en todo el día.*
  ○ ***Estará trabajando**, como siempre.*
  (= Supongo que está trabajando).

  • *Ricardo tiene la cara muy roja, ¿no?*
  ○ *Sí, es verdad. Creo que le gusta mucho tomar el sol en la playa.* ***Se habrá quemado**, ¿no?*
  (=Supongo que se ha quemado).

• *Qué raro que la profesora llegue tarde.* ***Estará enferma**, ¿no?*
○ *O **se habrá dormido**.*

3 AULA INTERNACIONAL PLUS

AUTORES/AS **Jaime Corpas, Agustín Garmendia, Carmen Soriano**

REVISIÓN Y ASESORÍA GRAMATICAL **José Amenós**

REVISIÓN Y ASESORÍA DE *MÁS EJERCICIOS* **Ana Martínez Lara, Arancha Pastor**

COORDINACIÓN PEDAGÓGICA **Neus Sans**

DESARROLLO DE CONTENIDOS **Agnès Berja, Núria Murillo**

COORDINACIÓN EDITORIAL Y REDACCIÓN **Agnès Berja, Pablo Garrido, Núria Murillo**

DISEÑO Y MAQUETACIÓN **David Caramés, Miner Grillo, Pablo Garrido, Laurianne López, estudio Moon, Aleix Tormo**

CORRECCIÓN **Pablo Sánchez**

ASESORES/AS DE LA NUEVA EDICIÓN
José Amenós (Universidad Complutense de Madrid), Dori Noguera (EF Málaga), José Luis Cavanillas (CLIC International House, Sevilla), Alicia Cisneros (Estudio Sampere, Madrid), Carmelo Fernández Loya (Luiss Guido Carli University, Roma), Ivonne Lerner (Instituto Cervantes de Tel Aviv), Gemma Linares (Universität Tübingen), Yolanda López (Instituto Cervantes de Nueva Delhi), Silvia López y Juan Francisco Urban (Instituto Cervantes de Tokio), Ana Martínez Lara (Centro de Lenguas de la Universidad Politécnica de Madrid), Marta Mas (www.martamas.com), Miriam Navarro (Instituto Cervantes de Nueva Delhi), Pedro Navarro (Instituto Cervantes de Nueva Delhi), Marina Rabadán (University of Liverpool), Julián Vera (Instituto Cervantes de Nueva Delhi)

ISBN: 978-84-18032-22-6
ISBN edición híbrida: 978-84-19236-08-1
Reimpresión: mayo 2025
Impreso en la UE

difusión
Centro de Investigación y Publicaciones de Idiomas, S. L.

C/ Trafalgar, 10, entlo. 1ª
08010 Barcelona
Tel. (+34) 93 268 03 00
Fax (+34) 93 310 33 40
editorial@difusion.com

www.difusion.com

MIXTO
Papel | Apoyando la silvicultura responsable
FSC® C172011

ILUSTRACIONES

Núria Frago (pág. 119), Alejandro Milà (págs. 98, 124, 127, 134, 184, 192, 205, 230, 233, 240, 244); Daniel Jiménez (págs. 28, 128, 141, 270), Paco Riera (pág. 180); Ernesto Rodríguez (págs. 59, 117, 122-123, 235, 264, 265, 267, 268, 269, 274, 276, 280, 282, 283, 285, 288, 291, 293, 296, 298, 300, 301); Roger Zanni (págs. 168, 206, 260)

FOTOGRAFÍAS E IMÁGENES

cubierta: orbonalija/iStock; **unidad 1:** pág. 10 Detailfoto/iStock, imageBROKER/Alamy, georgeclerk/Istockphoto, chonticha wat/iStock, Westend61 GmbH/Alamy, Eden Breitz/Alamy; pág. 11 hohl/Istockphoto, Imagebroker/Alamy; pág. 12 urbazon/iStock, Deagreez/iStock, FluxFactory/iStock; pág. 15 Courtney Hale/iStock; pág. 17 Aleksandr Sinchukov/Dreamstime; pág. 18 imageBROKER/Alamy; pág. 20 Ridofranz/iStock, JohnnyGreig/iStock, Tempura/iStock, MStudioImages/iStock, Thiago Figueredo Lopes/iStock, FG Trade/iStock; pág. 21 Piyato/Dreamstime; pág. 22 Tatiana Chekryzhova/Dreamstime; pág. 23 © Difusión y Professor Film; **unidad 2:** pág. 24 picture/iStock, NirutiStock/iStock, Radachynskyi/iStock; pág. 25 JIT/iStock; pág. 26 lorenzo rossi/Alamy, Sima_ha/iStock, ajr_images/iStock, kali9/iStock; pág. 27 JohnnyGreig/iStock, franckreporter/iStock; pág. 30 Vertigo3d/iStock; pág. 31 4x6/iStock; pág. 32 nadia_bormotova/iStock; pág. 34 Helin Loik-Tomson/iStock; pág. 35 matsabe/iStock, Maxger/iStock, Maxger/iStock, mayrum/iStock, LueratSatichob/iStock, matsabe/iStock, Bigmouse108/iStock; pág. 36 Adriana Coines, Un año de minimalismo; pág. 37 © Ilusión Óptica; **unidad 3:** pág. 38 3000ad/iStock, Ray Warren NYC/Alamy, nipiphon na chiangmai/Alamy, Science Photo Library/Alamy; pág. 39 Zoonar GmbH/Alamy, xijian/iStock; pág. 41 ipopba/iStock, Devrimb/iStock, JIRAROJ PRADITCHAROENKUL/iStock, Казаков Анатолий Павлович/iStock, Altayb/iStock; pág. 42 Sergiy Tryapitsyn/Alamy; pág. 44 Hispanolistic/iStock, TeamDAF/iStock, Orbon Alija/iStock, vale_t/iStock, monkeybusinessimages/iStock; pág. 45 bluestocking/iStock; pág. 46 gazanfer/iStock; pág. 48 MaxRiesgo/iStock; pág. 49 © Fernando Thompson de la Rosa; pág. 50 B Christopher/Alamy, Pictorial Press Ltd/Alamy; pág. 51 © Yasmina Samudio; **unidad 4:** págs. 52-53 paulprescott72/iStock; pág. 55 Petrafler/Dreamstime; pág. 56 © ed. DeBolsillo; pág. 57 Everett Collection, Inc./Alamy, Everett Collection Inc/Alamy; pág. 58 Liju S/Alamy Vector; pág. 60 Pictorial Press Ltd/Alamy, AA Film Archive/Alamy, Pictorial Press Ltd/Alamy, AA Film Archive/Alamy, Collection Christophel/Alamy, AA Film Archive/Alamy, Pictorial Press Ltd/Alamy, Allstar Picture Library Ltd./Alamy, Everett Collection Inc/Alamy, AA Film Archive/Alamy, Pictorial Press Ltd/Alamy, Entertainment Pictures/Alamy, Pictorial Press Ltd/Alamy, AF archive/Alamy Foto de stock, Everett Collection Inc/Alamy, Allstar Picture Library Ltd./Alamy, AF archive/Alamy; pág. 62 Floortje/iStock; pág. 63 Maskot/Alamy; pág. 64 Oleksandr Hurtovyi/iStock, Syda Productions/Dreamstime; pág. 65 © Cecilia Bona (Por qué leer); **unidad 5:** pág. 66 Campaña de la Consejería de Agricultura, Ganadería, Pesca y Desarrollo Sostenible de Andalucía (España); No juegues con su futuro. © Playroom Comunicación; pág. 67 © Este material fue elaborado por el Subsistema Integral del Protección a la Infan-cia Chile Crece Contigo, que forma parte del Sistema Intersectorial de Protección Social coordinado por el Ministerio de Desarrollo Social y Familia del Estado del Chile, promueve el desarrollo integral y el bienestar óptimo de todos los niños y niñas desde el comienzo de la vida. Mayor información en www.crececontigo.cl; pág. 68 Portra/iStock; pág. 69 © VMLY&R y Conciencia Movistar; pág. 70 Juanmonino/iStock; pág. 71 PamelaJoeMcFar-lane/iStock; pág. 73 Morsa Images/iStock, Pinkybird/iStock, danielsbfoto/iStock; pág. 76 Iakov Filimonov/Dreamstime; pág. 77 through-my-lens/iStock; pág. 78 alexei_tm/iStock; pág. 79 © Portolmelda (Imelda Portillo); **unidad 6:** pág. 80 fightbegin/iStock, EdStock/Istockphoto, Pacific Press Media Production Corp./Alamy; pág. 81 Patrik Forsberg/Alamy; pág. 82 FotoPulp/Alamy; pág. 83 blueskybcn/Istockphoto, Benedicte Desrus/Alamy, pedrorufo/iStock; pág. 84 Tane4kaChe/iStock, Picnote/iStock, Alex/iStock, ilbusca/iStock, Lucapbl/Dreamstime, themacx/iStock; pág. 85 jacoblund/iStock, malerapaso/iStock; pág. 86 FG Trade/iStock, SDI Productions/iStock, ajr_images/iStock, xavierarnau/iStock, ajr_images/iStock, Capuski/iStock; pág. 87 Alberto Loyo/Photaki, Ian Canham/Alamy; pág. 88 v-graphix/iStock, cnythzl/iStock, TukTuk Design/iStock, appleuzr/iStock, appleuzr/iStock, panimoni/iStock, dutchicon/iStock, bubaone/iStock; pág. 90 denkcreative/iStock, Sonya_illustration/iStock, Iraida_Bearlala/iStock, Avector/iStock; pág. 91 slobo/iStock, JohnnyGreig/iStock, Highwaystarz-Photography/iStock, amoklv/iStock; pág. 92 Pepe Colsa/Photaki; pág. 93 © Defensoría del Pueblo de Perú; **unidad 7:** pág. 94 Rick_Jo/iStock, dolve/iStock, Marysmn/Dreamstime, Joshua_James/iStock, Galaxy/iStock, Freepik, Cristian Castellana, swissmediavision/iStock, sorincolac/iStock, Reese Ferrier/Dreamstime, David_Sch/iStock, middelveld/iStock, GoneWithTheWindStock/iStock, artbesouro/iStock, Dean Mitchell/iStock, wingmar/iStock, HbrH/iStock; pág. 95 Eva Blanco/iStock, franckreporter/iStock, Morsa Images/iStock, Ed Francissen/Dreamstime, hobo_018/iStock, LucVi/iStock, Kari/Alamy, Aliaksandr Mazurkevich/Alamy, skodonnell/iStock; pág. 96 Starcevic/iStock, Freepik, Michael Dykstra/Dreamstime, Anastasiia Tykhonravova/iStock, Okea/Fotolia; pág. 98 Sandro Bedini, excpt. Jade: FG Trade/iStock; pág. 99 Galaxy/iStock, Freepik; pág. 101 PeopleImages/iStock; pág. 103 A-Digit/iStock, 4x6/iStock; pág. 104 Roman Valiev/iStock, Freepik, Cecilie_Arcurs/iStock, Pravit Kimtong/Dreamstime; pág. 105 LeoPatrizi/iStock, Freepik; pág. 107 © Ismael Krall; **unidad 8:** pág. 108 Kunal Shinde/Unsplash, Vinicius Löw/Unsplash, Jorge Gardner/Unsplash, FrankvandenBergh/iStock; pág. 109 DC_Colombia/iStock, PolacoStudios/iStock; pág. 110 Minnystock/Dreamstime, Slava296/Dreamstime; pág. 111 Jeanne Emmel/iStock, Artem Bolshakov/Dreamstime, mangojuicy/Dreamstime, Elisa Izco/Dreamstime, stocknshares/Dreamstime, Tuulijumala/Dreamstime; pág. 112 Anchiy/iStock, Goodboy Picture Company/iStock, Phillip Gray/Ddreamstime, Eva Blanco/iStock, Catalina Zaharescu Tiensuu/Dreamstime; pág. 113 martin-dm/iStock; 115 Terraxplorer/iStock, Andrea La Corte/Dreamstime, IRYNA KURILOVYCH/iStock, MaRabelo/iStock; pág. 118 Co Rentmeester/Getty Images, Jesada Wongsa/Dreamstime; pág. 120 Dmitry Pichugin/Dreamstime, bymuratdeniz/Dreamstime, G0r3cki/Dreamstime, deepblue4you/iStock, pkazmierczak/iStock; pág. 121 © Mariel Galán (Mariel de Viaje); **unidad 9:** pág. 125 Portra/iStock, Nils Hasenau/iStock, Hirurg/iStock; pág. 126 undefined undefined/iStock, kool99/iStock, fizkes/iStock, Juanmonino/iStock, skynesher/iStock, CiydemImages/iStock, JohnnyGreig/iStock, AaronAmat/iStock, lukas_zb/iStock; pág. 128 PeopleImages/iStock; pág. 132 MangoStar_Studio/iStock; pág. 133 fizkes/iStock, CareyHope/iStock, amoklv/iStock, Veronchick84/Dreamstime, Pablo Hidalgo/Dreamstime, JackF/iStock, D-Keine/iStock, Katarzyna Bialasiewicz/Dreamstime; pág. 134 fizkes/iStock; 135 © Jeronimo Freixas; **unidad 10:** págs. 136-137 Martín Azúa; pág. 138 Mauricio Graiki/Alamy, Dio5050/Dreamstime, Africa Studio/Fotolia, gavran333/Fotolia, EuToch/Istockphoto, gawriloff/Fotolia; pág. 139 Restaurante El Chapulín (@chapulinrest), Lindsay Lauckner Gundlock/Alamy; pág. 140 hatman12/iStock, DykyoStudio/iStock, GalapagosFrame/iStock, Matusciac/Dreamstime; pág. 142 John Parra/Getty, Newscom/Alamy, Joe Buglewicz/Getty; pág. 143 bombuscreative/iStock, Dean Mitchell/iStock, Kiosea39/Dreamstime, allou/iStock, Ed-Ni-Photo/iStock, Celina Bordino; pág. 144 arsenisspyros/iStock, Omm-on-tour/iStock, PamWalker68/iStock, homydesign/iStock; pág. 145 Doug Peters/Alamy; pág. 146 fpdress/iStock; Chekman/Dreamstime; pág. 147 Puhhha/Dreamstime, Yap Kee Chan/Dreamstime; pág. 148 Hugh Threlfall/Alamy, Karsten Eggert/Alamy; pág. 149 © Tendenciastv; **unidad 11:** pág. 150 william87/Fotolia, youngvet/iStock, Elenabsl/Dreamstime; pág. 151 Alexthq/iStock, Olha Klochko/Dreamstime; pág. 152 fcafotodigital/iStock, SOPA Images/Getty Images; pág. 153 Dvrcan/Dreamstime, Anapi/Adobe Stock; pág. 154 Simone Obrien/Dreamstime; pág. 155 Arena73_Fotografie/iStock, TomFreeze/iStock, JAVIER LARRAONDO/iStock; pág. 156 Celina Bordino; pág. 157 Panuwat Dangsungnoen/iStock; pág. 158 LUHUANFENG/iStock, Agustin Vai/iStock, devilmaya/Alamy, gedzun/iStock, Liudmyla Liudmyla/iStock, Thammasak_Chuenchom/iStock; pág. 161 Lush/Dreamstime, Anton Starikov/Dreamstime, Krisana Antharith/Dreamstime, WestLight/iStock, studiomode/Alamy, Zts/Dreamstime, Empire331/Dreamstime, Pelfophoto/Dreamstime, Boroda/Dreamstime, kickstand/iStock; pág. 162 Margie Adamson/Dreamstime, B.O'Kane/Alamy, EyeEm/Alamy, Pascal Saez/VWPics/Alamy, Ken Welsh/Alamy, Steve Estvanik/Dreamstime; pág. 163 © Asociación Creadores de Moda de España (ACME); **unidad 12:** pág. 164 MADDRAT/iStock, Andrew Ostrovsky/Photaki, Fernando Gregory/Dreamstime; pág. 166 Pablo Hidalgo/Dreamstime, DanielPrudek/iStock, Lindrik/iStock; pág. 170 Bowie15/Dreamstime; pág. 171 LuisPortugal/iStock; pág. 174 Lightfieldstudiosprod/Dreamstime, Alberto Jorrin Rodriguez/Dreamstime, Pictorial Press Ltd/Alamy; pág. 175 amir-babaei/Unsplash, Max Ilienerwise/Unsplash, Brooke Cagle/Unsplash, Jeffrey Keenan/Unsplash; pág. 176 Anastasiia-Ku/iStock, MaryLB/iStock, marrishuanna/iStock; pág. 177 © Esaú Dharma y Mar Delgado; **MÁS EJERCICIOS unidad 1:** pág. 179 Volodymyr Romanovskyy/Alamy Vector; pág. 183 franckreporter/iStock, franckreporter/iStock, Kadettmann/Dreamstime; **unidad 2:** pág. 187 FG Trade/iStock; 190 STEEX/iStock; **unidad 3:** pág. 194 ITAR-TASS News Agency / Alamy; pág. 199 Korisei/Dreamstime, dubova/Fotolia, Huating/Dreamstime, Sergey Nivens/Fotolia, Ingrampublishing/Photaki, RainStar/iStockphoto, fcafotodigital/iStock, urbazon/iStock, Pablo Blanes/Photaki; **unidad 4:** pág. 200 Cristian Castellana; pág. 201 United Archives GmbH/Alamy; **unidad 5** pág. 208 SOPA Images Limited/Alamy; pág 212 denisk0/iStock, pashapixel/iStock; **unidad 6:** pág. 214 FotoPulp/Alamy; pág. 215 Banphote Kamolsanei/iStock; pág. 217 smorrish/iStock; **unidad 7:** pág. 221 Starcevic/iStock, Freepik, Michael Dykstra/Dreamstime, Anastasiia Tykhonravova/iStock, Okea/Fotolia, Tempura/iStock, Cristian Castellana; **unidad 8:** pág. 234 FLHC3/Alamy, Science History Images/Alamy, Niday Picture Library/Alamy, GL Archive/Alamy; **unidad 9:** pág. 237 Dmytro Konstantynov/iStock; pág. pág. 238 SolStock/iStock; MangoStar_Studio/iStock; **unidad 10:** pág. 242 JORDI CAMÍ/Alamy, nico martinez/Alamy; pág. 243 Mira / Alamy, venakr/iStock, Heritage Image Partnership Ltd / Alamy Stock Photo; pág. 246 ibphoto/Fotolia, Nolight/Fotolia, kornienko/Fotolia, Turnervisual/iStock, creativesunday2016/iStock; **unidad 11:** pág. 249 slandstock/Alamy, ALEKSEI BEZRUKOV/iStock; pág. 252 Kateryna Kukota/iStock